# 玩转拼多多

## 拼多多运营手册

多多大学　编著

電子工業出版社
Publishing House of Electronics Industry
北京•BEIJING

## 内 容 简 介

本书由多多大学组织编写，系统介绍了拼多多店铺基础运营的各类知识，内容涵盖店铺入驻、商品后台、商品发布、客服、视觉、营销、平台规则、直播等模块。

全书结构清晰、语言简洁、案例图文并茂、通俗易懂，非常适合刚入门的商家、想通过拼多多创业的创业者、高校学生、“新农人”进行知识点查阅和自学。



**图书在版编目（CIP）数据**

玩转拼多多：拼多多运营手册 / 多多大学编著. —北京：电子工业出版社，2021.4

ISBN 978-7-121-40578-5

Ⅰ. ①玩… Ⅱ. ①多… Ⅲ. ①网店－运营管理－手册 Ⅳ. ①F713.365.2-62

中国版本图书馆 CIP 数据核字(2021)第 029995 号

责任编辑：高丽阳

印　　刷：北京天宇星印刷厂

装　　订：北京天宇星印刷厂

出版发行：电子工业出版社

北京市海淀区万寿路 173 信箱　　邮编：100036

开　　本：720×1000　1/16　印张：17.25　字数：318 千字

版　　次：2021 年 4 月第 1 版

印　　次：2024 年 4 月第 7 次印刷

定　　价：89.00 元

凡所购买电子工业出版社图书有缺损问题，请向购买书店调换。若书店售缺，请与本社发行部联系，联系及邮购电话：（010）88254888，88258888。

质量投诉请发邮件至 zlts@phei.com.cn，盗版侵权举报请发邮件至 dbqq@phei.com.cn。

本书咨询联系方式：010-51260888-819，faq@phei.com.cn。

# 前言

前面是山，后面也是山，似乎永无尽头。

2020 年 9 月中旬的一个下午，四川省凉山彝族自治州盐源县卫城镇中河村的乡亲们把自家果园里刚采摘的红苹果装进快递纸箱里。这些即将被送进北京、上海写字楼的箱子上，印着一行字：“离太阳最近，离城市最远”。

离城市最远的地方，往往也最容易被遗忘。久居平原，则容易忘了层峦叠嶂难于上青天的山区，其实占据了我们很大一部分国土。

走出大山，是祖辈们对环境和命运的抗争。正如拼多多平台上一位年轻的残疾人商家所说：“对我们来说，这不是一笔生意，而是生命的意义。”

如果说，过去五年拼多多的出现和成长是一个小小的奇迹，那么我们更愿意把奇迹诞生的功劳归于这些“新农人”们。是他们从无到有，凭借古老的经验和年轻的胆识，从等待一株果树的成熟开始，以一次次发货结束。互联网，是他们追寻生命意义的工具，我们只是有幸遇到了他们，并成了他们的选择之一。

从诞生起，互联网就被期待能承担起抚平信息鸿沟的使命。在人类发展的所有关键要素之中，技术或许是最平等的一种：只要站上起跑线，世界，在那一刻就是平的。

在经历了五年的发展后，拼多多成为中国第二大电商平台和最大的农产品上行平台。拼多多和平台上 500 多万名商家，与来自全球最大市场的 7.313 亿名中国消费者（截至 2020 年 9 月），共同完成了这个关于机会平等的梦想。

当盐源的苹果以大凉山“黑马”之姿，超过舶来的车厘子冲进当季的水果类目畅销榜前列时，当会理石榴、文山雪莲果、赣南脐橙、丹东草莓……乃至一瓣大蒜、一根冬笋、一只菌子、一个西红柿，以及越来越多的其他农产品开始成为中国消费者耳熟能详的商品时，这背后，是无数个普通人努力生活的精彩故事。

这是时代赋予的势能，阳光普照于每一个“爱拼才会赢”的普通人，也普照于诞生在移动互联网时代的拼多多。有赖政府和市场力量的共同推动，道路等基础设施的不断完善，现代物流与支付体系发展迅猛。互联网与智能手机迅速渗透到几乎每一个村落，几亿人直接跳过 PC 时代，成为移动互联网“原住民”。

四十多年的改革开放，让中国人的日子越过越好，无论是乡村、城镇，还是一二线城市，人民日益增长的美好生活需求正在得到满足，在滚滚向前的时代列车上，消费增长已经连续多年成为中国经济增长的第一推动力。

拼多多自始至终立足于最广大消费者的需求，持续探索更符合农户利益的农产品种植、生产、流通、消费体系，也以独创的“新技术+新模式+新农商”机制，让广大农村地区的农产品突破传统流通模式的限制，在“云端”直连全国大市场，助力脱贫攻坚，推动乡村振兴。

我们欣喜地看到，有这样一些故事正在平台上发生：青海的消费扶贫企业根据我们反馈的运营建议、消费者画像，开发出了特制的“消费扶贫大礼包”；贵州丹寨县的返乡创业者，在蜡染工坊里接到来自拼多多的订单；劳动模范和“海归”青年们深入学习 AI 技术，学习如何在线上把草莓卖得更火爆；彝族绣娘一针一线制作的彝绣工艺品，从大凉山最偏远的县城卖到了北上广大都市……还有来自下沉市场的残疾人创业代表，他们短短几年就在拼多多平台上实现了千万元级销售规模。

中国人不仅有着“把饭碗牢牢端在自己手上”的强大的主粮生产能力和丰富的小众特色农产品产区，还具备非常完整的工业体系，诞生了一大批为各种国际大牌代工的中端企业。宁波的成衣制造、佛山的家电、深圳的高科技工业……珠三角和长三角的制造类企业，很多已拥有世界一流的工艺和生产水准。

据中华人民共和国商务部数据显示，截至 2019 年，中国电子商务从业人数已经超过 5000 万人。如何打造覆盖生产、流通、营销全产业链的农村双创力量？“新农人”又如何尝试互联网+技术？

2015 年 9 月，拼多多提出“平台+新农人”体系，通过新市场机制下合理的利益分配，引导受过高等教育、了解互联网的新型职业人才返乡创业。在前期培育 10 万名“新农人”的基础上，拼多多在 2020 年“丰收节”期间启动了新一轮 10 万名“新农人”的培育计划。

正是这些来自五湖四海的“新农人”们，像一朵朵浪花，形成了拼多多平台上奔涌向前的时代潮流，他们是下乡创业的城市年轻人，是返回家乡土地的农民朋友，他们和你我一样，都在铺就中国发展最坚实的基石。

如何服务好他们，如何让他们迅速站在互联网的起跑线上，这正是我们创业和发展的起点。

在商家端，拼多多始终坚持 0 元入驻、0 佣金、0 平台服务费。仅在 2019 年，平台就为商家省下超过 500 亿元的运营费用，并额外提供了远超百亿元的“百亿补贴”，满足消费者对于美好生活的获得感。拼多多业内领先的技术团队，则通过不断提升平台运营的智能化程度，为商家提供更便利和友好的操作界面，助力商家们以更低的成本，获取更精准和更多的订单匹配。

2018 年 6 月，拼多多正式提出“人才本地化、产业本地化、利益本地化”策略，创立了多多大学。作为拼多多旗下核心官方培训平台，多多大学自成立以来，致力于帮助商家成长，分析商家成长过程中的需求及痛点，设计高度匹配的内容培训体系。

截至 2020 年年底，多多大学已推出 3554 节课程，累计为近 900 万名用户提供多层次、多维度的优质课程，全面覆盖入驻实操、业务讲解、资讯分析、平台动态。

通过整合拼多多内外及各行业优势资源，多多大学已成为平台资讯一手触达、商家成功路径分享、讲师模块化分析、平台小二精准指导的全方位电商学习平台。

这样的实践已经有了一些初步的成功案例。在云南省澜沧拉祜族自治县，中国工程院和拼多多联合开办的科技扶贫班定时授课、培训，帮助首批 60 名学员陆续开起了拼多多网店；在贵州省黔东南苗族侗族自治州，80 余名农特产品农民合作社带头人、中国非物质文化遗产传承人、致富带头人、返乡大学生，一同参与了当地政府与拼多多联合主办的消费扶贫周新农商主题培训，预备成为黔东南农产品上行带头人，将区域特色农产品、少数民族特色消费品通过电商对接到更广大的市场中。

在过去几年与商家交流和实践的基础上，多多大学教学团队特采撷其中的精华进行提炼，总结成本书。谨希望能以本书为投身新电商事业的商家提供来自拼多多平台的一站式落地实操课程服务。

当然，拼多多仍然是一家处在初级发展阶段的新互联网企业，受水平所限，我们的案例和经验或许仍有不足。

欢迎大家和我们一起，共同参与到新电商世界的建设中来，我们相信，您与拼多多的美好旅程，此刻才刚刚开始。

多多大学

# 目录

## 第 8 章　多多直播　/ 204

# 第 1 章

# 平台入驻流程与后台介绍

## 1.1 拼多多平台简介

拼多多是一家新电商平台，秉持“人为先、普惠、更开放”的理念，致力于为最广大的消费者提供“多实惠、多乐趣”的购物体验，成立于 2015 年 4 月，由上海寻梦信息技术有限公司运营。

截至 2020 年 9 月 30 日，拼多多平台已汇聚 7.313 亿名年度活跃买家和 510 万名活跃商家，平台年交易额达人民币 14 576 亿元，迅速成为中国第二大电商平台。

拼多多以独创的社交拼团为核心模式，主打百亿补贴、农货上行、产地好货等，致力于服务中国最广大的普通消费者。

拼多多平台以“好货不贵”为运营理念，为消费者提供大牌商品、原产地农产品、工厂商品和新品牌商品等。其中，拼多多独创并发起的“百亿补贴”创造了中国电商行业活动规模和持续时长的新纪录。

2018 年 7 月，拼多多在美国纳斯达克证券交易所正式挂牌上市。

### 1. 始终将消费者需求放在首位

拼多多致力于为最广大用户创造价值，让“多实惠，多乐趣”成为消费主流。

从创立至今，拼多多始终将消费者需求放在首位，通过 C2M（用户直连工厂）模式对传统供应链成本进行极致压缩，为消费者提供极具性价比的选择。

通过去中心化的流量分发机制，拼多多大幅降低传统电商的流量成本，并让利于供需两端。基于平台大数据，拼多多根据消费者的喜好与需求，帮助工厂实现定制化生产，持续降低采购、生产、物流成本，让“低价高质”商品成为平台主流。

新电商模式所释放的潜力，也为拉动中国内需、推动最广大区域消费升级做出了巨大贡献。目前，拼多多平台的商品已覆盖快速消费品、3C、家电、生鲜、家居家装等多个品类，并以持续增长的速度，满足消费者日益多元化的需求。

### 2. 推动农产品大规模上行，有效助力精准扶贫

拼多多将创新的电商模式与精准扶贫紧密结合，为推动农产品大规模上行提供了有效途径。平台的“拼购”模式能够迅速裂变并聚集消费需求，实现大规模、多对多匹配，将农产品直接从田间送到消费者手中，令中国农业生产与需求离散化的劣势转

变为优势。

基于此，拼多多积极响应党中央、国务院关于实施乡村振兴战略、打赢脱贫攻坚战的号召，投入大量资源，深入全国近千个农产品产地，以市场为导向解决农产品产销问题，以技术为支撑打造“农货智能处理系统”，创造了农户级“颗粒度”的“山村直连小区”模式，为脱贫攻坚贡献积极力量。

基于“最初一公里”直连“最后一公里”的产销模式，拼多多全力培育具备网络营销能力的“新农人”，努力实现应急扶贫与长效“造血”的融合发展。截至 2020 年 10 月底，拼多多已累计带动 100 000 余名新农人返乡，涉及农业生产者超过 1200 万人。通过精简农产品供应链，拼多多持续提升留存价值链的附加值，推动生产要素尤其是人才要素实现优化配置，有效激发覆盖产区的内在驱动力，带动产业下沉。

2019 年，拼多多平台农（副）产品订单总额达 1364 亿元，较 2018 年的 653 亿元增长了 109%，成为中国最大的农产品上行平台。农（副）产品年活跃买家数达 2.4 亿名，较上一年同期增长 174%。其间，拼多多相继探索、实践“多多农园”等创新扶贫助农模式，有效帮助贫困地区农户增产增收。

### 3. 推动供给侧改革，培育更多中国品牌

拼多多立足中国，与中小企业共同成长。平台拼购“少 SKU（库存量单位）、高订单、短爆发”的模式，不仅能迅速消化工厂产能，还帮助生产厂商通过“现象级”爆款迅速赢得消费者的信任，树立品牌形象。

拼多多通过提供免费流量，大幅降低生产商的营销成本，平台资源还持续向有志于打造自主品牌的生产商倾斜，帮助其转型升级。

创立至今，拼多多平台已催生近千个工厂品牌，并通过 C2M 模式持续推动多个产业集群的供给侧改革。2017 年，拼多多在长三角的 19 个产业带中，共计扶持 18 万名商家，帮助大量工厂摆脱代工地位，以最低成本实现品牌化。2018 年 12 月，拼多多推出了聚焦于中国中小微制造企业成长的“新品牌计划”，旨在扶持 1000 家覆盖各行业的品牌工厂，帮助其有效触达消费者，以最低成本培育品牌。

截至 2020 年 9 月底，参与“新品牌计划”定制研发的企业已超过 1500 家，累计推出 4000 款定制化商品，涉及家电、家纺、百货、数码等近 20 个品类，累计定制化商品订单量超过 4.6 亿单。

“登陆”纳斯达克之后，拼多多正致力于引领平台入驻品牌走向国际，为培育中

国品牌、推动中国品牌得到国际认可做出更多贡献。

### 4. 谨守“本分”价值观，坚持做正确的事

拼多多的成绩源自公司上下“本分”的价值观，即“坚守自己的本职”。对于平台而言，最大的“本分”是始终专注于为消费者创造价值。

不论是过去还是未来，拼多多生存的基础都是为消费者创造价值，平台将永远专注“本分”这一内在价值，永远坚持做正确的事，不断为满足最广大用户的需求而不懈努力。

## 1.2 店铺入驻须知

拼多多平台目前实行 0 元入驻、0 佣金、0 平台服务费政策（拼多多目前不收取任何佣金，只代收第三方支付机构 0.6%的支付服务费）。

### 1. 关于 0 元入驻

平台支持店铺 0 元入驻，商家无须缴纳任何入驻费用。但是为了保障消费者权益，0 元入驻的店铺会受到以下限制。

（1）无法新建推广计划。

（2）无法发布虚拟商品及其他需要额外类目保证金的商品。

（3）店铺可用资金少于 300 元时，成交订单总额不能超过 2500 元。

（4）成交订单数不能超过 100 单。

（5）提现不能超过 3 次。

（6）店铺违规次数不能超过 2 次。

（7）店铺违规订单不能超过 10 单。

### 2. 入驻人年龄

入驻人年龄需介于 18 周岁和 70 周岁之间。

### 3. 入驻店铺类型和相关材料

目前用同一张身份证或营业执照可以注册多个店铺，但是用一个手机号只能注册一个店铺。

个人商家需要提供身份证信息，个体工商户需要提供身份证信息和个体工商户营业执照。企业店铺类型及对应的资质证明如表 1-1 所示。

表 1-1

| 店铺类型 | 店铺说明 | 需上传的资质证明 | | |
|---|---|---|---|---|
| | | 企业三证 | 商标注册证 | 授权书 |
| 旗舰店 | 经营一个或多个自有品牌商品的旗舰店 | √ | √ | × |
| | 经营一个授权品牌商品的旗舰店（授权为一级独占授权） | √ | √ | √ |
| | 卖场型品牌（服务类商标）所有者开设的品牌旗舰店（限拼多多商城主动邀请入驻者） | √ | √ | √ |
| 专卖店 | 经营一个或多个自有品牌商品的专卖店 | √ | √ | × |
| | 经营一个授权品牌商品的专卖店（授权不超过二级） | √ | √ | √ |
| 专营店 | 经营一个或多个自有品牌商品的专营店 | √ | √ | × |
| | 经营一个或多个他人品牌商品的专营店（授权不超过四级） | √ | √ | √ |
| | 既经营自有品牌商品又经营他人品牌商品的专营店（授权不超过四级） | √ | √ | √ |
| 普通店 | 普通企业店铺 | √ | × | × |

### 4. 特殊类目店铺入驻所需资质

1）书籍类

经营书籍类商品需要提交营业执照和《出版物经营许可证》进行备案。注册个人店铺需提供入驻人所有的营业执照和《出版物经营许可证》，企业店铺相关证件需要由开店公司持有。

2）医药健康类

提交身份证、营业执照或统一社会信用代码相关证件，以及《互联网药品信息服务资格证书》/《互联网药品交易服务资格证书》/《药品经营许可证》/医疗器械网络销售备案凭证（4 选 1）即可申请入驻医药健康类目。

3）虚拟商品类

除常规资料外，还需提供商务局预付卡备案凭证，根据行业不同，还需要提供《营业性演出许可证》《旅行社业务经营许可证》《增值电信业务经营许可证》或《特种行业许可证》等。其中《旅行社业务经营许可证》《增值电信业务经营许可证》《特种行业许可证》这三个证照为企业店铺所需，商务局预付卡备案凭证和《营业性演出许可证》不限店铺类型。

4）食品酒水类

除常规资料外，还需提供相应行业资质证明，如《食品经营许可证》《酒类流通备案登记表》等。

5）农资类

除常规资料外，还需提供相应行业资质证明，如《林木种子生产经营许可证》《农作物种子生产经营许可证》《种畜禽生产经营许可证》《兽药经营许可证》《农药经营许可证》等。

### 5. 个人店铺如何升级为企业店铺

如图 1-1 所示，商家可以在商家后台左侧导航栏中找到“店铺管理”—“店铺信息”—“店铺升级”界面，按页面显示提交相应材料，满足条件的商家待审核通过后即可完成升级。

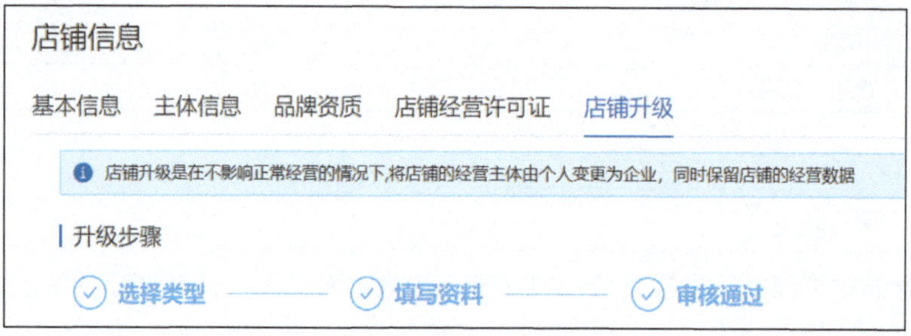


图 1-1

### 6. 店铺入驻审核时间

个人店铺和企业普通店铺入驻审核时间为两个工作日，其他企业店铺类型入驻审核时间为三个工作日。

### 7. 店铺保证金

主营类目为普通商品类目的，个人店铺保证金为 2000 元，企业店铺保证金为 1000 元。发布特定商品的店铺，除缴存基础店铺保证金外，还应缴存特殊店铺保证金，详情请参考平台保证金规则。

店铺保证金可以退。保证金将在“退店”申请审核完成后，退还至店铺绑定的银行账户。

# 1.3 店铺入驻流程

## 1. 入驻入口

（1）电脑端入口：登录拼多多官方网站，点击“商家入驻”—“免费入驻”按钮。企业店铺只能通过电脑端入驻。

（2）手机端入口有两个：

- 关注拼多多大学微信公众号，点击左下角的“本周热榜”—“0 元入驻”按钮。
- 关注拼多多微信公众号，点击右下角的“服务与建议”—“0 元入驻”按钮。

## 2. 入驻流程（以手机端为例）

第一步：填写入驻手机号，如图 1-2 所示。

第二步：填写入驻相关信息，如图 1-3 所示。

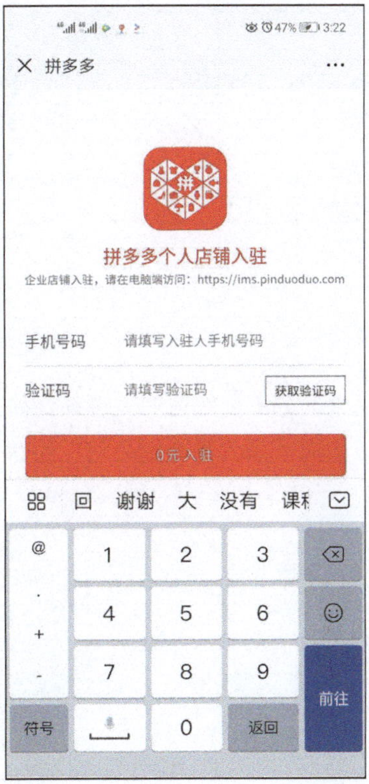


图 1-2

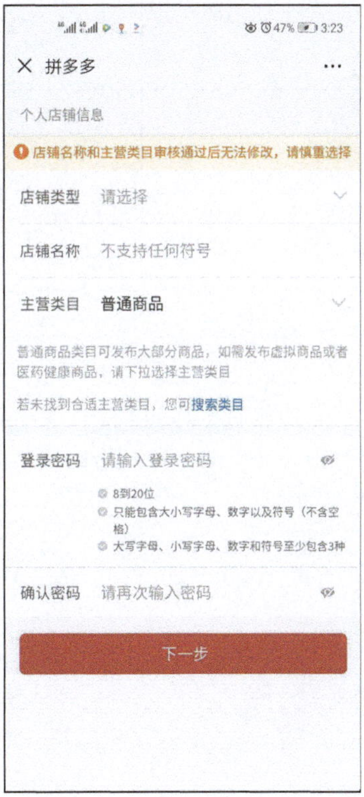


图 1-3

第三步：完成实名认证，如图 1-4 所示。

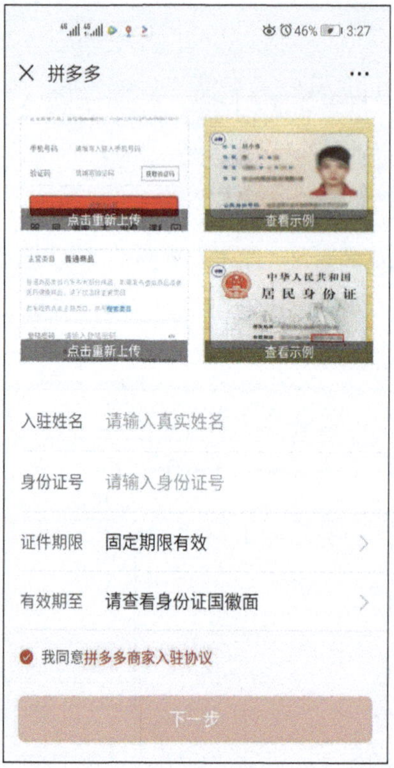


图 1-4

### 3. 企业店铺命名形式

企业店铺命名形式如图 1-5 所示。商号是用来区分不同企业的关键词，如“王小二贸易有限公司”的企业商号即为“王小二”，“上海欢乐贸易有限公司”的商号即为“欢乐”。

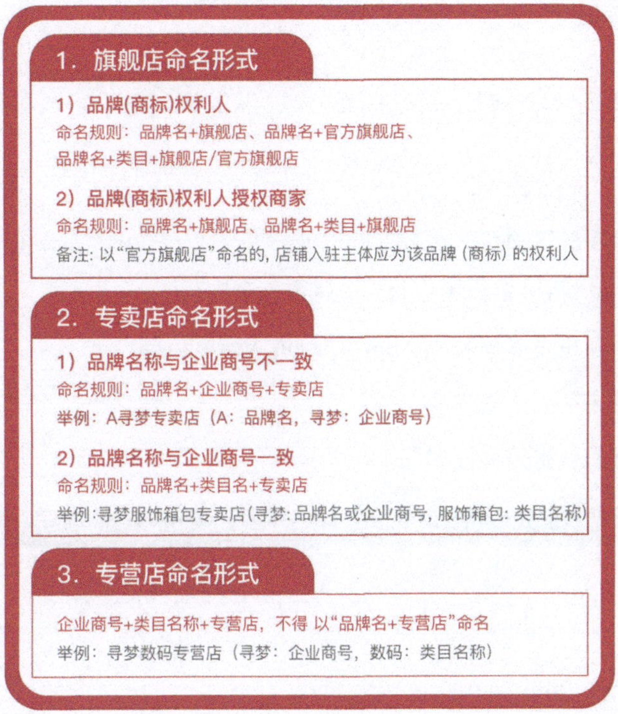
1. 旗舰店命名形式
1）品牌(商标)权利人
命名规则：品牌名+旗舰店、品牌名+官方旗舰店、
品牌名+类目+旗舰店/官方旗舰店
2）品牌(商标)权利人授权商家
命名规则：品牌名+旗舰店、品牌名+类目+旗舰店
备注：以“官方旗舰店”命名的，店铺入驻主体应为该品牌（商标）的权利人
2. 专卖店命名形式
1）品牌名称与企业商号不一致
命名规则：品牌名+企业商号+专卖店
举例：A寻梦专卖店（A：品牌名，寻梦：企业商号）
2）品牌名称与企业商号一致
命名规则：品牌名+类目名+专卖店
举例:寻梦服饰箱包专卖店(寻梦:品牌名或企业商号，服饰箱包:类目名称)
3. 专营店命名形式
企业商号+类目名称+专营店，不得 以“品牌名+专营店”命名
举例：寻梦数码专营店（寻梦：企业商号，数码：类目名称）

图 1-5

### 4. 店铺命名注意事项

（1）未经拼多多许可，店铺名称、店铺标识、店铺详情等均不得使用“拼多多特许”“拼多多授权”或其他带有类似含义的内容。

（2）店铺名称不得带有电话号码、电子邮箱、网址、二维码、即时通信工具信息或其他联系信息。

（3）店铺名称不得有损国家利益、社会公共利益，不得有损民族尊严。

（4）店铺名称不得包含夸大宣传、可能误导公众的信息（如全网第一、天下第一等）。

（5）店铺名称不得包含与经营主体无关的，含有拼多多以外的电子商务平台的信息。

# 1.4 拼多多商家后台介绍

## 1. 拼多多商家后台入口

要进入拼多多商家后台有两种方式：

PC 端：搜索“拼多多商家后台”并进行登录。

手机端：下载拼多多商家版 App，即可进入商家后台。

## 2. 拼多多商家后台总览

拼多多商家后台整体界面如图 1-6 所示。

图 1-6

## 3. 站内信

商家通过站内信功能，可以接收重要的平台通知，如规则更新、功能优化等。

## 4. 客服平台

商家可以通过拼多多商家后台首页最上面“客服平台”入口进入拼多多客服平台。关于客服平台的具体介绍，请见本书第 5 章。

### 5. 联系拼多多

点击最上面的“联系拼多多”按钮，可以联系拼多多官方客服。点击页面右侧的多多鸡，也可以获取“拼多多商家服务”官方微信公众号二维码，关注店铺获取订单状况，也可以联系官方客服，进行意见反馈和廉正举报。

### 6. 规则中心

商家可以在规则中心获取开店、运营（商品管理、客服、发货、售后服务等），以及退店规则。

### 7. 商家成长

商家成长分为四个板块。

- 多多大学：有海量的免费学习课程，供不同阶段的商家学习，帮助其提升运营水平。
- 营销书院：包含推广入门必修课程、营销课程、推广课程等。
- 商家社区：这里是商家的交流互动平台，商家在这里可以掌握平台最新动态，学习店铺运营技巧，参与同行经验交流。
- 帮助中心：为商家答疑解惑，商家可以通过关键词搜索相关问题，也可以通过导航分类选择相关问题。

# 第 2 章

# 新商家如何找到合适的货源

刚刚入门的新商家往往不知道怎么寻找适合自己的货源，想开店却没有货源。那么我们应该去哪里寻找可靠的货源呢？在寻找货源的过程中又有哪些注意事项呢？

下面我们一起踏上寻找货源之旅。

## 2.1 线上货源

### 1. 优势与劣势

（1）优势：无囤货压力，发货省事。

（2）劣势：质量难以把关，库存不好掌握，价格相对较高。

### 2. 注意事项

（1）首先要确认货源是否充足，是不是一手货源，是否提供商品实物图，售后问题谁来解决。

（2）可以自己先下单购买一些商品，看看商品质量如何。

（3）切记不要贪小便宜，一味找低价商品，要耐心对比各家商品。

### 3. 线上货源渠道

1）拼多多批发

拼多多批发是平台重磅推出的为中小企业服务的交易平台，它可以为千万商家提供货源。拼多多批发的商品贴合平台真实热销数据，在这里采购不用担心没有销路。在拼多多采购商品就和逛超市一样，商品琳琅满目，操作简单明了。

商家可以在后台通过“采购管理”—“批发采购”进入拼多多批发。

2）网上代销

通过比较知名的网上代销网站进货，优点是商家不用承担进货风险，能实现零成本、零库存，当店铺有订单后，代理商会安排发货。缺点是商品价格较高，质量参差不齐，需要仔细比较和筛选。

3）通过搜索引擎寻找

在搜索引擎中进行类目关键词搜索，比如“女装”“童装”等，搜索引擎会反馈多个结果，商家需要一个一个进行研究对比。

通过搜索引擎搜索能更精准地找到货源，但是货源稳定性不强，商家需要提高警惕，避免被骗。

## 2.2 线下货源

### 1. 优势与劣势

（1）优势：商家可以根据情况自己控制货源，控制服务质量和商品价格。

（2）劣势：对资金要求较高，人力成本较高，囤货压力大。

### 2. 注意事项

（1）对货源要进行仔细考察，货比三家。

（2）不可心急，不可贪小便宜。

### 3. 线下货源渠道

1）批发市场

通过批发市场以及各种展会，可以与厂家建立直接联系，现场沟通订货，而且可以见到实物，在一定程度上能保证质量。在批发市场很容易货比三家，在一定条件下可以将价格压低。

去批发市场前要做好攻略，学习一下别人的经验，提前了解相关类目的主要市场，比如义乌小商品市场、深圳华强北电子批发市场等。

2）厂家直销

一种商品可能有多个生产厂家，商家可以去厂家进行考查，了解商品的质量、外观等，选择性价比较高的一个厂家。

这种渠道的优点是一手货源价格更具优势，且货源较稳定，缺点是有地域限制和厂家限制，而且很多厂家对拿货的量有要求，一般不接受一件代发，需要商家自己去拿货，也需要商家自己负责发货。

常见商品的集中产地有温州（鞋子）、南通（床上用品）、广州（服饰）等。

3）批发商

通过线上的代销渠道可以找到批发商，之后需要商家自己进行调研。

这种渠道的优点是厂家供货，货源比较稳定，缺点是批发商一般有固定的客户群体，所以折扣比较难谈。

4）品牌代理商

品牌商品具有天然的优势，商家可以通过品牌授权获得销售品牌商品的资质。在合作前期，商家需要调研好满足什么条件才可以获得品牌授权。

这种渠道的优点是商品具有品牌优势，能让买家更信赖，缺点是品牌授权门槛高，不容易获得。

5）自己身边的货源渠道

如果商家自己或朋友有工厂、农田等，就可以生产想销售的商品。

6）其他途径

商家可以关注实体店转让信息，承包转让店铺库存，还可以关注外贸公司或者工厂的尾单，去实地看货，并考虑是否把尾单承包下来。

## 2.3 特别注意

（1）货源的优劣与店铺的成长息息相关，所以在货源选择上一定要多花时间。

（2）寻找货源时一定要注意供应商的资质和货源的稳定性。

（3）寻找货源一定要货比三家，多看、多找、多分析，通过多家供应商的对比确定最终货源。

（4）千万不要销售伪劣、粗制滥造、存在安全隐患的商品。

# 第 3 章

# 视觉与美工

# 3.1 如何拍出好的商品图片

## 3.1.1 图片拍摄的重要性

### 1. 现在是“图片购物”时代

很多商家有这样的困惑：为什么我们的商品相同，推广费用也差不多，推广效果却千差万别？现在是“图片购物”时代，买家通过看图来选择购物。如果把图片拍好了，就更有机会赢得买家的青睐。有冲击力的高品质商品图片能大大提升目标买家的购买欲望，尽管商品自身品质没有改变。相反，质量差的图片难以激发购买欲望，还平添了目标买家对店铺的负面印象，由图片差联想到商品差、店铺差。

### 2. 降低后期技术门槛和成本

很多商家觉得靠后期制作可以解决一切图片问题，其实有些问题是靠后期制作无法完成的，就算能完成，也会浪费很多成本。甚至有的美工没有改好图片，反而让图片展示出一种虚假的感觉，大大降低了买家对店铺的信任程度。

## 3.1.2 基本拍摄技巧

### 1. 保持相机稳定

很多刚学拍摄的商家常会遇到拍摄出来的图片很模糊的问题，这可能是由相机的晃动引起的，所以在拍摄中要避免相机的晃动。可以双手握住相机，用肘部抵住身体，或者靠着一个稳定的物体，实在不行就准备一个三脚架。总之一定要稳！

### 2. 正确进行构图

好的构图可以让拍摄事半功倍，构图的技巧也很多，常见的构图方式有三分构图法等。

### 3. 巧妙利用光线

光线在摄影中十分重要，不同的光线可以打造出不同的摄影效果。最简单的用光技巧，就是让光源处于拍摄者的背后并有一定的偏移，光线可以照亮商品的前面部分，轻微的角度偏移则可以产生一些阴影来显示出商品的材质。

#### 4. 合理选择景深

景深的意思就是前后清晰的距离，景深对于拍摄来说非常重要。简单来说，当背景比较杂乱，想把焦点集中在主体身上时，就可以选择浅景深。当想让画面中的内容都比较清晰时，就选择深景深。

#### 5. 适当挑选背景

合适的背景，会让拍摄变得更加简单。背景颜色要与店铺风格相搭配，还要和具体的商品进行搭配，可以通过很多种尝试最终挑出最合适的拍摄背景。最简单的背景就是白色，大部分商品都可以用，可以很好地突出商品主体。

#### 6. 控制拍摄距离

远距离对商品的全景进行拍摄，可以展示出整体的布局，比如说家具类商品，就需要展示商品在客厅、卧室等地方的摆放效果。

近距离对商品的某个具有特色的地方进行特写式拍摄，可以体现商品的细节优势，比如材质特写。

#### 7. 选定拍摄样式

以不同的方式举握相机，拍摄出来的图片效果就会不同。最简单的就是竖举相机和横举相机。竖举拍摄的图片可以突出商品的高度，而横举拍摄的图片则可以突出商品的宽度。

在后面几节中，我们会展开讲解其中一部分拍摄技巧。

### 3.1.3 图片拍摄常见构图方式

#### 1. 三分法（图 3-1）

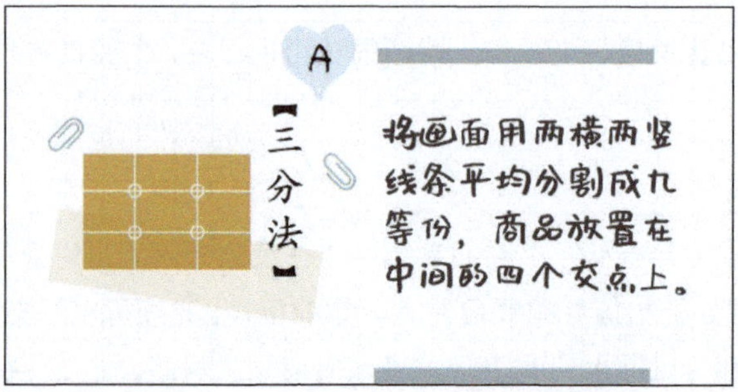
A
【三分法】
将画面用两横两竖线条平均分割成九等份，商品放置在中间的四个交点上。

图 3-1

## 2. 横式法（图 3-2）

B
将商品呈一字排
队摆放的横幅式
构图方式。
【横式法】

图 3-2

## 3. 竖式法（图 3-3）

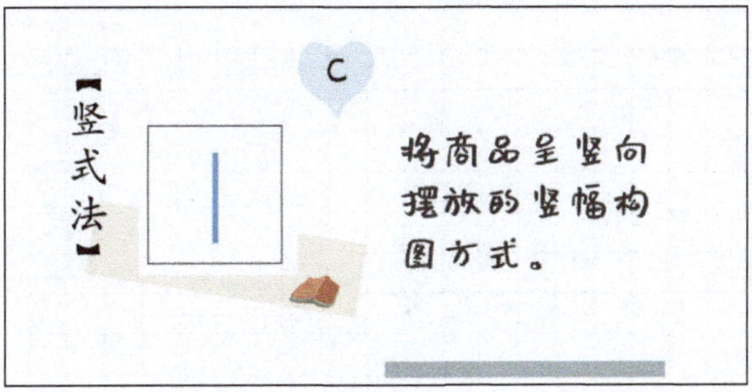
C
【竖式法】
将商品呈竖向
摆放的竖幅构
图方式。

图 3-3

## 4. 对角线法（图 3-4）

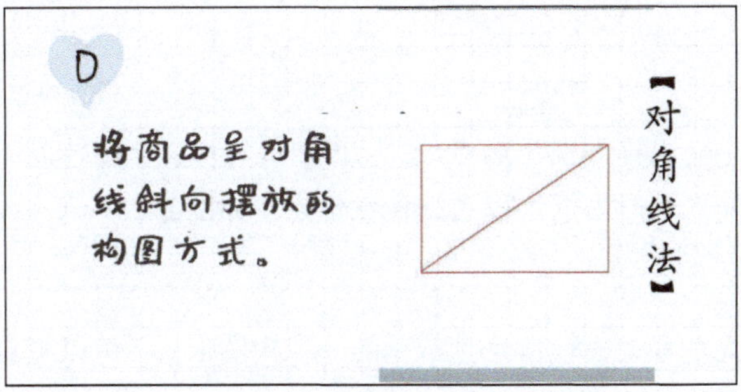
D
将商品呈对角
线斜向摆放的
构图方式。
【对角线法】

图 3-4

### 5. 对称法（图 3-5）

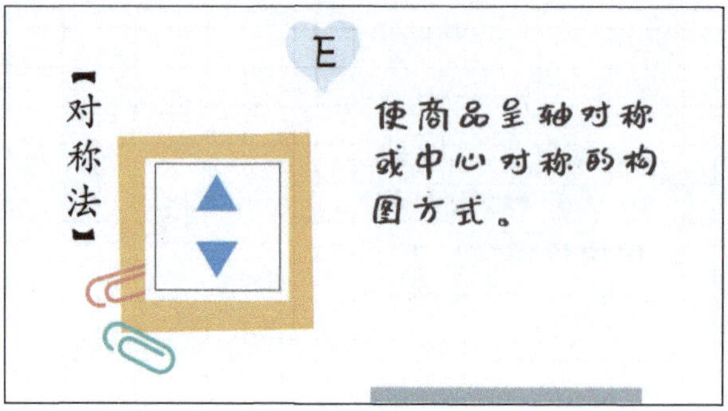
E
【对称法】
使商品呈轴对称或中心对称的构图方式。

图 3-5

### 6. 三角法（图 3-6）

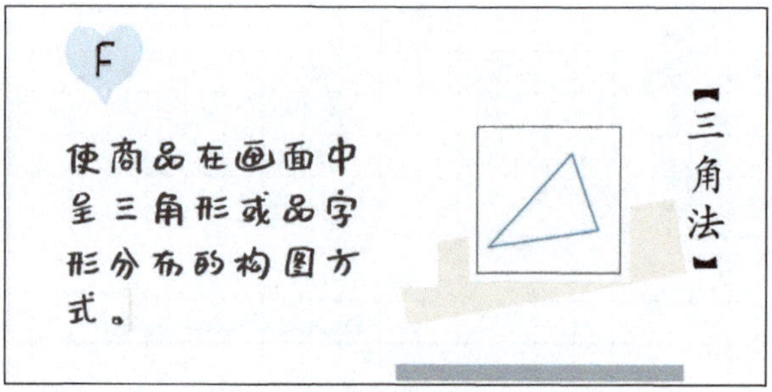
F
使商品在画面中呈三角形或品字形分布的构图方式。
【三角法】

图 3-6

## 3.1.4　不同构图方式的特点

### 1. 三分法

画面中的四个交点称为视觉焦点，所以在拍摄时可以让主体商品占据其中一个交点，也可以四个交点同时占据，以占据视觉焦点，如图 3-7 所示。

### 2. 横式法

横式构图方式是看上去较自然且常见的一种构图形式，可以更直观地展示出各元素之间的差异关系，给人开阔的感觉。比如同款不同色的商品就可以采用横式构图，展示商品多种颜色，如图 3-8 所示。

图 3-7

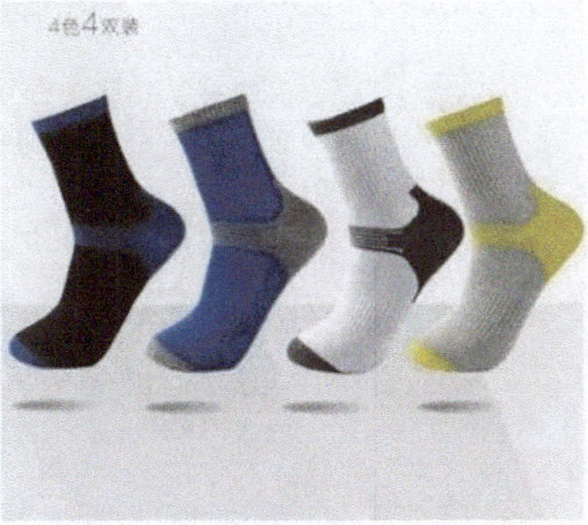


图 3-8

### 3. 竖式法

竖式构图给人的感觉是高耸，多用来表现有竖直的线条或修长的外观的商品，可以展示出挺拔的力量，比如服饰类的效果图，如图 3-9 所示。

图 3-9

### 4. 对角线法

对角线式构图可以使画面有活力，远近错落有致，产生一种代入感，易于突出表现商品的造型与色彩，如图 3-10 所示。

图 3-10

### 5. 对称法

对称构图使得画面具有布局平衡、结构稳定的特点。比如左右对称可以形成左右对等的视觉效果，便于展示商品的两个不同方面，如图 3-11 所示。

图 3-11

### 6. 三角法

三角式构图以三个视觉中心为主要位置，形成一个稳定的三角形。这种三角形可以是正三角形，也可以是斜三角形或倒三角形。三角式构图具有安定、均衡、灵活的特点。当物体之间存在高差时，往往可以选择将最高的物体放在中间，使其整体构成一个正三角形，如图 3-12 所示。

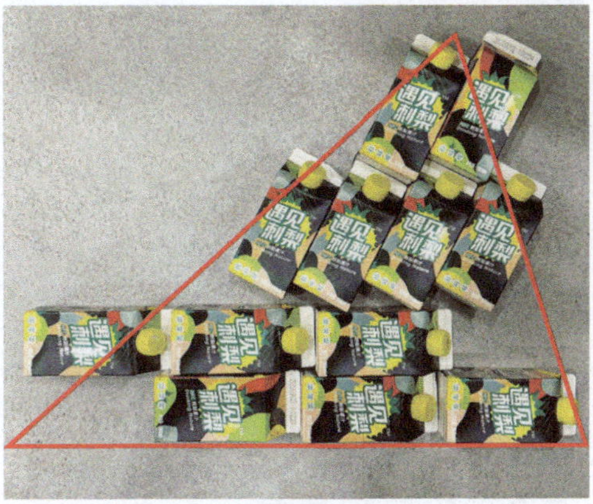
遇见刺梨

图 3-12

## 3.1.5 巧用光源拍出高水准图片

### 1. 常见的几种位置的光源

（1）顺光，如图 3-13 所示。

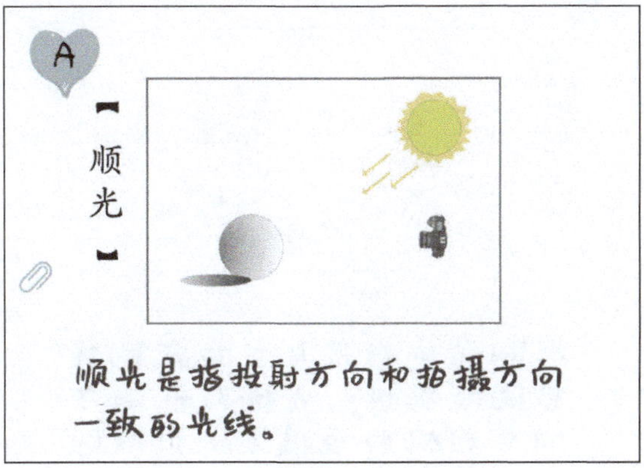
A
【顺光】
顺光是指投射方向和拍摄方向一致的光线。

图 3-13

（2）侧光，如图 3-14 所示。

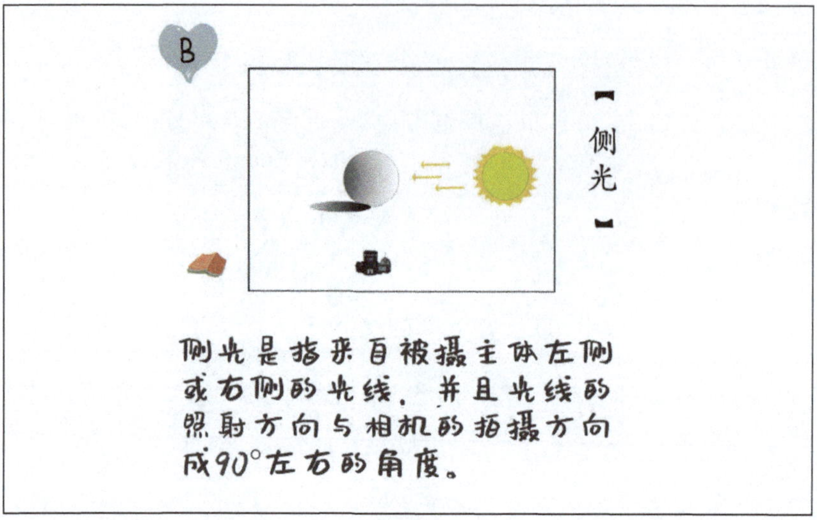
B
【侧光】
侧光是指来自被摄主体左侧或右侧的光线，并且光线的照射方向与相机的拍摄方向成90°左右的角度。

图 3-14

（3）前侧光，如图 3-15 所示。

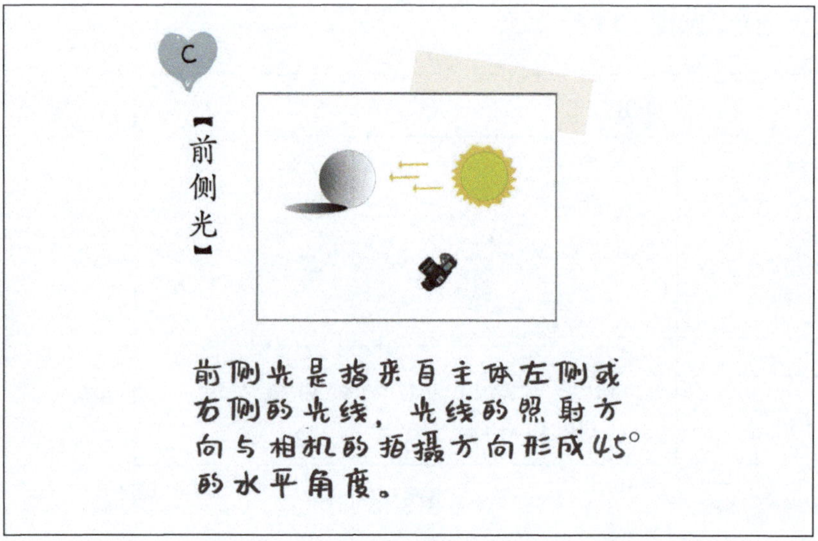
C
【前侧光】
前侧光是指来自主体左侧或右侧的光线，光线的照射方向与相机的拍摄方向形成45°的水平角度。

图 3-15

（4）逆光，如图 3-16 所示。

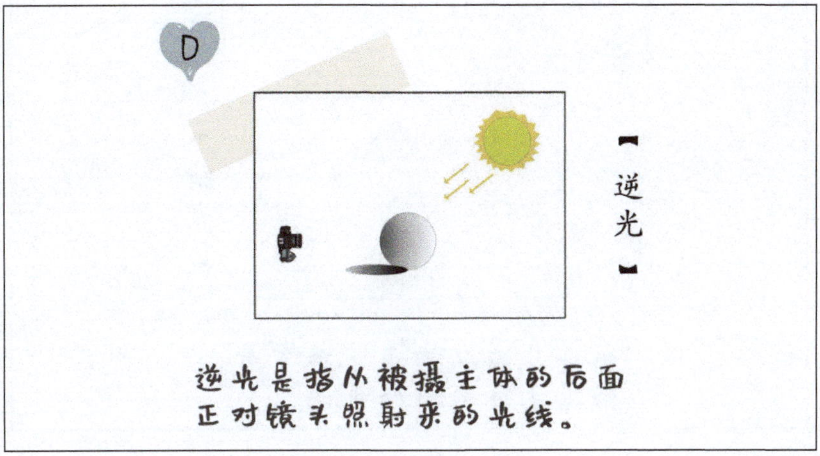
D
【逆光】
逆光是指从被摄主体的后面
正对镜头照射来的光线。

图 3-16

（5）顶光，如图 3-17 所示。

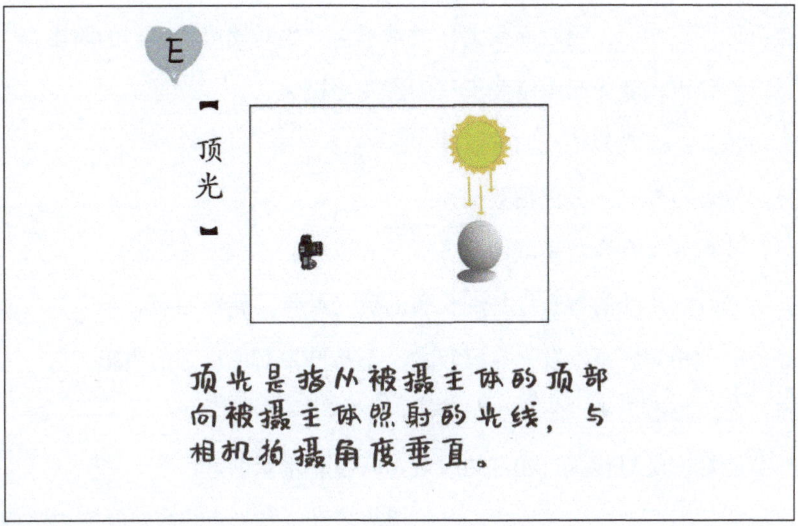
E
【顶光】
顶光是指从被摄主体的顶部
向被摄主体照射的光线，与
相机拍摄角度垂直。

图 3-17

（6）地光，如图 3-18 所示。

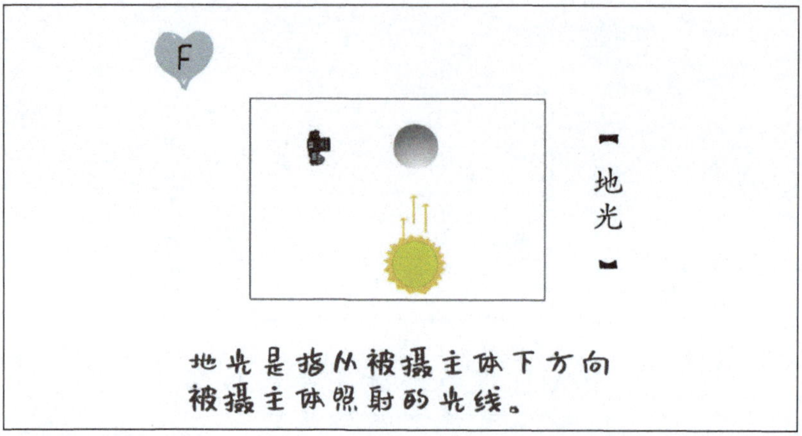
F
【地光】
地光是指从被摄主体下方向被摄主体照射的光线。

图 3-18

## 2. 常见光源的优缺点

（1）自然光：自然光是最常见的光线，其光源就是太阳。

优点：环保，均匀，照射面积大，通常不会产生对比度很强烈的阴影。

缺点：不稳定，随光照角度及天气因素变化极大。

（2）白炽灯：就是最传统的钨丝灯。

优点：接近自然光，显色指数高。

缺点：能效低，寿命较短。

（3）日光灯：传统的日光灯是细长条的荧光灯管，属冷白色。

优点：能效相对较高，发光点比较大，不易产生对比度强的阴影。

缺点：显色指数不高，易产生眼疲劳。

（4）节能灯：是对传统日光灯的改进，有各种形状的。

优点：能效高，光线比较稳定，显色指数较高，发光点较大，是室内照明比较理想的选择。

缺点：光谱不太连续。

（5）LED：即发光二极管，是一种新型光源，体积很小，可以组合成各种形状，应用极为广泛。

优点：成本低，能效高，光线稳定，体积小。

缺点：蓝光成分较强，亮度易随时间推移而下降，发光点较小。

### 3. 不同材质商品的布光选择

由于物体结构和材质各不相同，所以吸光和反光的能力也不同。根据不同材质的材料对光线的反应，可以大致把物体分为三类：吸光体、反光体、透明体。

1）吸光体

与其他两种材质的物体相比，吸光体的表面通常是不够光滑的，因此对光的反射比较稳定，而且这些商品本身的视觉层次通常比较丰富。所以布光的灯位要以侧光、顺光、侧顺光为主，而且光线要稍弱，这样使层次和色彩表现都更加丰富。常见吸光材质有布料、毛线、粗陶、橡胶等。

如图 3-19 所示，衣服相对细腻、平滑的质感，适于用扩散光或间接光照明。

图 3-19

2）反光体

反光体表面非常光滑，对光的反射能力比较强，犹如一面镜子，比如表面光滑的金属、没有花纹的瓷器等。要表现它们的光滑，最佳方法是使用隔离罩，然后在罩外用闪光灯均匀布光。简易的方法就是用柔光纸把商品包围起来，以防止周围物体和杂光映照出影像，出现令人不愉快的光斑。

我们看一下图 3-20 中的对比，左侧没有用柔光纸，右侧使用了柔光纸。

图 3-20

3）透明体

透明体给人一种通透的感觉，而且表面一般非常光滑，比如酒、水等液体，以及玻璃制品等。由于光线能穿透商品本身，所以一般选择逆光、侧逆光等，体现出商品的质感。

在图 3-21 中，左侧图片是随手拍的，右侧图片是将光照射到背后的墙上后拍的。

图 3-21

## 3.1.6 控制景深拍出高转化率图片

### 1. 什么是景深

当镜头对着被摄物体时，被摄物体前后的景物有一段清晰的范围，这个范围称为“景深”。因为画面不同位置的清晰程度不一样，所以景深又被分为深景深和浅景深。

相对而言，深景深的背景清晰，浅景深的背景模糊。

### 2. 景深的作用

1）表现主体的深度（层次感）

合理控制景深，能增强画面的纵深感和空间感，如图 3-22 所示，物体在同一平行线上有规律且远近不同地排列着，通过虚实的对比，画面的纵深感、空间感变得非常强。

图 3-22

2）突出拍摄主体

突出被拍摄的物体，应该是浅景深最常见的使用场景了。当拍摄的画面背景杂乱，主体不突出时，画面就毫无美感。但是使用浅景深使背景变模糊，就可以有效突出主体。

### 3. 控制景深的技巧

1）光圈的调节

光圈的大小是通过一个数值来描述的，数值越小，代表光圈越大，数值越大，代表光圈越小，如图 3-23 所示。

调节光圈，景深就会有相应变化。光圈越大，景深越浅；光圈越小，景深越深。

如图 3-24 所示，左侧是 F2.8 光圈的效果，右侧是 F22 光圈的效果。

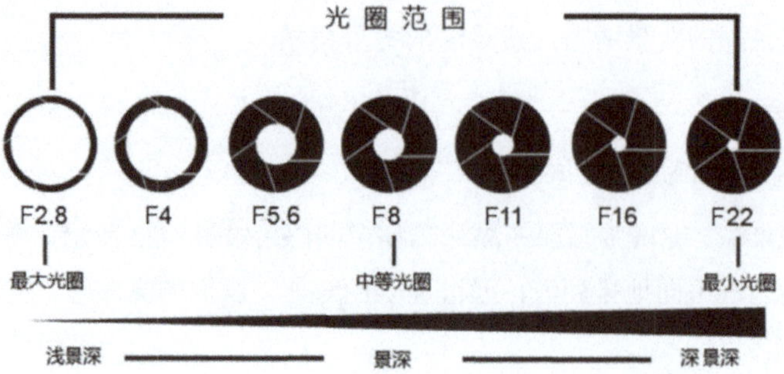


图 3-23

图 3-24

从图片中可以看出，光圈从 F2.8 调节到 F22 时，景深就从浅景深向深景深变化。在拍摄距离不变、焦距不变的情况下，拍摄花丛中的花朵时，通过调节光圈就能得到不同的景深效果。

2）对焦位置的选择

在拍摄商品时，会有前景和后景，前景是要拍摄主体前面的范围，后景是要拍摄主体后面的范围。对焦位置不同，图片的效果也不同。

如图 3-25 所示，左侧图片的焦点在梨上，右侧图片的焦点在梨的后面。

图 3-25

从图中可以看出，对梨进行拍摄时，如果梨清晰可见，梨的后侧就会被虚化，这样就能突出作为主体的梨。

3）拍摄距离

当离被摄物体近时，背景就容易虚化，当离被摄物体远时，背景虚化的效果就不好。

比如在用微距模式拍摄时，背景一般都虚化得特别厉害，而拍摄风光时，因为离山水比较远，拍摄出来的图片自然就没有明显的虚化效果。

4）焦距的影响

焦距的长短也影响着景深，从图 3-26 中可以看出，当焦距为 24mm 时，花后面的建筑还是比较清晰的，随着焦距的变长，除了视角范围变小之外，花后面的背景也虚化了。所以焦距越短，背景越清楚，景深就越深。反之，焦距越长，背景越模糊，景深就越浅。

图 3-26

## 3.1.7 巧用拍摄背景拍出爆款图片

同样是拍摄商品，好的背景会让拍摄事半功倍，容易拍出爆款图片。找错了背景，拍出来的效果就会和预期相差甚远。

那么到底该如何选择合适的背景呢？

### 1. 材质选择

1）PVC

优点：PVC 是塑料的一种，颜色多样，易清理，防水，色彩鲜艳，可做磨砂处理。

缺点：未经磨砂处理的 PVC 材质容易反光，即使做过磨砂处理，打光时也需要调整角度避免反光。

2）桌布

优点：随时可用，有各种图案可选，如素色亚麻、木纹、格子等。

缺点：容易产生褶皱，桌布所处位置光线差的时候需要进行补光。

3）皮革

优点：容易清理，容易收纳，有质感。

缺点：色彩偏差，拍出的图片往往过于饱和或者过于暗淡，需要后期调整。

4）木板

优点：在自然光线好的情况下非常适合用手机或相机拍摄。

缺点：不容易清理。

5）瓷砖

优点：色彩纹理丰富，易搭配。

缺点：太重，易碎，拍摄前需要清理干净，尤其是缝隙中。

6）牛仔布料

优点：质感好，可以废物利用。

缺点：只能用于小件拍摄。

7）大理石

优点：是“冷淡系”拍摄的最佳选择，无论是手机还是相机，在光线柔和的前提下都非常容易出片。

缺点：非常容易过曝，对自然光要求极高，最适合多云天拍摄，对人造光也有一定的布置要求。

### 2. 颜色选择

**粉色：**适合年轻女性用品，如少女装、少女饰品、化妆品，还有儿童用品等。

**灰色：**适合男士用品，如男装、男饰、鞋、数码商品等。

**驼色：**一种时尚的颜色，适合时尚、有点欧美风格的服装类。

**蓝色：**一种干练、有高科技感的颜色，适合电器类、游戏类、玩具类。

**白色**：是大部分商品都可以用的，一般不会出错的背景色。

**撞色（对比色搭配）**：在掌握颜色搭配的情况下，推荐使用撞色方案。利用两种或以上的不同色系的颜色，构成一个撞色背景，冲击视觉，这样拍出来的图片效果也是不错的。

## 3.2 开始视觉营销之旅

### 3.2.1 用视觉“点燃”购物欲

视觉营销里的“视”指的就是让买家的目光“看到”并且“停留”，能停留是关键。买家搜索商品后会进行对比，如果从视觉上吸引不了他们的注意力，那他们就不大会去看商品详情。

#### 1. 买家定位

“千人千面”的逻辑对很多人来讲都不陌生，就是根据买家的特征和需求，个性化地展示该买家喜好的商品。

这背后有一个非常重要的因素——买家画像。掌握了目标买家的特征，挑选对应的商品进行展示，这样在千人千面的展示逻辑下才能优先展示最合适的商品。

让买家停留可以从两个方面出发：解决买家痛点，引起买家情感共鸣。

1）解决买家痛点

举个例子，买家在网上购买速食类商品时，会担心食物的保质期、卫生情况、味道、健康程度、分量等，那么什么样的主图才能抓住买家的眼球呢？

我们来分析一下图 3-27 中的四张展示图。

第一，左上角的图片不够清晰，会影响买家点击。

第二，四款商品的份量差不多，买家会进一步从图片颜色、荤素搭配上进行判断，右下角的商品颜色偏暗一些。

第三，四款商品的价格也差不多，下面两款稍微优惠一点。但是考虑到买家对健康和卫生的重视，旗舰店的商品更能引起他们的关注。

所以，右上角的商品销量最高，其中主图对转化率的提升起到了很大的作用。

图 3-27

2）引起买家情感共鸣

商家永远坐在电脑的后面，和买家隔着一条网线，如何通过一条网线跟买家谈一场“恋爱”？情感共鸣不可缺。

要想引起买家的情感共鸣，就要让自己站在买家角度考虑问题，设想如果自己是该商品的买家，会从哪些角度考虑问题，关注哪些方面。就是把买家装进心里，感受他们所感受的，帮助他们进行购买。

## 2. 差异化

差异化的本质是提供一种买家选择你而不是竞争对手的理由，和竞品没有差异的商品难以勾起买家的购买欲望，因为买你的商品和别的店铺的商品对买家来说没有区别。

差异点可以是你的商品的独特功能，也可以是一种简单的设计，还可以是比竞品多的那一点点“情怀”，这点滴差异也能让你在“货比三家”中脱颖而出。

如图 3-28 所示，同样是 BF 风（男友风）牛仔外套，商品本身没有太大区别，但商品详情页展示出来的信息完全不一样，左图重在展示商品做工和商品品质，右图重在展示颜色、风格和“百搭”属性，这就能帮助不同喜好的买家决定购买哪一件。

图 3-28

### 3. 场景营销

场景营销其实就是通过某种场景唤醒买家的记忆，从而“点燃”其购物欲。场景营销贴合买家真实的生活，更容易得到认可。

比如，买家对面膜的需求包括补水、美白、修复等，很多商家利用图片、直播、节目推荐来表现，那么能否从场景营销的角度，将面膜“嵌入”熬夜加班、熬夜打游戏和旅游（暴晒）等场景中呢？这样代入感会更强，效果会更真实。

又如，很多人小时候吃过但现在停产的零食又重新上市，这不仅仅利用了场景营销的理念，更注入了情感，让买家产生情感共鸣。

## 3.2.2 用细节获取信任感

要想获取买家的信任，可以从以下几个方面入手。

### 1. 数据展示

对于婴儿用品尿不湿，宝妈们购买时最关注价格、吸水量、是否侧漏、安全性等，我们可以从宝妈关注点出发去设计人性化的数据展示方案。

1）价格

精明的宝妈们一般会计算单片尿不湿的价格，会发现市场上大多数尿不湿的价格区间是 1～2 元，不同品牌的尿不湿之间只有几毛钱甚至几分钱的差距，这种情况下不知名尿不湿竞争力就很弱。

但是换个角度算一下，孩子从出生到三岁，每天需要用几片尿不湿，三年一共需要用多少片，计算出总价，这样价格优势就显示出来了，这样的数据可以有效打动对价格敏感的宝妈们。

2）吸水量

商家可以设计知名品牌尿不湿和自家尿不湿吸水量的对比测试，通过直观的数据对比，打消买家的顾虑。

3）安全性

除了用权威机构出具的证明展示商品的安全性外，商家自己也可以通过商品生产过程和商品细节展示商品的安全性，比如无菌生产环境、底布、包覆层、魔术贴等。

### 2. 产地标签

产地标签一般适用于众所周知的地标性商品。比如赣南脐橙、新疆大枣、烟台苹果，售卖这些商品的商家无须在详情页做多少保证，只要产地是真的，商品质量就有了保证，能轻松获得买家的信任。

### 3. 权威力量

电器类商品的 3C 认证、食品的生产许可证、数码产品的专利证书等，均是国家权威机构出具的证明，有不可替代的权威力量，能够让买家对商品产生较高的信任度，如图 3-29 所示。

图 3-29

## 3.2.3 用图片“销售”想象力

在线下买衣服可以试穿，买水果可以看、闻、尝，在线上购物更多时候只能以图片、短视频、商品介绍和买家评论作为购买依据。

因此我们需要制作出好的商品图片来满足买家对商品的想象。我们在餐馆点菜时，商家会在菜名后面用辣椒的数量表示菜辣的程度，即使没有吃过这道菜，吃饭的人也能通过辣椒的数量想象出这道菜到底有多辣，不喜欢辣的买家自然就不会点这道菜了。电商商品的图片也是这样，图片提供想象空间，而想象能转化成判断。

“销售”想象力可以从视觉、听觉、嗅觉、味觉、触觉五方面进行。

（1）视觉：从买家秀、真人试穿等方面提升视觉想象力。

（2）听觉：从声音的大小、长短、清晰度等方面提升听觉想象力，比如加湿器的低噪音。

（3）嗅觉：从嗅觉层面提升嗅觉想象力，比如臭豆腐的臭。

（4）味觉：从味道、色泽等方面提升味觉想象力，比如小红椒的辣。

（5）触觉：从冷暖、干湿、粗糙程度等方面提升触觉想象力，比如丝绸的顺滑。

视觉营销是很大的一门学问，但是只要以买家为导向，用图片去表达买家想要的东西，就能达到很好的营销目的。

## 3.3 设计高点击率主图的正确方法

商品最主要的展示渠道就是主图，主图对于商品销售的重要性不言而喻。商家都希望自己的店铺商品能热卖，可是现实往往不能尽如人意，原因可能就是主图没有设计好。那么主图应该如何设计呢？

### 3.3.1 主图的基本要求

（1）主图的尺寸：宽和高需均大于 480px。

（2）主图的格式：仅支持 JPG、PNG 格式。

（3）主图的大小：大小在 1MB 以内。

### 3.3.2 主图的设计思路

#### 1. 精准定位受众

在制作图片的时候，首先要考虑的是商品的对应人群，要了解他们的兴趣爱好、消费能力、消费习惯等。要制作针对特定人群的图片，不要想着一张图片把所有的人群都覆盖了，否则很容易变成“四不像”，最后谁都看不上。

### 2. 了解买家的真实需求

定位好人群之后，要了解买家的真实需求。买家的需求往往隐藏在关键词中，而很多商家在制作主图的时候，却只想着表达自己想要表达的内容，忽略了买家在搜索关键词时真正想要看到的东西，导致主图点击率不高。

假如有买家想买一条加绒牛仔裤，搜索“加绒牛仔裤”，那么图 3-30 中的哪张图片更吸引他呢？

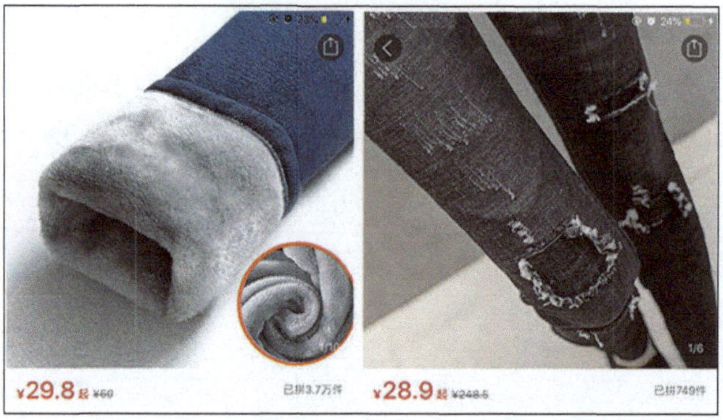


图 3-30

很明显是左边的，因为他搜索的是“加绒牛仔裤”，他需要的牛仔裤是加绒的，虽然商品标题中都有“加绒”，但是左边的主图展示了加绒，右边的只是简单地展示了商品的外部特征，很明显不符合买家的第一需求。

### 3. 做好差异化

抓住买家需求然后展示商品，是做主图的第一步。在搜索页面众多主图中，款式相同甚至图片相同的商品都非常多，如果没有差异，就很难让买家关注自己的商品。

要想点击率出众，首先要让买家关注商品图片，如果主图都没有被买家关注，那么谈点击率是不现实的。

1）背景颜色差异化

比如在其他店铺主图大多是深色背景的情况下，采用浅色的背景就抓住了买家的目光。但是切记要保证图片美观，与店铺风格不冲突，不能盲目为了差异化而乱用颜色。

2）视觉角度差异化

图 3-31 中的三款商品都是打底裤，常见的角度可能是正面或侧面的站姿半身图。后面两张图的视角表现出了差异化，比如中间是侧面坐姿，右图是俯拍背面。

图 3-31

3）细节大小差异

图 3-32 中的两款童鞋都注重透气性，但是左侧的对于透气性的细节展示更多，比如网面、气孔。

图 3-32

4）场景差异

图 3-33 中的两款商品都是儿童床品，左侧表现的是儿童舒适的睡眠场景，右侧则是普通的商品展示图。

图 3-33

当然，差异化远不止上面这几个例子中的情况，商家需要结合商品所在的类目以及商品情况来制作差异化的主图。

### 4. 文案具有诱惑力，突出卖点

文案可以直接表达商品的卖点，要简单明了，一针见血，用最少的字表达出商品最重要的信息，让买家一下就能看到最关心的信息，比如打折优惠、商品功能、快递优势等。找到这些卖点之后挑选最重要的放到主图上，吸引买家目光，促成点击。

1）价格优惠卖点

主图中促销力度的直接展现，往往能够直达买家心里。如果价格策略允许的话，可以好好设计一下促销活动力度，如打折、优惠券信息等，如图 3-34 所示。

图 3-34

2）赠品卖点

举个例子，我们去超市购物的时候，经常会遇到这种情况：A 商品和 B 商品价格差不多，质量也差不多，但买 B 商品能获得赠品，而赠品正好也是我们近期想买的或以后用得上的，于是我们就选择了 B 商品。网购也一样，主图上展现出赠品信息，可以刺激买家优先选择。这就需要我们对购买人群做很好的分析，选择好的赠品营销策略。比如销售眼影盘，搭配眼妆工具就比较合适，如图 3-35 所示。

图 3-35

3）功能对比卖点

比如儿童手表，妈妈们可能会担心孩子洗手、玩水的时候手表进水，如果你的手表能深度防水，那么这种特点就可以作为卖点加以描述，吸引有这种需求的人群，如图 3-36 所示。

图 3-36

## 3.4 巧用免费装修模板引爆商品转化

店铺首页一直以来都是优质的展示渠道，专业的排版可以吸引买家浏览更多的商品，促进店铺商品获得更多的曝光和成交，同时也会引导买家关注店铺。

### 3.4.1 使用装修模板的好处

#### 1. 引爆进店流量

专业而优质的店铺首页能够吸引商家关注店铺，浏览商品，形成流量闭环，而且也会让店铺显得更加专业，让买家更加信任。

#### 2. 提升商品转化率

通过分析不同类目的商品属性，拼多多设计师为大家打造了不同的商品排版及设计风格，从而能及时抓住买家的眼球，突出商品的特点和优势，为成交助力。

#### 3. 省钱，省力，省心

拼多多装修模板可以免费试用，过了试用阶段以后，单个模板月均费用为 10 元，有海量模板供选择。

所有模板均由在电商行业从业十余年的设计师设计，不但能为商家省掉美工费用和管理成本，而且能让店铺首页仅需几分钟就焕然一新。

### 3.4.2 装修模板订购及使用方式

#### 1. 订购方式一

进入服务市场首页，如图 3-37 所示。

图 3-37

在模板列表页面，可以查看全部类目模板。商家可以通过主营类目、风格、主题、色系等筛选合适的类目，也可以在服务市场首页搜索栏中直接搜索商品的关键词来找到合适的模板，如图 3-38 所示。

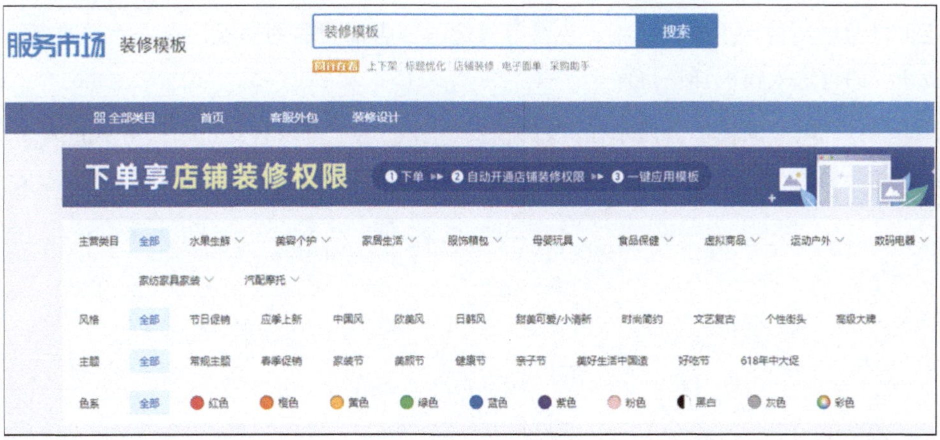


图 3-38

进入“服务市场”—“装修模板”也可以找到已订购的模板服务进行续费，如图 3-39 所示。

图 3-39

## 2. 订购方式二

进入拼多多商家后台的“店铺营销”—“店铺装修”—“模板市场”板块，会看到这里有各种模板。

在“推荐模板”中，有海量的精选模板，模板默认按商家的主营类目展示。商家还可以通过类目、主题、风格、色系等筛选适合店铺商品的模板，点击“立即试用”按钮，即可进入模板详情页面。

商家已购买的模板会展示在“我的模板”中，在这里可以看到正在使用中的模板、已订购的模板，以及已过期的模板，如图 3-40 所示。

图 3-40

## 3. 使用方法

（1）下单完成后，模板将自动展示在装修编辑页面中，商家可以进行选择展示商品、更改文案等操作，如图 3-41 所示。

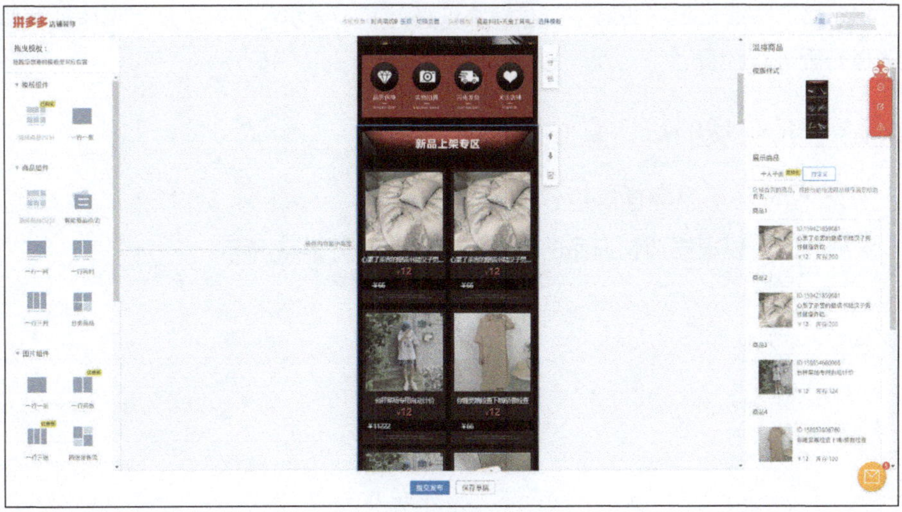


图 3-41

（2）选中中间组件后，在右侧可以进行编辑文字内容和颜色、选择商品等操作，如图 3-42 所示。选择商品后，商品价格、商品标题、划线价格等将由系统自动读取。

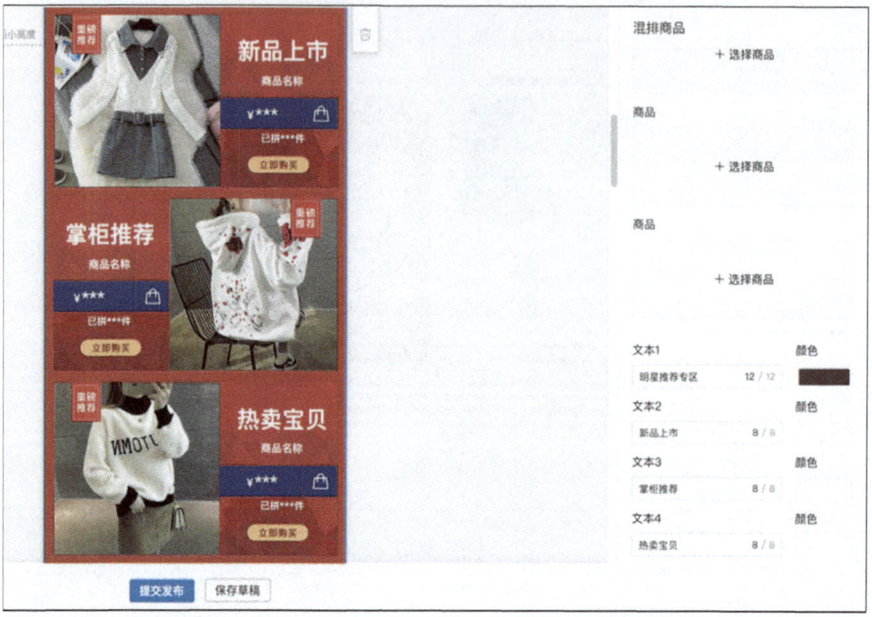


图 3-42

（3）编辑成功后，点击“提交发布”按钮。

（4）已购买的模板即将过期时，预览页将有文字提示，商家可以根据店铺装修情况选择是否进行续费。

### 3.4.3　打造优质的店铺装修样式

#### 1. 根据商品风格选择装修样式

装修样式可以根据店铺商品的风格来选择，如图 3-43 所示。

图 3-43

## 2. 根据店铺活动选择装修样式

根据店铺近期的活动选择装修样式，营造活动氛围，例如福女节、春季上新等，如图 3-44 所示。建议选择包含人气推荐、爆款促销的模块，根据颜色选择适合促销活动氛围的模板，还需要考虑活动内容、划线价格、已拼数量、价格浮动等促进买家购买的信息。

图 3-44

### 3. 注意店铺装修的结构性

店铺装修要具有一定的层次感，让人能对商品信息一目了然，如图 3-45 所示。头部海报可以突出店内爆款或近期活动，从上而下按照分类、风格、用途、爆款上新、搭配推荐等划分模块，中间穿插一些促销及引导关注的信息，尾部加上商品实拍或快递信息。

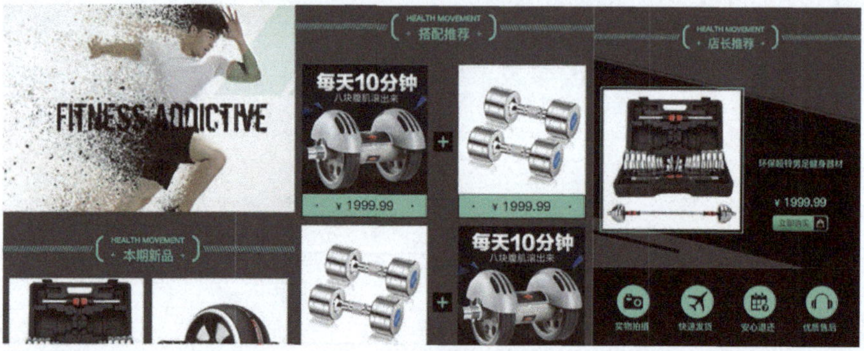


图 3-45

### 4. 优先展示店内爆款商品

尽可能优先展示店内爆款商品，在装修模板中可以编辑的文本框内，要尽可能描述商品的卖点、优惠信息等，例如“新鲜采摘”“厂家直销”“产地直发”“领券更优惠”等具有吸引力的文案内容，如图 3-46 所示。

图 3-46

### 5. 注意店铺人群属性

例如童装的主要浏览者其实是家长，零食的浏览者多为女生。根据购买商品的人群喜好选择相应的模板，才能更好地获得商品曝光和转化。

【注意】

为给商家提供更多店铺运营的便利及服务，拼多多平台商家服务市场上线了，服务市场里面有众多辅助软件可供商家对比选择，软件提供的服务涉及店铺运营的方方面面。

最关键的是，服务市场提供的应用软件都有 7 天或 15 天的免费试用期，大大降低了商家的试错成本，使得商家有更多的机会去挑选合适的软件。

# 第 4 章

# 商品发布流程

# 4.1 商品发布路径

拼多多商品发布路径有两个：

（1）拼多多商家后台—“商品管理”—“发布新商品”。

（2）拼多多商家后台—“商品管理”—“商品列表”—“发布新商品”。

发布新商品界面如图 4-1 所示。

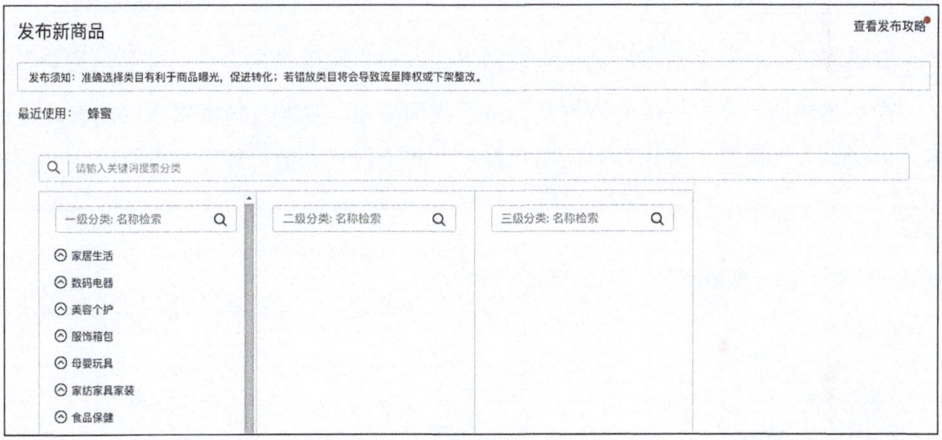


图 4-1

商品分类一定要正确，不正确的商品分类不利于获取精准流量。

# 4.2 商品基本信息

## 4.2.1 商品标题

好标题可以带来更多曝光，吸引目标买家，提升点击率。30 个字的商品标题看似简单，但稍有不慎，辛辛苦苦上架的商品就可能没流量了。

如何才能起好一个商品标题呢？

### 1. 关于商品标题的基本要求

长度为 60 个字符（1 个汉字等于 2 个字符）。

填写商品规格时英文字母均使用大写形式，如 G（克）、L（升）。

不能出现“限量”“秒杀”“抽奖”等与拼多多平台活动相关的广告用语。

不能出现“全网最低”等绝对化广告用语。

不能出现第三方平台比价信息，比如“淘宝价”。

### 2. 商品标题的选词攻略

1）商品热搜词

查找路径：拼多多商家后台—“数据中心”—“流量数据”—“商品热搜词”。

商品热搜词是官方提供的数据最完整的找词渠道，搜索人气越高表示搜索人数越多，但搜索人气值是综合计算得出的指数，不等于搜索人数，如图 4-2 所示。

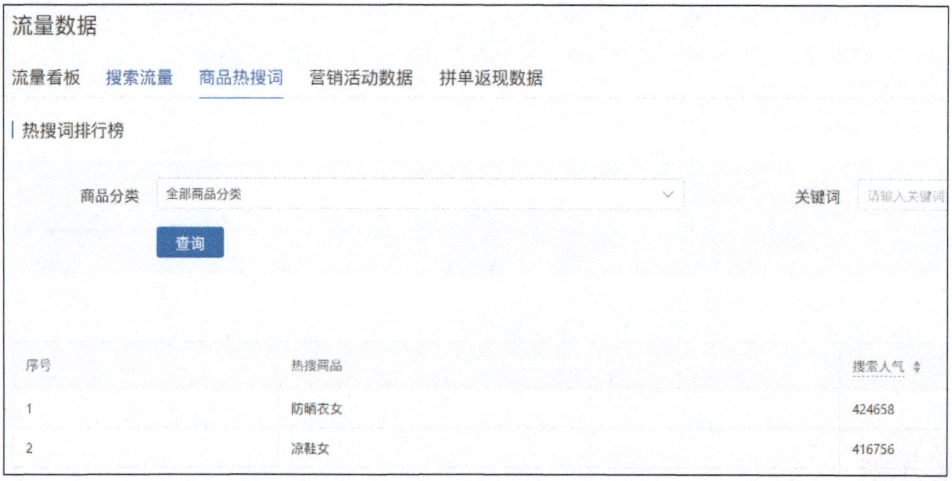


图 4-2

2）下拉框词

在拼多多（买家版）App 的搜索框中输入与自己商品相关的关键词，系统会自动推荐下拉框词，如图 4-3 所示。下拉框词可以组合使用，这也是找到高热度长尾词的有效方法。

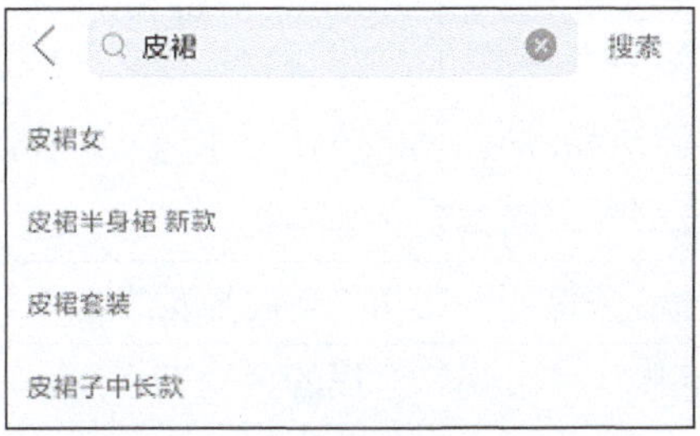


图 4-3

3）商品页属性词

在拼多多（买家版）App 中搜索一个关键词后，商品展示页中间部分会有相关属性词，如图 4-4 所示。

图 4-4

### 3. 商品标题的组合公式

（1）品牌词+类目词+核心词+属性词。

（2）营销词+核心词+热搜词+卖点词。

（3）下拉框词+核心词+长尾词+冷门词。

下面简单介绍一下这些词。

- 品牌词：比如格兰仕微波炉，“格兰仕”即为品牌词。
- 类目词：比如“女装”“裙装”“半身裙”。
- 核心词：商品的核心关键词，比如“毛呢短裙”。
- 卖点词：比如“高腰”“显瘦”这样的关键词。
- 长尾词：关键词较长甚至达到了短语长度，例如“皮裙半身裙新款中长款”。
- 冷门词：搜索较少，但与商品相关性很高的词汇。
- 营销词：比如“买一送一”“下单送礼品”等，要确保真实，不要等营销活动结束了还用原来的营销词。
- 属性词：描述商品属性的关键词，比如“韩版”“春装”等。
- 热搜词：搜索量非常大的关键词，可能会随着季节等变化。

以上关键词划分可能有重叠，一个关键词可能属于几种类型。

#### 4. 注意事项

（1）不是某个品牌的商品不能出现该品牌信息。

（2）不能出现价格敏感词，例如“跳楼价”“劲爆价”“血价”“亏本甩卖”等。

（3）不允许出现拼多多以外的其他电商平台、网站或者线下店铺的任何信息。

（4）不要出现废词，废词就是不能带来流量的关键词，写上不能带来流量，还浪费宝贵的空间。

（5）标题最多可填写 30 个汉字（60 个字符），搜索页最多展示前 14 个汉字。所以我们要尽可能在前 14 个字中体现出商品的核心特点，并且让这 30 个汉字可以拆分出更多的关键词。

### 4.2.2 商品分类

#### 1. 什么是“商品分类有误”

商品分类有误一般表现为以下四种情况。

（1）当前分类选择明显错误，如图 4-5 所示。

（2）当前分类是老分类，已失效。图 4-6 中的商品分类看似没问题，但其实是按老类目分的，老类目的数据在平台各个场景中已停止使用，建议将商品分类更新为新类目“收纳整理-家庭防尘用具-冰箱防尘罩”。

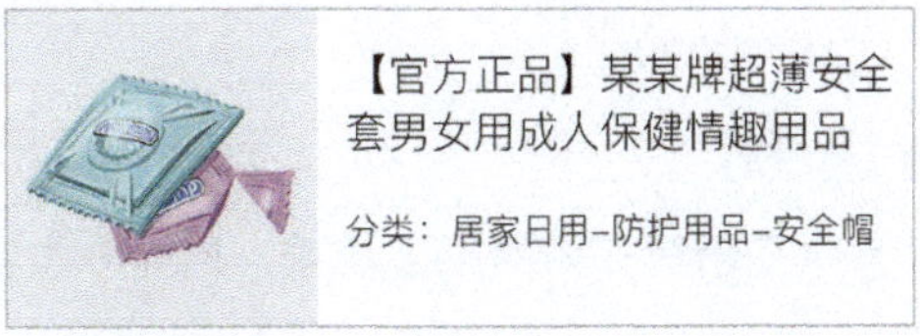


图 4-5

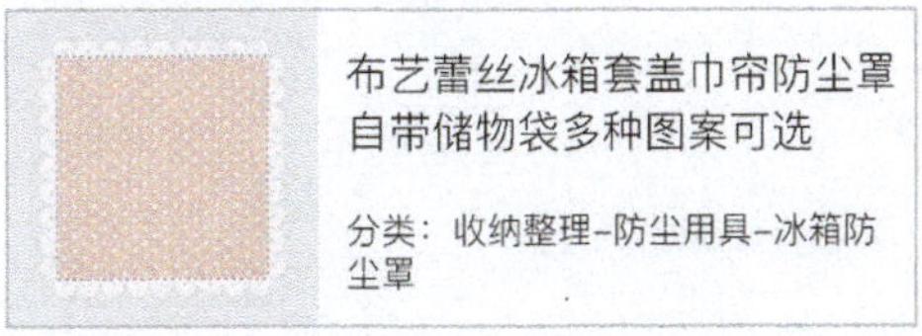


图 4-6

（3）当前分类选择虽不算明显错误，但是有更合适的类目供选择。如图 4-7 所示，该商品虽然确实是调味品，但是有更合适的类目“粮油米面/南北干货/调味品-调味品/果酱/沙拉-日常调味品-醋制品”可选择，因而被判为分类有误。

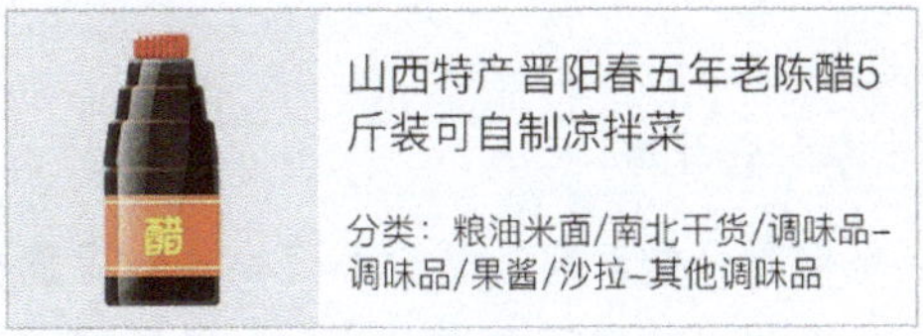


图 4-7

（4）当前分类选择虽然无误，但是商品标题等信息混淆，误导了算法的判断。如图 4-8 所示，该商品虽然确实是茶道零配用品，但是商品标题里混淆了多个不同的商品词，这些商品词会对算法造成干扰，因此这个商品被判为分类有误实在不冤。所以，在发布商品时不仅要选择合适的分类，也要合理编辑标题等信息。

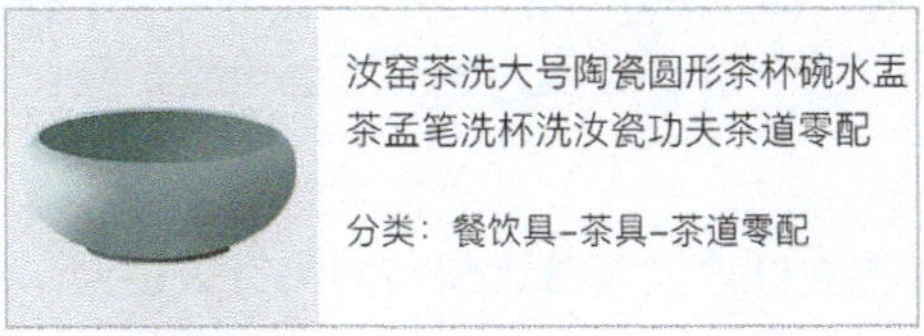


图 4-8

### 2. 为什么要合理选择商品分类

1）避免不必要的流量降权

包括搜索、推荐、首页显示等在内的很多场景，均对分类有误的商品有流量降权的操作。

2）提高活动报名成功率

平台的各项营销活动（如“9 块 9 特卖”“秒杀”“大促”等）、竞价活动、品质招标都要求商品分类正确，部分特色活动更是规定只有某些类目的商品才能参加活动。如果商品分类不正确，就无法成功报名。

3）避免商品被下架、禁售

一些特殊类目的商品如果错放到其他类目，将会被下架或禁售。

特殊类目有以下几种。

- 有特殊经营资质要求的，例如食品、药品、书籍等类目。
- 有特殊保证金资质要求的，例如虚拟商品、宠物猫狗、二手数码产品等类目。
- 成人用品类目。

4）提高商品的点击率和转化率

不管是首页分类还是搜索分类，都是平台不可小觑的流量和销量来源。如果商品分类选择错误，使商品展示在不符合买家需求的分类场景下，必将极大程度上降低商品的点击率和转化率。

所以合理选择商品分类，不仅能避免不必要的流量降权，还能提高活动报名的成功率、提升商品点击转化率，好处多多。

### 3. 选择合适的商品分类

那么到底该怎么选择合适的商品分类呢？请参考以下步骤。

（1）进入“发布新商品”页面之后，我们可以一级一级往下，挑选自己商品所属的类目。

（2）也可以直接在搜索框内输入自己商品的类目关键词，系统会匹配一些合适的类目，我们从中找到合适的类目，选择完毕后点击“确认发布该类商品”按钮即可。

（3）如果所有的推荐类目都与商品不符，可以搜索更详细的词，如果反复搜索后都没有准确的类目，可以点击“立即反馈”按钮反馈问题，同时再通过按层级挑选的方式寻找合适的类目。

### 4. 利用“商品体检”自查

（1）按图 4-9 所示步骤进入商家后台的“商品体检”页面。

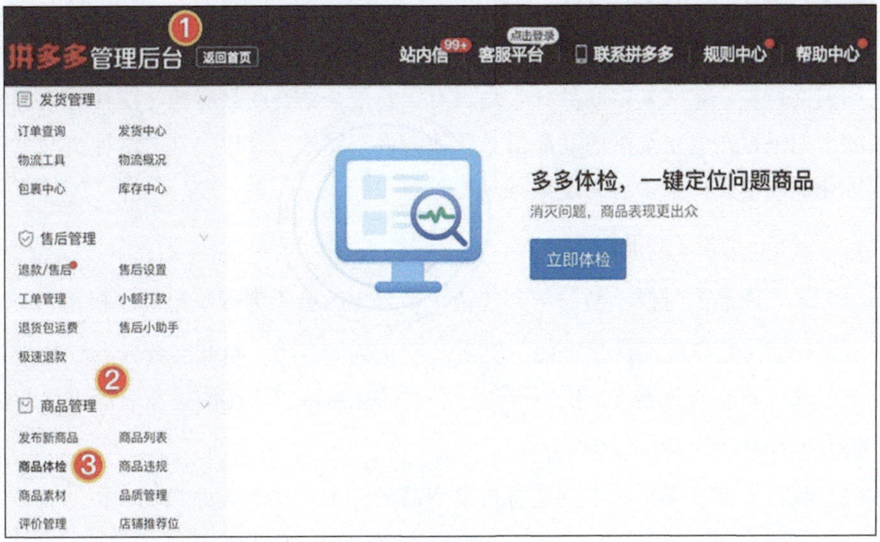


图 4-9

（2）点击“立即体检”按钮，系统就会将店铺的问题商品情况展示出来，其中包括“商品分类有误”这一体检项，如图 4-10 所示。点击右侧的“立即处理”按钮，就能看到店铺内有哪些商品的分类选择有误。

当自检了商品各项信息，确定商品分类无误且不存在可能影响算法判定的混淆信息后，可以按照提示进行反馈。

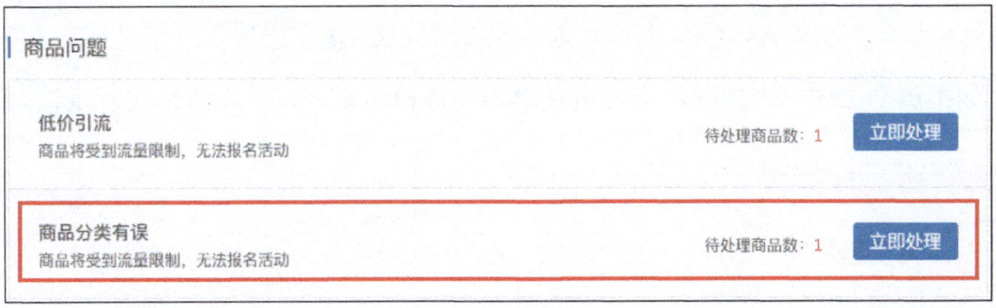


图 4-10

#### 5. 商品分类注意事项

1）并不是系统推荐的类目就一定正确

推荐的类目是系统算法根据输入的关键词得出的，还需要商家结合自己的商品合理选择分类。

2）并不是分类选择正确就一定不会被判分类有误

如前文所述，算法判定商品分类是否有误，是会结合商品标题、图片等信息综合判断的，如果存在引起混淆的商品信息，就会误导算法，导致误判。这种情况下建议大家优化商品信息，删掉容易造成混淆的信息。

#### 6. 商品分类常见问题

（1）录入商品的时候，商品分类选错了，再更改会不会影响销量和权重？

答：只要您是将商品从错误的分类更改到正确的分类，对商品就只有好处没有坏处。合理选择商品的分类，不仅能避免不必要的流量降权，还能提高活动报名的成功率，提升商品点击率和转化率。

（2）我在当前分类里找不到适合自己商品的分类，该怎么办？

答：平台类目树健全，一般不存在无对应类目的情况，建议在查询类目推荐时输入更精准的查询词。若确实无法找到合适类目，可以点击“立即反馈”按钮反馈问题。

（3）我的商品分类没错，为什么做商品体检时被认为分类有误？

答：有两种可能的情况。

①您可以检查商品是否存在前面说的标题关键词有误等问题，若有则可以有针对性优化商品信息并于次日再进行商品体检。

②商品体检并不是实时的，存在一定的延迟，若您在做商品体检前刚好修改过商品属性，可能导致商品体检结果不是当前的实时结果，建议您次日重新进行商品体检。

如不属于上述两种情况，您还可以点击“体检结果有误？”按钮进行反馈。

### 4.2.3 商品轮播图

#### 1. 对轮播图的要求

（1）宽和高均需大于 480px。

（2）大小在 1MB 以内。

（3）数量在 10 张以内。

（4）仅支持 JPG、PNG 格式（经常有格式错误的图片被驳回，请一定注意）。

（5）白底图的背景应为纯白色（服饰除外），图片上不添加任何文字（因白底图不规范被驳回的也不在少数，商家可去多多大学网站搜索“白底图”了解相关内容）。

（6）批量上传时，图片应等宽等高且不小于 480px。

### 2. 商品轮播图的重要性

轮播图主要有三个特点。

（1）在页面中置顶，容易聚焦视线。

（2）在整个页面中，轮播图浏览比例最高。

（3）浏览完整度高。

轮播图的这些特点，使其成为一个能够很好地展示商品信息的地方，如果你没有放满 10 张图，或者全都放了白底图，就浪费了最佳展示机会。图 4-11 所示为一张轮播图。

图 4-11

### 3. 如何利用好 10 张轮播图

轮播图如此重要，那么我们该如何合理利用这 10 张轮播图呢？下面准备了几个实用方法。

1）把 10 张轮播图当作详情页展示商品信息

拼多多共有 10 个轮播图位置，让我们有足够的空间来展示商品信息，因此我们完全可以把 10 张轮播图看作详情页，如图 4-12 所示。

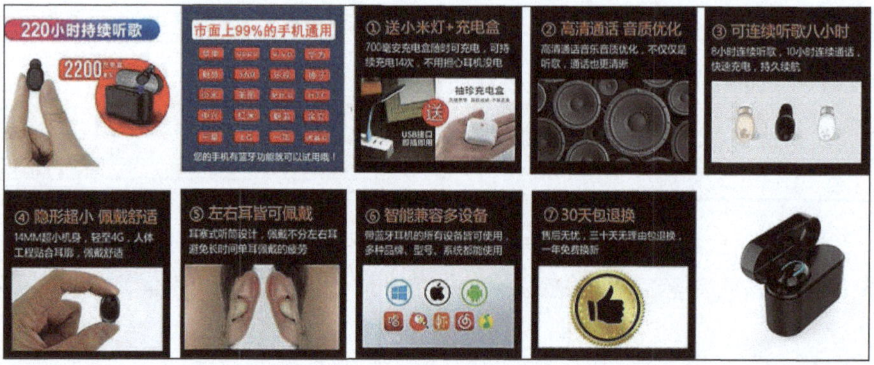
220小时持续听歌
2200
市面上99%的手机通用
您的手机有蓝牙功能就可以试用哦！
① 送小米灯+充电盒
700毫安充电盒随时可充电，可持续充电14次，不用担心耳机没电
袖珍充电盒
送
USB接口
即插即用
② 高清通话 音质优化
高清通话音乐音质优化，不仅仅是听歌，通话也更清晰
③ 可连续听歌八小时
8小时连续听歌，10小时连续通话，快速充电，持久续航
④ 隐形超小 佩戴舒适
14MM超小机身，轻至4G，人体工程贴合耳廓，佩戴舒适
⑤ 左右耳皆可佩戴
耳塞式听筒设计，佩戴不分左右耳避免长时间单耳佩戴的疲劳
⑥ 智能兼容多设备
带蓝牙耳机的所有设备皆可使用，多种品牌、型号、系统都能使用
⑦ 30天包退换
售后无忧，三十天无理由包退换，一年免费换新

图 4-12

我们可以把这 10 张轮播图当作我们的 10 个“员工”，他们各司其职：首图这位老大哥负责拉流量，其余的轮播图有负责商品卖点的，有负责促销信息的，有负责购物保障的……

2）把买家最看重的卖点放在位置靠前的图中

把买家最看重的东西优先展示出来，减少买家的购买决策时长，才能更快地达到成交的目的。

3）一张图中不要堆砌太多的卖点

一张轮播图设置一个标题就好，涉及一个卖点就够了。一张图中尽量不要堆砌太多的卖点，买家给我们的时间不多，要让买家在短时间内看明白我们想要表达的东西。图 4-13 中展示了正确的卖点设置和错误的卖点设置。

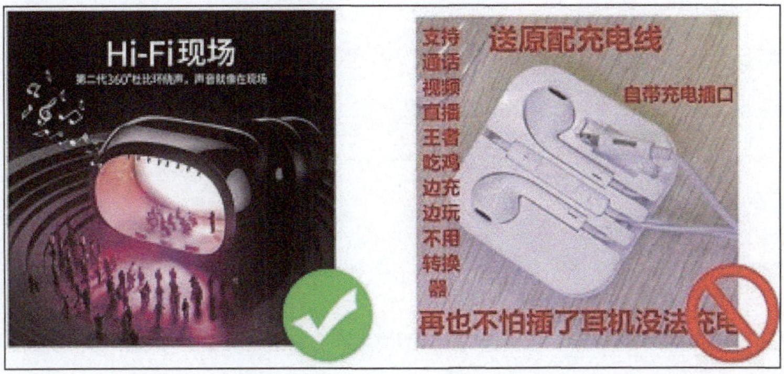
Hi-Fi现场
送原配充电线
支持通话视频直播王者吃鸡边充边玩不用转换器
自带充电插口
再也不怕插了耳机没法充电

图 4-13

4）若商品卖点过少，可采集一些“买家秀”作为轮播图展示

如果你的商品卖点不多，不知道空出来的轮播图位置该放什么，那你可以采集一些比较好的“买家秀”，放在一张轮播图中进行展示，如图 4-14 所示。

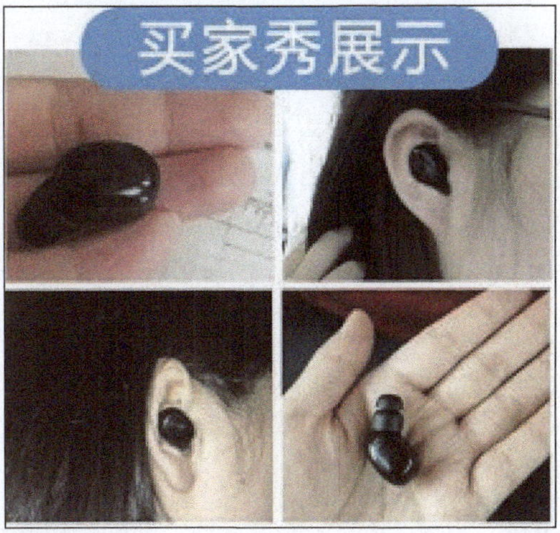
买家秀展示

图 4-14

### 4.2.4 商品轮播视频

轮播视频是买家进入商品详情页后最先看到的内容，与轮播图和描述图相比，轮播视频可以更多维度地展示商品，更加突出展示商品细节、功能，让买家对商品有更多了解，增加买家停留时间，提高商品的转化率、收藏率和加购（把商品加入购物车）率。

## 1. 如何添加商品轮播视频

发布商品时，可在“商品基本信息”—“商品轮播视频“处，点击“上传视频”按钮进行视频上传，如图 4-15 所示。

图 4-15

## 2. 对轮播视频的要求

（1）时长 60 秒以内。

（2）宽高比为 1∶1 或 16∶9 或 4∶3。

（3）建议分辨率不小于 720px。

（4）支持 mp4、mov、m4v、flv、x-flv、mkv、wmv、avi、rmvb、3gp 格式。

（5）请勿上传违禁内容，包含但不限于涉黄涉暴、站外引流等内容。

## 3. 如何策划轮播视频

1）深入了解商品

只有对自己的商品了如指掌，才能提炼出商品的卖点。

2）模拟商品使用场景

当你找不到商品的卖点的时候，可以模拟商品的使用场景，自己作为买家去感受，发现商品的优劣势。同时，对买家展示这些使用场景，会让他们更有代入感。

3）展示商品信息

对提炼出的商品卖点按照优先级排列，先展示优先级高的。记住，优先级以买家关心程度为标准。

4）突出重点卖点

确定要重点展示的商品卖点，用近景远景结合、重复出现的方式展示这个卖点，同时加上字幕做特殊说明，以吸引买家。

#### 4. 轮播视频的制作误区

（1）把 60 秒的视频当成了直播，全程只有模特嘴巴在动。

（2）视频时间规划不合理，60 秒的轮播视频本来展示商品的时间就不长，但很多视频直到第 5、第 6 秒才出现商品。

（3）内容规划不合理，视频没有展示出商品的突出卖点，没能有效传达品牌信息。

（4）照搬其他平台的视频，画面中留有其他平台的 Logo。

### 4.2.5 商品详情页

商品详情页直接影响买家的浏览时长，甚至决定了买家是否购买该商品，是影响商品转化率的重要因素。一个好的详情页能够提高买家购买率，所以商家一定要想办法设计一个好的商品详情页。

下面我们来看看怎样做好商品详情页的设计。

#### 1. 商品分析与规划

要做商品的详情页，需要要对自己的商品有深入的了解，分析商品的特点，设计商品的卖点，详细列出详情页的内容，然后按照买家的浏览习惯来制作。

#### 2. 详情页布局

买家浏览详情页的习惯通常是自上而下的，越往后浏览的人越少，在示意图中呈沙漏形，如图 4-16 所示。

图 4-16

因此详情页的布局是很重要的，好的布局可以让商品的转化率得到提升。图 4-17 所示为一种典型的详情页布局。

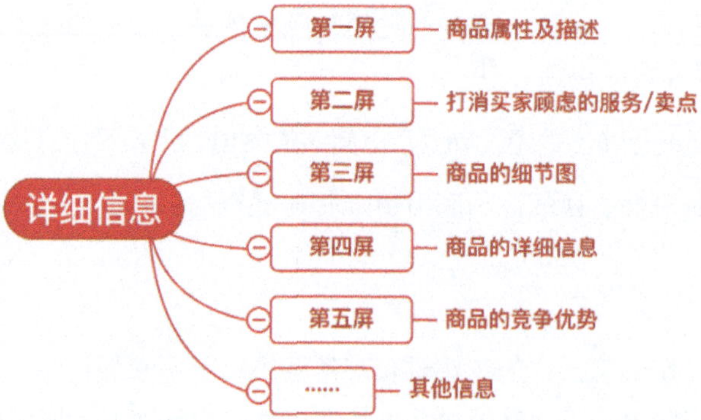


图 4-17

### 3. 详情页示例

1）商品海报（首屏）

依据规划做出详情页，其中详情页的前三屏是比较重要的，第一屏默认是海报图。

商品的海报图肯定是最好看的，也最能够展示出商品特色的正面图片，同时还可以加上一些文字进行描述，如图 4-18 所示。

通过上面的案例可以看出，优秀的详情首屏一定要突出商品，首先让买家对商品有整体认知。

首屏的设计可以与使用场景有关，让买家有一种场景代入感，也可以与商品特性有关，比如水果，最好让买家强烈感受到自然的原汁原味。

2）主要卖点（第二、三屏）

在众多卖点中找到两三个主要的、有特色的卖点来进行宣传，例如质量好，耐用等。如图 4-19 所示，该商品重要的卖点就是温度，从三个角度突出这个卖点，可以集中吸引买家眼球。

图 4-18

图 4-19

3）商品细节

展示完卖点之后，还需要展示商品的细节。细节图片要清晰，富有质感，并且附带相关的文案介绍。比如，服饰类的商品要提供模特的三围、身高信息，而图 4-20 中的五金细节展示，则能让买家对于商品的信任感上升。

图 4-20

4）详细信息

详细信息也要写上去，比如衣服的尺寸、玻璃制品的规格等，都要写出来，让买家一目了然。可以用一些有标准尺寸的实物与商品对比，让买家直接看出商品的实际尺寸，以免收到的货低于心理预期。

图 4-21 中是一款酸奶机，图中将商品的配件、材质、功率等都描述得很清晰，让买家对商品的信息一目了然，可以减少买家的决策时间。

5）同类商品优劣对比

通过对比可以强化商品卖点，图 4-22 中不仅有图片的对比，还加上了文字描述，让买家对于优劣有了更强烈的感受。

图 4-21

图 4-22

6）售后保障

售后服务的目的是解决买家的各种问题，例如是否支持 7 天无理由退换货、发什么快递、商品有质量问题怎么解决等。让这些问题的答案展示在详情页中，可以减轻客服人员的工作压力，同时增加转化。

## 4.2.6 商品规格与库存

商品规格与库存请根据商品发布页面实际展示情况填写，如图 4-23 所示。

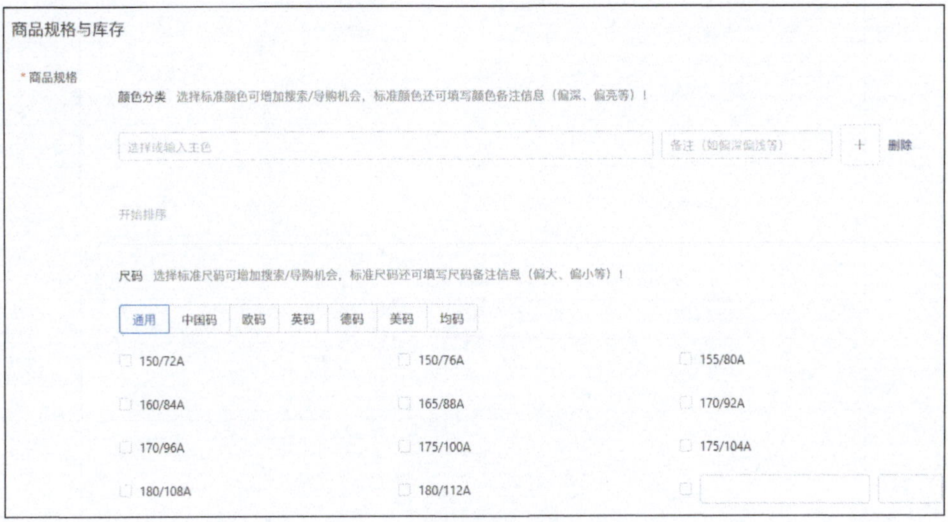


图 4-23

### 1. 规格类低价引流

规格类低价引流，是指同一商品链接中价格最低 SKU 的规格小于商品标题中所描述的最小规格，且两者之间存在一定的价格差。

目前，平台针对低价引流违规的商品将采取下架、搜索降权、禁售等多种处罚措施，望商家严格遵照平台规则发布商品，避免因违规而导致商品、店铺受到处罚。

### 2. 价格及库存

根据所添加商品的规格，可对库存、价格等进行批量设置，也可以分别填写对应库存及价格等信息，如图 4-24 所示。注意避免低价引流，市场价应高于所有 SKU 中的最高单买价格。

图 4-24

## 4.2.7 服务与承诺

### 1. 什么是运费模板

运费模板就是为一批商品设置同样的运费。当需要修改配送地区和运费的时候，这些关联商品的运费将一起被修改。运费模板支持对部分地区配置运费。

### 2. 设置运费模板

1）运费模板设置路径

路径：拼多多商家后台—“发货管理”—“物流工具”—“运费模板”，可点击“新建运费模板”按钮进行创建。

2）填写运费模板信息

运费模板设置分为三个部分：模板基础信息、包邮配送区域、买家付邮费区域。

除“包邮配送区域”和“买家付邮费区域”外的其他区域属于不配送区域。

（1）填写模板基础信息，如图 4-25 所示。

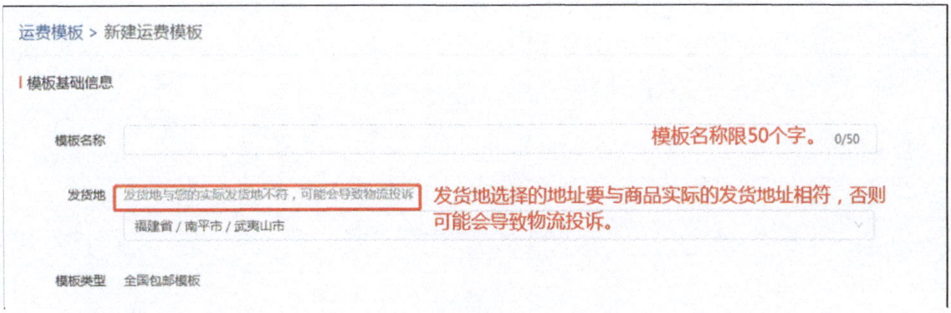


图 4-25

（2）设置包邮配送区域，如图 4-26 所示。

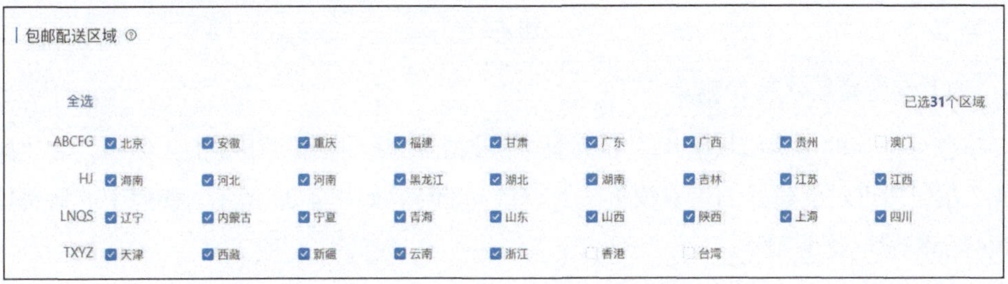


图 4-26

【注意】

①运费模板默认除港澳台之外的所有省、直辖市、自治区包邮。

②如果有些区域不想设置为包邮配送区域，可以去掉相应对钩，这些地方会自动出现在“不配送区域”中。

（3）填写买家付费配送信息。付费方式有按件收费和按重量收费两种，如图 4-27 所示。

（4）填写不配送区域模板信息。选择了不配送区域之后，选择不配送的原因即可。

【注意】

“不配送区域”的地区如果删除了，则会自动出现在“包邮配送区域”中，那么对于这个地区商家就得包邮配送了。

（5）提交后，运费模板就创建成功了。

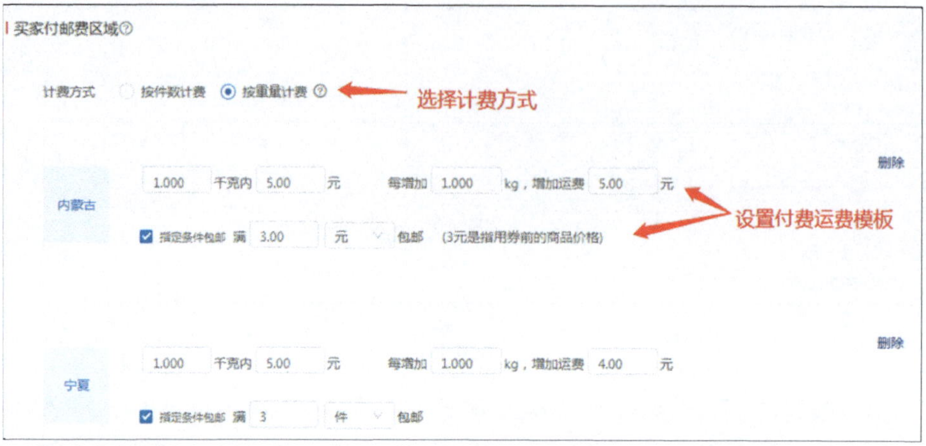


图 4-27

3）运费模板修改和删除

创建成功的运费模板会出现在列表中，点击右侧“操作”下面的“编辑”和“删除”按钮即可对创建好的运费模板进行修改和删除，如图 4-28 所示。使用中的运费模板只能编辑，不能删除。

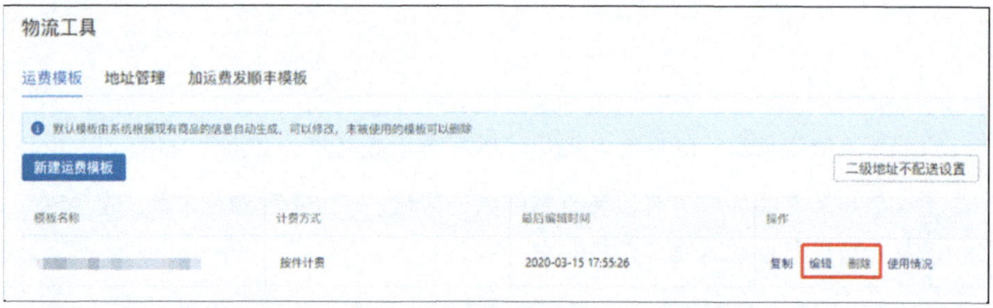


图 4-28

## 3. 使用运费模板

运费模板在我们发布商品的时候使用，具体步骤如下。

（1）在商品详情中的“运费模板”处选择运费模板，如图 4-29 所示。

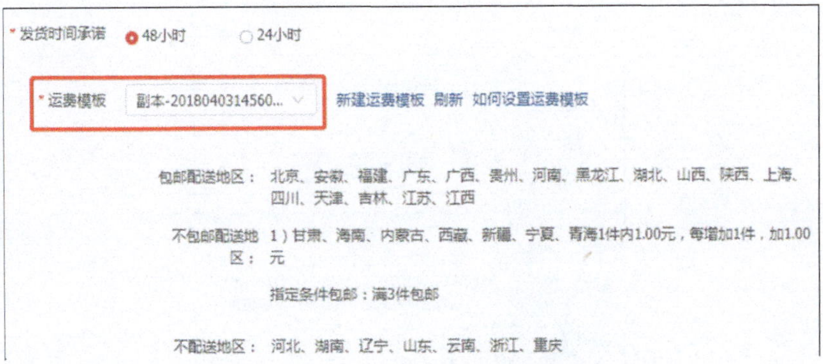


图 4-29

（2）选择下拉列表中的模板。如果下拉列表中的模板不全，可以刷新后再次选择。

（3）如果运费模板是按重量计算的，则必须输入商品（含包装）重量，如图 4-30 所示。

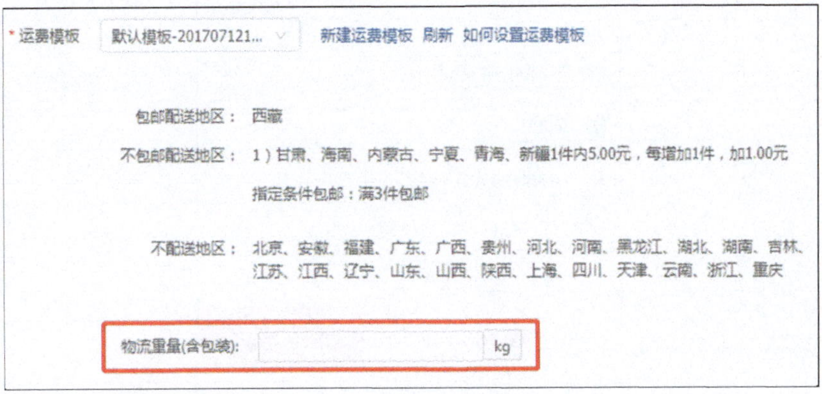


图 4-30

## 4. 设置“加运费发顺丰”

1）关于“加运费发顺丰”

商家可以在后台物流工具中新增“加运费发顺丰”模板，针对不同收货地区，设置不同的加收金额（0～20 元）。

如图 4-31 所示，买家在付款时，可以选择“使用顺丰配送”，顺丰快递可在承诺发货时间内发货，承诺发货时间由商家在后台自行设置，可选 12 小时、24 小时。

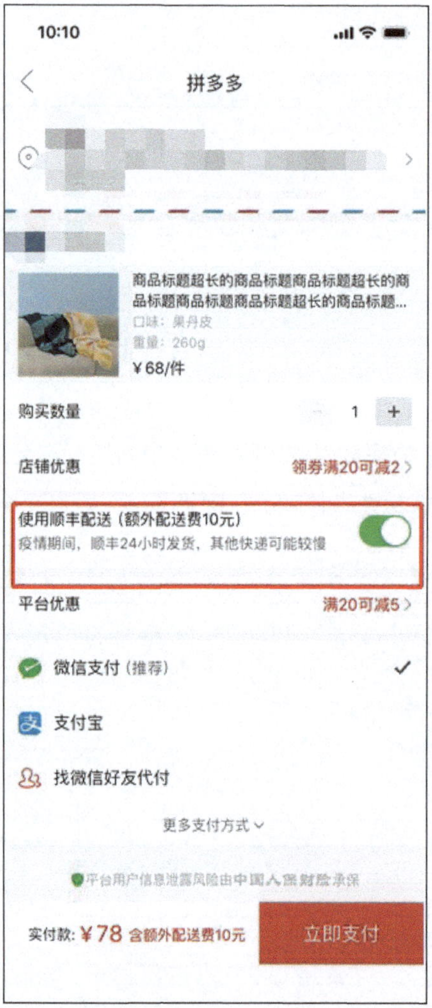


图 4-31

2）设置“加运费发顺丰”的好处

（1）比同行更早发货，能更好地维护买家，抢占市场。

（2）这部分额外运费不计入商品最低价，不影响商品以后获取活动资源位。

（3）能更早地处理积压的待发货商品。

3）如何设置“加运费发顺丰”

第一步：创建“加运费发顺丰”模板。

（1）在拼多多商家后台的“发货管理”—“物流工具”—“加运费发顺丰模板”页面可以看到“服务商品列表”和“服务模板管理”两大功能，如图 4-32 所示。

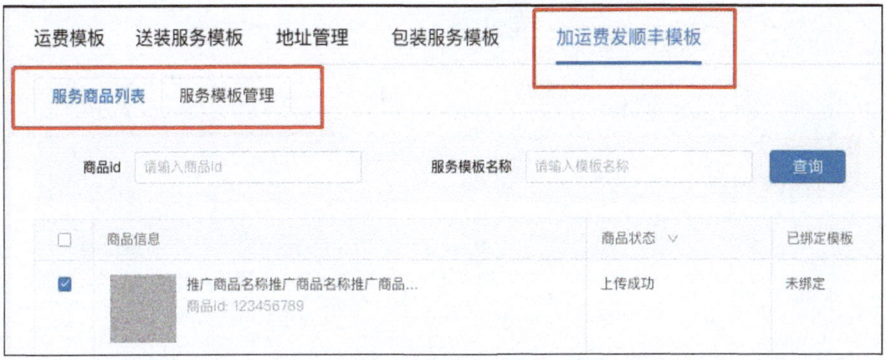


图 4-32

（2）在“服务模板管理”页面，点击“新建模板”按钮，如图 4-33 所示。

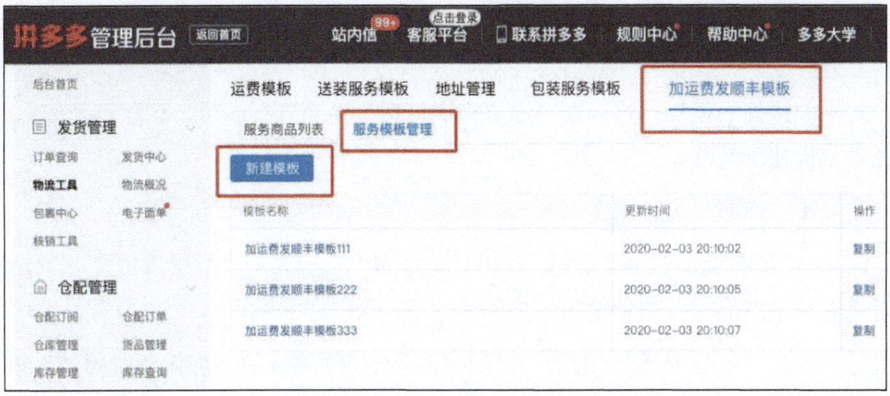


图 4-33

（3）进入创建模板详情页面后，需要编辑模板，完成创建。

①填入模板名称，不能留空。

②承诺发货时间默认为 24 小时，可选择 12 小时。

③“顺丰服务地区设置”可以批量设置，默认加价为 5 元，支持编辑，金额需为 0～20 元的整数，如图 4-34 所示。

④可为不同地区设置不同加价金额。

⑤上述信息填写完毕后，点击“保存”按钮，模板即创建完毕。

图 4-34

对于创建好的模板，可以在“服务模板管理”页面进行编辑、删除等操作，也可以查看模板使用情况。

第二步：商品与模板绑定。

（1）在“服务商品列表”页面，在可以勾选多个商品进行“批量绑定模板”操作，也可以对单个商品进行模板绑定，如图 4-35 所示。

（2）点击“绑定模板”按钮，在下拉框中选择创建好的“加运费发顺丰”模板，也可以新建模板，选择好模板后，点击“确认”按钮，完成绑定。

【注意】

①商品状态只有上传成功（即发布成功）后，才可以进行模板绑定或修改操作。

②已设置顺丰包邮的商品，不可再配置“加运费发顺丰”。

图 4-35

商品成功绑定模板后也可以进行“修改绑定”操作，可以更换其他模板，或者选择不绑定模板。

完成上述操作后，商品“加运费发顺丰”配置完成，买家可在下单页面选择加价配送。

4）买家下单后商家如何筛选出“加运费发顺丰”的订单

买家下单后，商家可以在拼多多商家后台的“发货管理”—“订单查询”—“批量导出”中导出订单，查看“是否顺丰加价”一列即可，如图 4-36、图 4-37 所示。

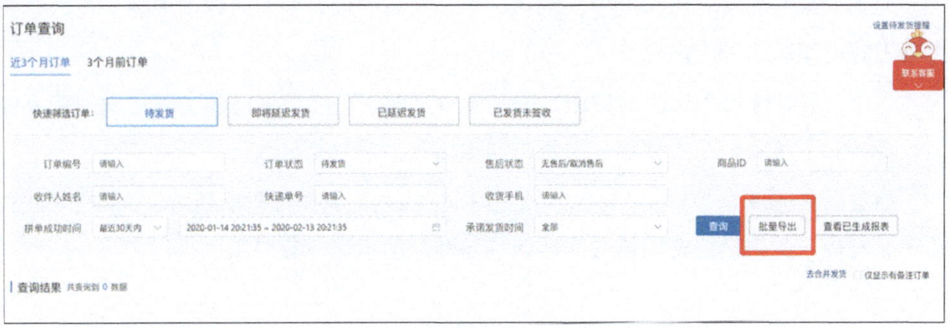


图 4-36

| 海淘清关i | 支付ID | 支付方式 | 是否抽奖或0元试用 | 是否顺丰加价 | 商家备注 | 售后状态 |
|---|---|---|---|---|---|---|
| | XP0020021420000051 | WEIXIN | 否 | 否 | | 退款成功 |
| | XP0020021420000050 | WEIXIN | 否 | 否 | 测试下:六 | 退款成功 |
| | XP0020021420000051 | WEIXIN | 否 | 是 | | 无售后或 |
| | XP0020021420000051 | WEIXIN | 否 | 是 | | 无售后或 |
| | XP0020021420000050 | WEIXIN | 否 | 否 | | 无售后或 |
| | XP0020021420000050 | WEIXIN | 否 | 是 | | 无售后或 |
| | XP0020021420000051 | WEIXIN | 否 | 是 | | 无售后或 |
| | XP0020021420000050 | WEIXIN | 否 | 是 | | 无售后或 |
| | XP0020021420000051 | WEIXIN | 否 | 是 | | 无售后或 |

图 4-37

5）注意事项

（1）若商家延迟发货，按照《拼多多发货规则》，要做常规延迟发货处理。

（2）若商家设置了“加运费发顺丰”却使用非顺丰快递，或者使用虚假物流单号，则在退回加价金额的基础上，需进一步赔付买家 15 元无门槛现金券。

（3）若店铺顺丰加价订单的延迟发货率、虚假发货率较高，平台有权取消该店铺使用此功能的权限。

（4）如遇自然灾害等不可抗力，平台有权针对收件地或发件地在该地的订单批量退回买家加价部分的金额。

（5）若有“未发货仅退款”情况发生，则订单金额全额退回。

（6）若有“已发货仅退款”情况发生，则快递费全额退回，由商家自行判断商品金额是否全额退回。

## 4.2.8 商家承诺

商家承诺为商家对买家所做的承诺，包括发货时间、7 天无理由退换货、假一赔十等内容，如图 4-38 所示。

点击“展开修改”后面的按钮，来到编辑页面，可以根据商品实际情况对商品类型、是否二手商品、是否预售、发货时间承诺等信息进行修改。

如果商家选择了“预售”，设置了预售时间，需要商家在预售期最后一天的 23:59:59 前完成发货，商家设置的预售时间即该预售商品的承诺发货时限。

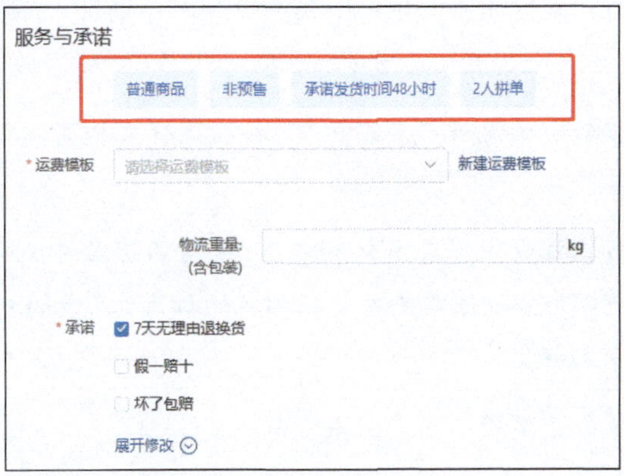


图 4-38

平台会根据商品分类、特性等因素，决定是否向买家展示该服务承诺，但服务承诺是否展示不影响商家对该项承诺应承担的义务与责任，也就是如果商品为假货，就算没有勾选“假一赔十”选项，也需承担相关责任。

## 4.3 如何进行商品发布

### 1. 如何申请加入品牌库

（1）在编辑商品页面，商家可点击品牌属性下方的“点击申请”超链接进行品牌申请，如图 4-39 所示。

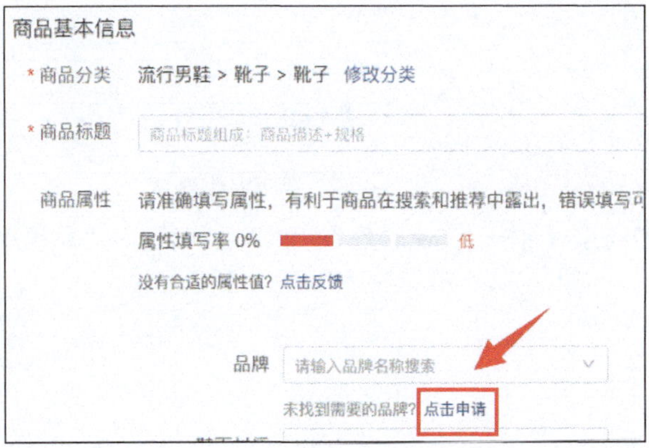


图 4-39

（2）填写品牌名、商标注册证号、所属类目即可申请加入品牌库。

【注意】

①若商品编辑页面没有“点击申请”按钮则代表该商品所在的类目暂不支持申请加入品牌库。

②如果品牌仅注册了中文名或英文名，填写品牌名时仅填写注册成功的中文或英文品牌名即可，注意要填写在相应的位置，不要将中文写在英文栏里，英文写在中文栏里。

③加入品牌库审核时间为 3 个工作日。

### 2. 如何查看发布商品进展

路径：拼多多商家后台—“商品管理”—“商品列表”—“上传记录”。

可分别点击“发布中”“已驳回”“上传成功”按钮，查看对应商品记录，如图 4-40 所示。

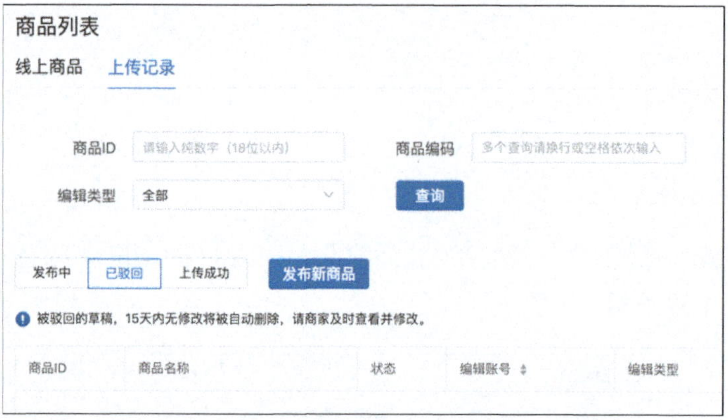


图 4-40

### 3. 如何查看“草稿箱”或“回收站”中的商品

路径：拼多多商家后台—“商品管理”—“商品列表”—“草稿箱”或“回收站”，如图 4-41 所示。

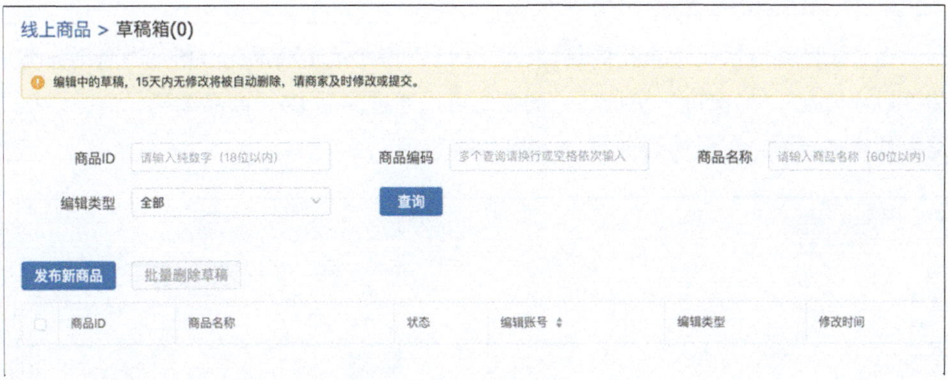


图 4-41

## 4. 寄样商品页面在哪里

路径：拼多多商家后台—“店铺营销”—“竞价活动”—“竞价助手”—“寄样管理”，如图 4-42 所示。

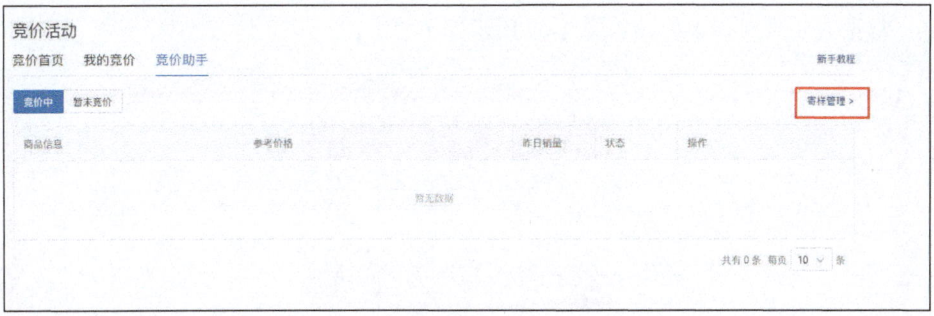


图 4-42

## 5. 商品“资源位信息”在哪里

如图 4-43 所示，为了与普通商品“下架”操作区分开，资源位中的商品在“操作”一栏中有“申请下架”入口，商家操作后，审核人员将在 24 小时内予以确认。

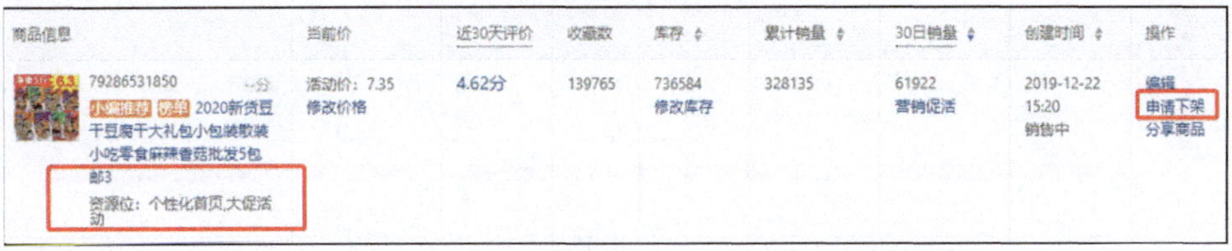


图 4-43

### 6. 商品数量过多时如何精确查找

为了让商家能够快速查找商品，“商品列表”—“线上商品”中新增“商品分类”和“累计销量”“当前价”筛选项，商家还可以通过商品 ID、商品编码、商品名称、是否预售来查询，实现精确查找，如图 4-44 所示。

商品管理
发布新商品
商品列表
商品体检
商品素材
评价管理
商品工具
供货管理
采购管理
商品ID
多个查询请换行或空格依次输入
商品编码
多个查询请换行或空格依次输入
商品名称
商品分类
请选择
累计销量
当前价
是否预售
请选择
查询

图 4-44

## 4.4 商品发布失败的原因

常见失败原因有 4 种，如图 4-45 所示。

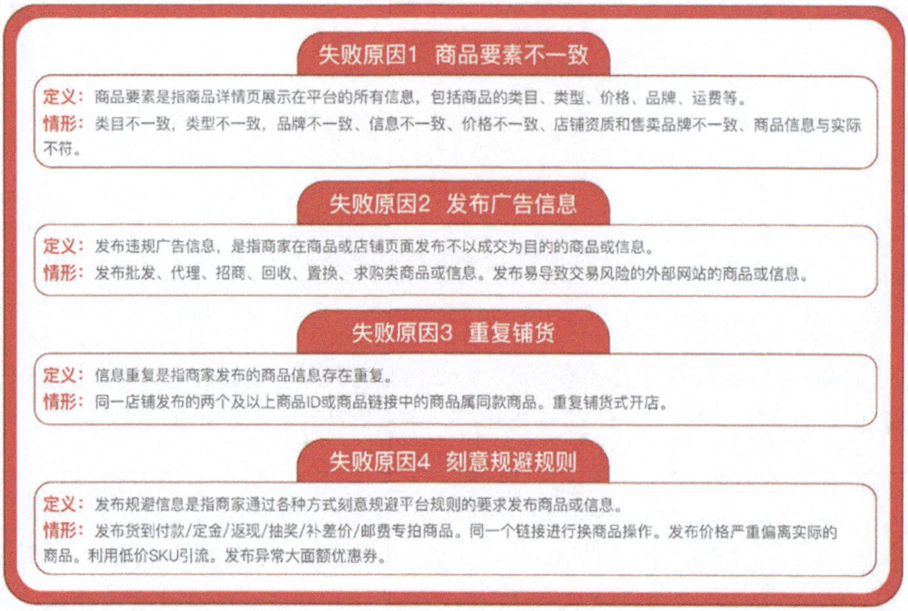
失败原因1 商品要素不一致
定义：商品要素是指商品详情页展示在平台的所有信息，包括商品的类目、类型、价格、品牌、运费等。
情形：类目不一致，类型不一致，品牌不一致、信息不一致、价格不一致、店铺资质和售卖品牌不一致、商品信息与实际不符。
失败原因2 发布广告信息
定义：发布违规广告信息，是指商家在商品或店铺页面发布不以成交为目的的商品或信息。
情形：发布批发、代理、招商、回收、置换、求购类商品或信息。发布易导致交易风险的外部网站的商品或信息。
失败原因3 重复铺货
定义：信息重复是指商家发布的商品信息存在重复。
情形：同一店铺发布的两个及以上商品ID或商品链接中的商品属同款商品。重复铺货式开店。
失败原因4 刻意规避规则
定义：发布规避信息是指商家通过各种方式刻意规避平台规则的要求发布商品或信息。
情形：发布货到付款/定金/返现/抽奖/补差价/邮费专拍商品。同一个链接进行换商品操作。发布价格严重偏离实际的商品。利用低价SKU引流。发布异常大面额优惠券。

图 4-45

# 4.5 食品信息发布特别要求

## 1. 食品类商品标题示例

图 4-46 中为几种食品的标题示例。

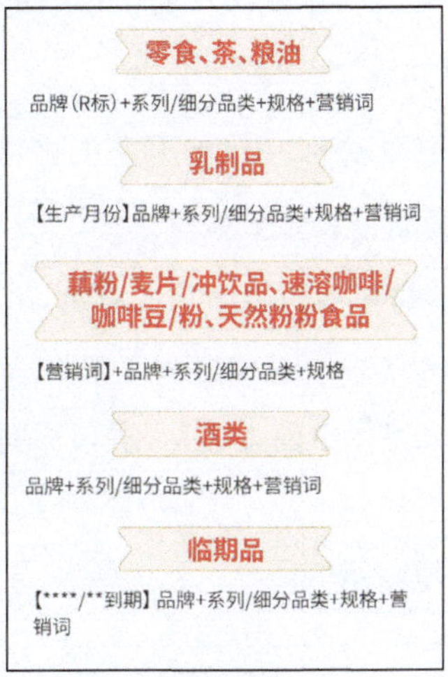


图 4-46

## 2. 食品类商品主图规范

主图必须为 3 张或 3 张以上，并且每张图片必须大于或等于 800px×800px。

（1）第 1 张图片：有完整包装图，页面整洁。如需增加品牌 Logo，需要将 Logo 放置在左上角，且 Logo 大小在固定比例范围内，宽度在图片大小的十分之四以内，高度在图片大小的十分之二以内。

零食：必须有包装图和实物图，它们可以为白底或者场景图，R 标（注册商标）需要有 Logo。

酒类：商品规格中有多种规格的，第一张主图必须使用最低规格的图。

（2）第 2 张图片：需放商品细节图。

（3）第 3 张图片：应放食品背签图（配料表/成分表）。

（4）第 4～9 张图片：应放商品宣传图（宣传效果要真实有效）。多 SKU 商品请展示所有规格的信息。

### 3. 食品类商品属性值描述

（1）品牌（必填）：如实选择，必须是商品包装上的品牌。

例如：A 品牌收购了 B 品牌，商品包装上印刷的是 B 品牌，属性中需要填写 B 品牌。如需宣传 A 品牌与 B 品牌的关系，可以在文中以品牌故事的形式展现。

对于零食大礼包商品，请选择组合中占比最高的品牌。

（2）生产日期（必填）：若有多个批次，需填写最早批次日期。

（3）保质期（必填）：单位是“天”。

（4）生产许可证编号：请填写以 SC 或 QS 开头的许可证编号（进口商品可不填）。

（5）商品标准号：按照商品包装如实填写。

（6）净含量：指除去包装材料后内装商品的总量。

（7）产地（必填）：在中华人民共和国境内（不含港、澳、台），通过食品生产活动生产的商品，产地属性请填写“中国大陆”（进口原料、国内分装的也属于国产商品）。

图 4-47 所示为食品属性填写示例。

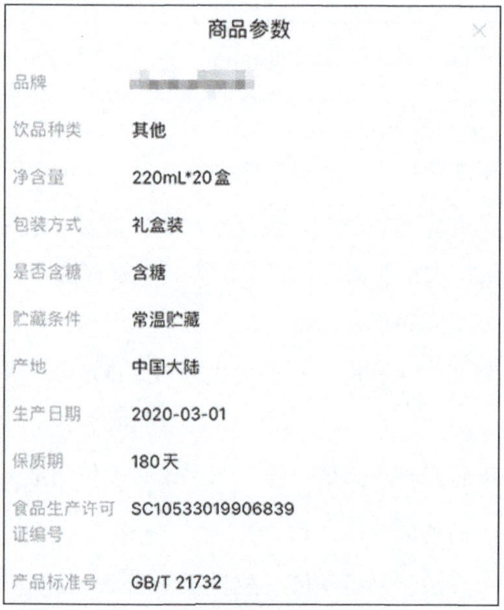


图 4-47

### 4. 食品类商品详情页规范

（1）详情描述中必须包含一张能清晰且真实展现商品品牌的实物图片。

（2）商品细节展现：配料表、营养成分表（如有，茶类除外）、食品生产许可证编号、执行标准、贮存条件等。

（3）临近保质期食品，必须在商品详情页最上方清晰地展示“临期商品”字样，文字大小为“二号字体”，颜色为“标准红色”（茶类除外）。

（4）多 SKU 商品，必须展现所有 SKU 的描述（仅生产日期不同的除外）。

（5）品牌介绍（如有）+品牌证书+店铺服务公告等。

### 5. 食品类商品宣传规范

商家发布的普通食品需如实描述，不得含有虚假、夸大的内容，不得涉及疾病预防、治疗功能，普通食品宣称“绿色食品”“有机食品”“无公害食品”等内容时，需在主图或商品详情页附上清晰可辨认的认证证书。

普通食品宣传不得出现下列情形或内容。

（1）宣传保健功能，或者借助宣传某些成分的作用明示或暗示其保健作用。

（2）含有表示商品功效的断言或者保证，含有使用该商品能获得健康的表述。

（3）含有与药品相混淆的用语，直接或间接地宣传治疗作用，或者借助宣传某些成分的作用明示或暗示该普通食品具有预防、治疗疾病的作用。

（4）与其他商品进行对比，贬低其他商品。

（5）含有“无效退款”“××保险公司承保”等内容。

（6）含有“100%有效”“零风险”“安全”“无毒副作用”“无依赖”等承诺性表述。

（7）含有有效率、治愈率、评比、获奖等评价性内容。

（8）利用或展现国家机关及事业单位、医疗机构、学术机构、行业组织的名义或形象，或者利用或展现专家、医务人员和买家的名义或形象为商品功效做证明。

（9）食品安全监督管理部门或者承担食品检验职责的机构、食品行业协会、买家协会以广告或者其他形式向买家推荐食品。

（10）渲染、夸大某种健康状况或者疾病，或者诱导买家对自身健康产生担忧、恐惧，误以为不使用广告宣传的普通食品会患某种疾病或者导致身体健康状况恶化。

（11）使用公众难以理解的专业化术语、神秘化语言、表示科技含量的语言等描述该商品的作用特征和机理。

（12）含有无法证实的所谓“科学或研究发现”“实验或数据证明”等方面的内容。

（13）利用封建迷信进行普通食品宣传，宣称商品有祖传秘方等。

（14）含有“最高技术”“最科学”“最先进”“最佳”“国家级商品”“填补国内空白”等绝对化或排他性的用语和表述。

（15）贬低其他生产经营者的服务。

（16）法律法规禁止的其他内容。

# 第 5 章

# 客户服务

拼多多为商家提供了多种和买家沟通的工具，商家可以根据自身的需要选择相应的聊天工具。

# 5.1 Windows 商家工作台介绍

## 5.1.1 客服平台聊天入口

商家可以通过拼多多商家后台的“客服平台”入口进入聊天界面，如图 5-1 所示。

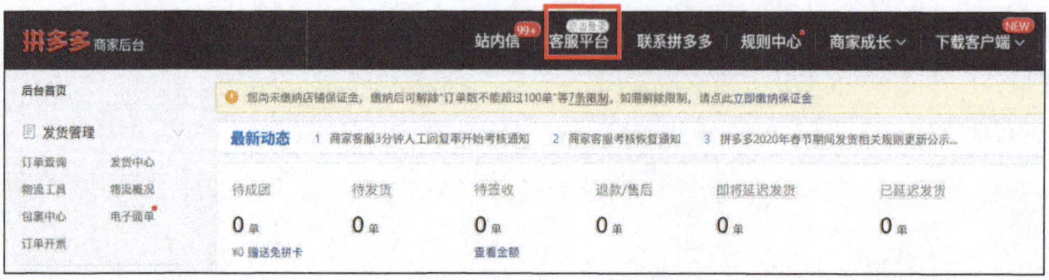


图 5-1

## 5.1.2 Windows 商家工作台入口

进入拼多多商家后台“下载客户端”页面，点击“Windows 商家工作台”部分的“立即下载”按钮进行下载，如图 5-2 所示。

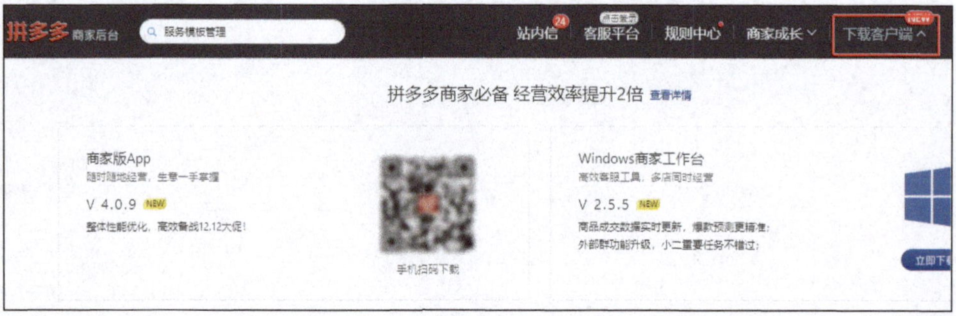


图 5-2

登录工作台，如图 5-3 所示。

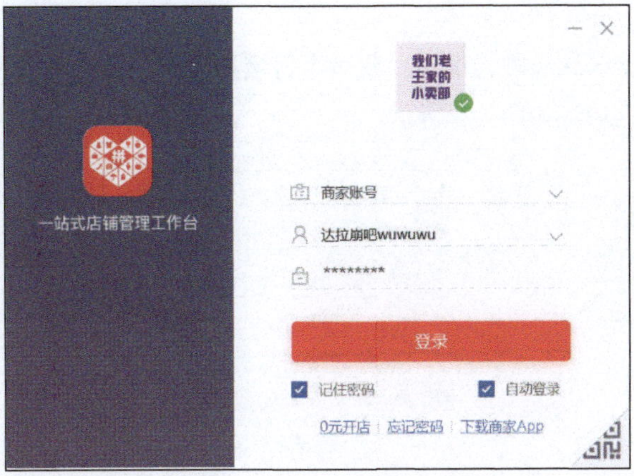


图 5-3

## 5.1.3 Windows 商家工作台客服聊天页面介绍

### 1. 左边栏

左边栏包含“今日接待”和“全部会话”两部分，如图 5-4 所示。

图 5-4

今日接待：若有买家进店咨询，则会显示超时倒计时。

全部会话：可以查看接待过的所有买家的消息，还可以在“全部会话”处查看收藏会话和疑似垃圾消息。疑似垃圾消息是被平台拦截的一些对话，商家可以不用理会，不会影响“3 分钟回复率”。

（1）查找买家信息和聊天记录：在“今日接待”中，商家可以查找买家信息及买家和客服的聊天记录，如图 5-5 所示。

图 5-5

（2）添加会话：根据订单号，商家可以创建会话，主动与买家沟通，如图 5-6 所示。对于近 1 天内咨询过的买家，商家可以主动发消息；对于近 7 天内咨询过的买家，商家最多能主动发 3 条消息；对于超过 7 天未咨询，但在近 1 个月内在店铺下过单或有未完结售后操作等情况的买家，商家最多能主动发送 1 条消息。

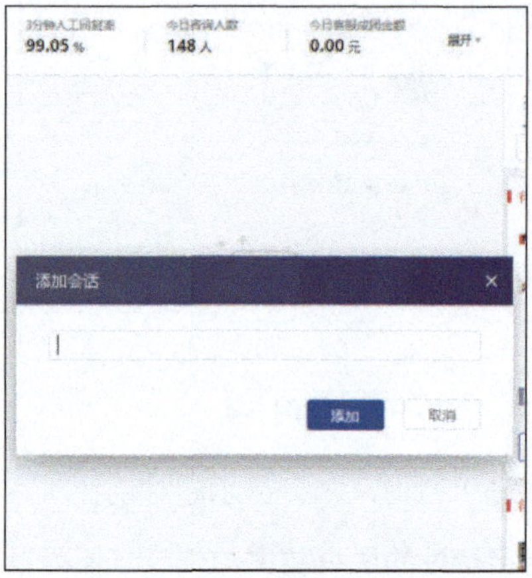


图 5-6

（3）开启声音提示：商家可以开启“3 分钟回复率”的声音提示，如图 5-7 所示。

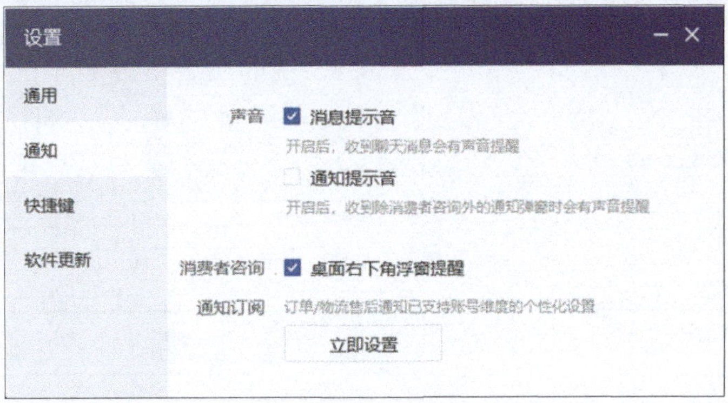


图 5-7

（4）预警提示：包括 3 分钟人工回复率、今日咨询人数、今日客服成团金额等，如图 5-8 所示。

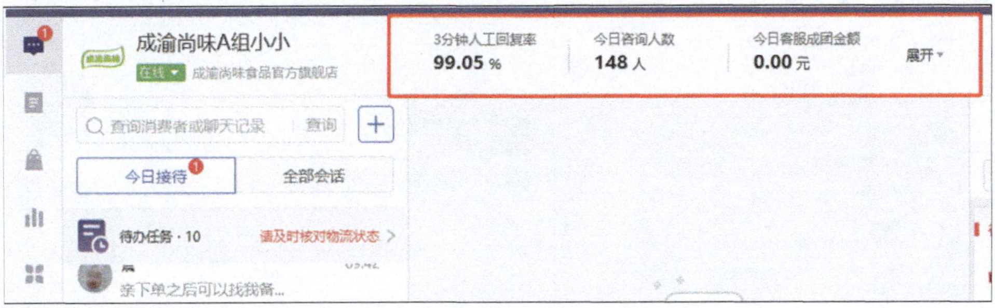


图 5-8

## 2. 中间栏

中间栏主要是商家和买家的聊天窗口。

（1）转移会话：通过转移会话功能，可以将正在聊天的买家转移给其他客服，如图 5-9 所示。

（2）用户管理：通过用户管理功能，可以收藏、举报正在聊天的用户，如图 5-10 所示。

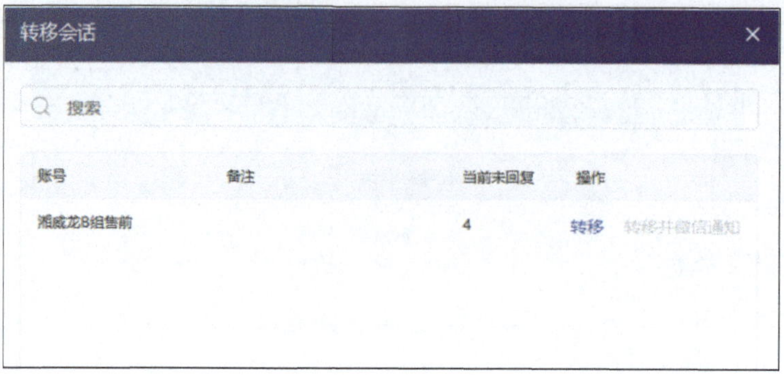


图 5-9

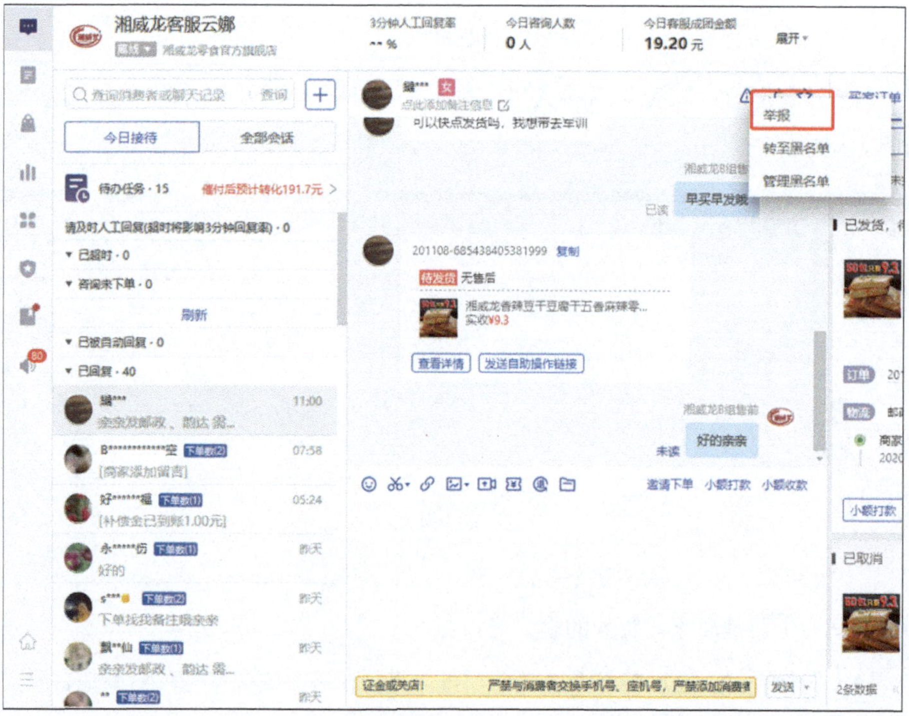


图 5-10

（3）聊天基础功能：包括向买家发送文字、表情、图片、视频等，如图 5-11 所示。

（4）打款和收款：在聊天界面，还能够发起小额打款和小额收款，如图 5-12 所示。

湘威龙客服云娜
湘威龙零食官方旗舰店
3分钟人工回复率
-- %
今日咨询人数
0 人
今日客服成团金额
19.20 元
展开
查询消费者或聊天记录
查询
今日接待
全部会话
待办任务 · 15
催付后预计转化191.7元
请及时人工回复(超时将影响3分钟回复率) · 0
已超时 · 0
咨询未下单 · 0
刷新
已被自动回复 · 0
已回复 · 40
可以快点发货吗，找想带去军训
邀请下单
小额打款
小额收款
严禁与消费者交换手机号、座机号，严禁添加消费者微信/QQ/支付宝
发送

图 5-11

可以快点发货吗，找想带去军训
早买早发哦
201108-685438405381999
查看详情
发送自助操作链接
好的亲亲
邀请下单
小额打款
小额收款
买家订单
商品推荐
快捷回复
服务助手
个人订单
店铺待支付订单
已发货，待签收
湘威龙香辣豆干豆腐干五香麻辣零食大...
¥9.30
实收: ¥9.30
小额打款
已取消
严禁与消费者交换手机号、座机号，严禁添加消费者微信/QQ/支付宝等账号
发送

图 5-12

（5）发放优惠券：向买家发放优惠券，可以提高订单转化率，如图 5-13 所示。

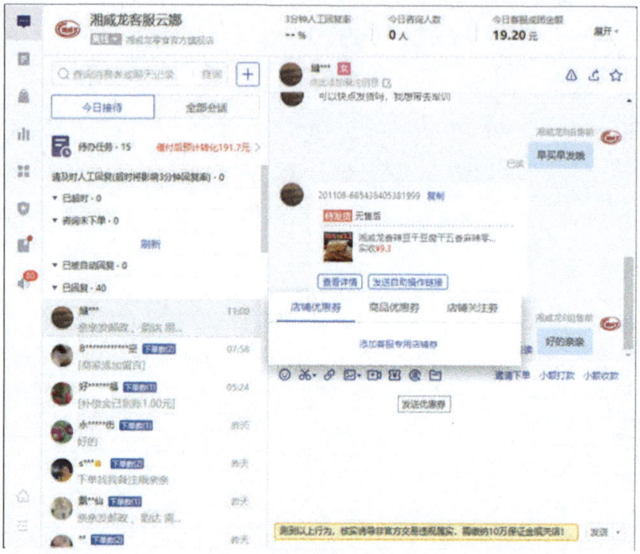


图 5-13

（6）发送链接：根据订单号，商家可以向买家发送帮助链接、申请退款链接、物流信息链接、售后信息链接等，如图 5-14 所示。

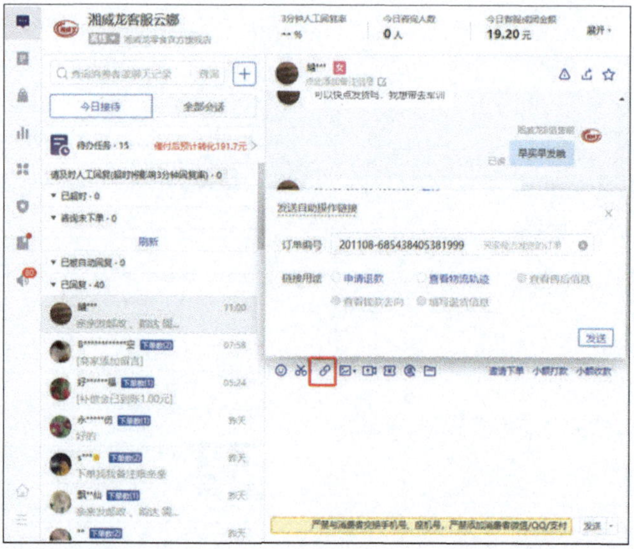


图 5-14

（7）申请售后服务：遇到买家操作不了的情况，商家可以主动帮买家申请售后服务。如图 5-15 所示，商家在填写申请类型、退款原因、退款金额后提交即可。

图 5-15

## 3. 右边栏

右边栏包含买家订单、商品推荐、快捷回复等。

（1）商品推荐：商家可以在和买家聊天的过程中向买家发送推荐的商品，提高成交额，如图 5-16 所示。

（2）买家订单：商家可以在该页面中处理店铺未完成、待发货、待签收、已签收、退款中的订单，如图 5-17 所示。

（3）快捷回复：商家可以创建、批量导入常用短语及售后快捷回复用语，提高回复效率，如图 5-18 所示。

图 5-16

图 5-17

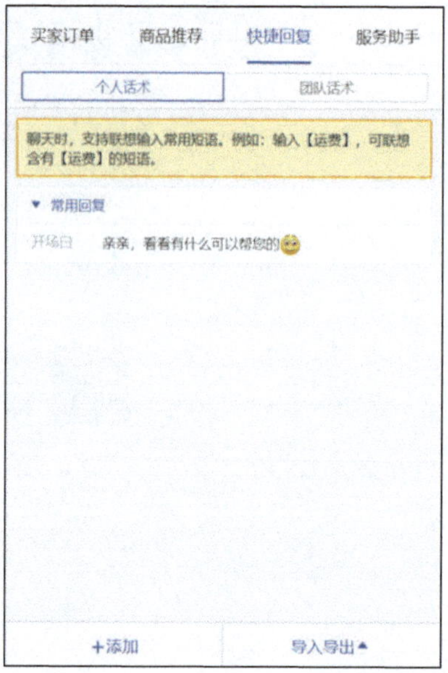


图 5-18

## 5.2 商家版 App 聊天功能介绍

在手机端，可以使用拼多多商家版 App 进行客户服务。

（1）创建商品：上传一个商品且通过审核后，商家版 App 中会自动开启聊天功能。商家可以在商家版 App 的“消息”板块和买家聊天。点击图 5-19 中的“创建商品”按钮可以上传商品。

（2）快捷回复：点击“消息”旁边的“…”按钮进入“快捷回复”，在其中可以挑选你想要的模板进行添加，如图 5-20 所示。

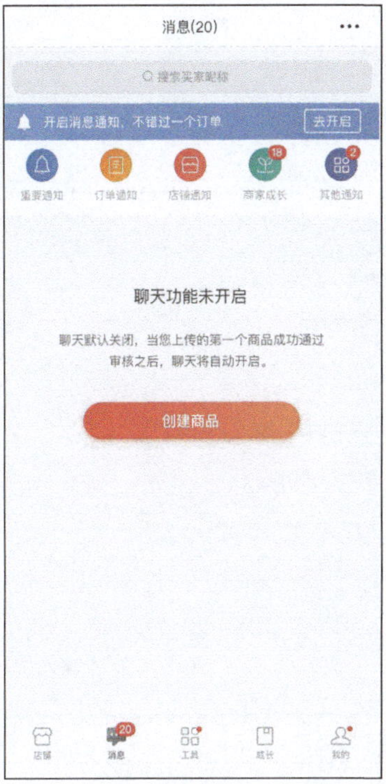


图 5-19

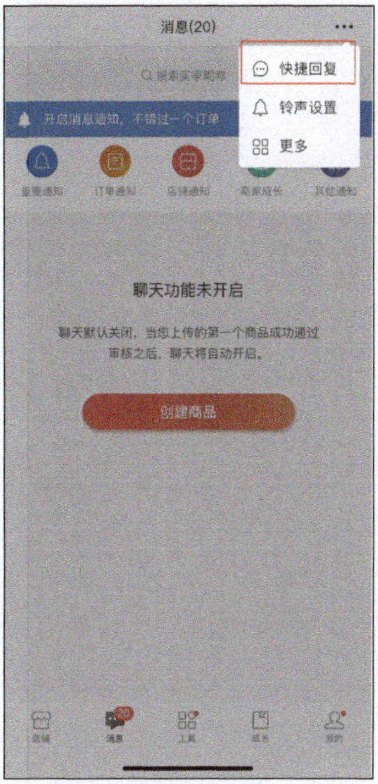


图 5-20

（3）铃声设置：针对不同的消息，可以设置不同的提醒铃声，如图 5-21 所示。

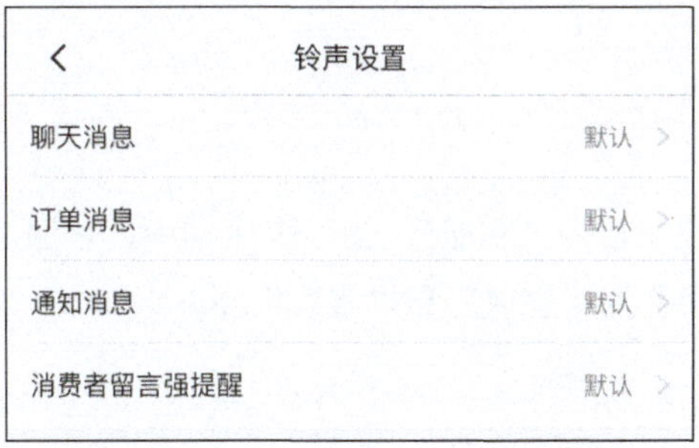


图 5-21

（4）聊天管理：在“我的”—“聊天管理”中有“添加/编辑快捷回复”“设置机器人自动回复”“分流设置”等功能，如图 5-22 所示。

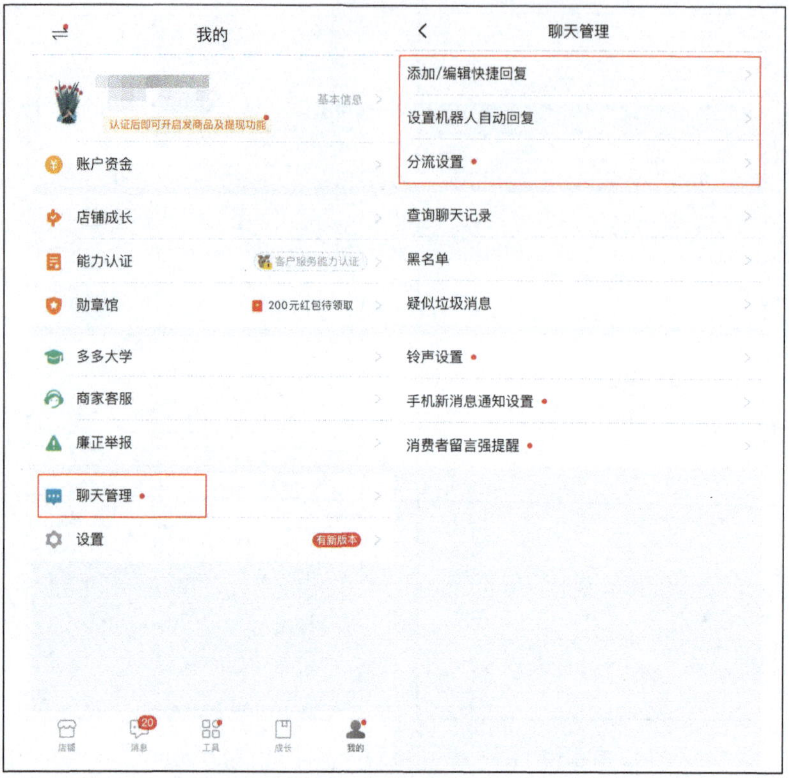


图 5-22

## 5.3 客服角色认知

客户服务人员常被简称为“客服”，在很多店铺中，客服还可以分为售前客服和售后客服两种类型，简称为“售前”和“售后”。

### 5.3.1 客服的基本工作

#### 1. 为买家提供更好的体验

客服的主要任务就是为买家提供更好的购物体验，提升买家的下单率和复购率。

#### 2. 解决买家的问题

由于对商品或店铺不了解，买家经常有各种问题，比如：“退货运费由谁出？”“价格可以再低一点吗？”“你们发什么快递？”等。客服需要一一解答这些问题。

以物流显示买家已签收，但买家没收到货为例，从图 5-23 所示的流程中可以看出客服工作的重要性。图中右侧上面部分是不负责任的客服的做法和后果，下面部分是积极解决问题的客服的做法，以及买家给予的积极反馈。

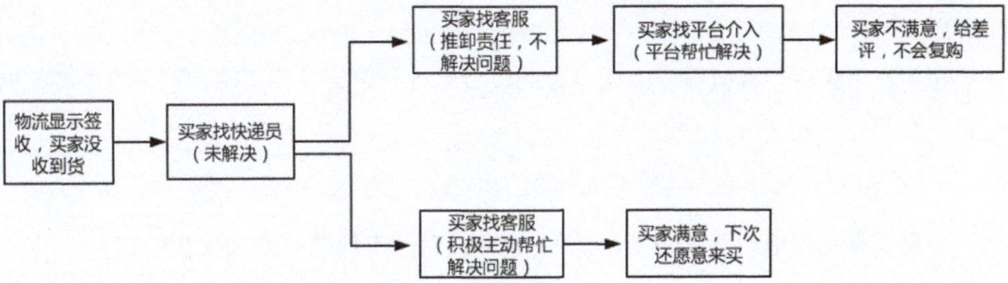


图 5-23

### 3. 履行店铺的服务承诺

店铺经常会承诺一些服务，比如退货包运费、极速退款、极速发货、拼单返现等，需要客服履行这些承诺。

### 4. 收集买家的意见和建议

买家的意见对于优化店铺的商品结构、改善店铺的服务等有重要的参考意义，客服可以收集买家对于店铺的意见和建议，使店铺越来越受欢迎。

## 5.3.2 售前客服需要做什么

### 1. 接待

客服要主动接待来咨询的买家，可以用这样的话术：“亲，您好。您看中哪款商品了呢？”

### 2. 答疑

客服要熟练掌握宝贝情况，应对买家咨询，给买家满意的回答。

### 3. 推荐

客服要善于挖掘买家更多的需求，适时向买家推荐合适的商品，提高客单价。

### 4. 议价

在买家对商品价格有疑问时，客服可以强调性价比，还可以通过给予赠品、优惠券等方式打消买家的疑虑。对于某些商品，客服可拥有一定的改价权限。

#### 5. 催单

适时催买家下单有助于提高转化率，客服可以通过给予价格优惠、加快发货速度、提高售后保障等方式进行催单。

#### 6. 核单

在买家下单后，客服需要确认买家的收货地址、电话是否正确，不正确的要及时改正。

#### 7. 告别

最后要有礼貌地与买家告别，比如："亲，后续有问题欢迎来找我们！"

### 5.3.3 售后客服需要做什么

#### 1. 安抚情绪

买家咨询售后客服往往是遇到问题了，通常会带有负面情绪。客服在处理问题前，应先安抚买家情绪，比如："我理解您为什么会生气，换成我，我也会有跟您一样的感受。""请您不要着急，我非常理解您的心情，我们一定会竭尽全力为您解决的。"

#### 2. 售后处理

买家的售后问题大体分为咨询物流、退货退款、少发错发、运费纠纷、质量问题等几类情况，售后客服处理时要积极主动，切勿推卸责任。

例如，当买家说商品质量有问题时，客服应向买家道款歉，给予合理的补偿，或者与买家协商退换货。

#### 3. 客户关怀

获取一个新客户的成本是维护老客户的 5～10 倍，而一个老客户带来的收益是一个新客户的 6～8 倍。做好客户关怀是售后客服重要的任务，客服可以通过活动提醒、发货提醒、个性化包装、感谢信、节日祝福、小礼品、会员日等维护好客户关系，提高复购率。

#### 4. 挖掘问题

定期总结买家咨询的问题，优化商品或服务，可以避免相同的问题反复出现。比如：某款商品的退款率特别高，买家普遍反馈商品有色差。售后客服应去寻找原因，看看是不是拍照导致的色差，是否需要在详情页写清楚等，彻底解决该问题，降低该商品的退款率。

## 5.4 消息设置

### 1. 消息设置的作用

（1）消息设置可以帮助客服完成迎宾和导购工作。

（2）消息设置可以帮助客服快速解答买家疑惑，当买家点击已设置的问题时，会自动弹出设置的对应回复。

（3）机器人回复与人工回复一样，有利于提高“3 分钟回复率”。

### 2. 设置开场白和常见问题

（1）什么是开场白和常见问题？

当买家在一天中首次进入聊天界面时，客服机器人自动向客户发送的问候语和常见问题（带解答），就是开场白和常见问题。

（2）如何设置开场白和常见问题？

第一步：进入拼多多商家后台的“多多客服”—“消息设置”，找到“开场白和常见问题”设置页面，如图 5-24 所示。

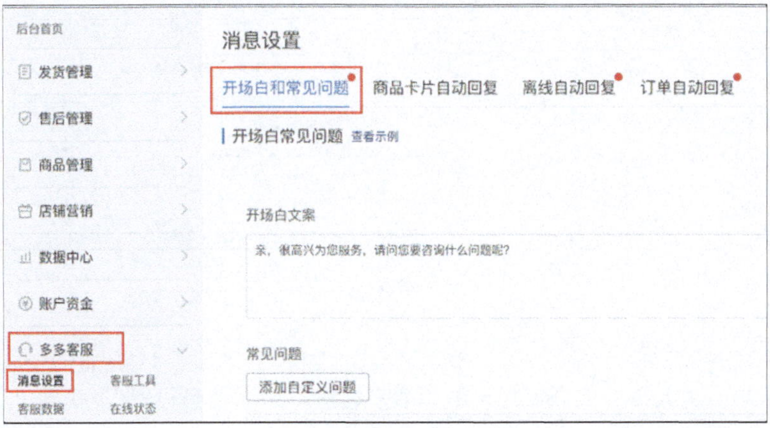


图 5-24

第二步：新建问题，输入问题及对应回复，完成后点击“确认”按钮，如图 5-25 所示。

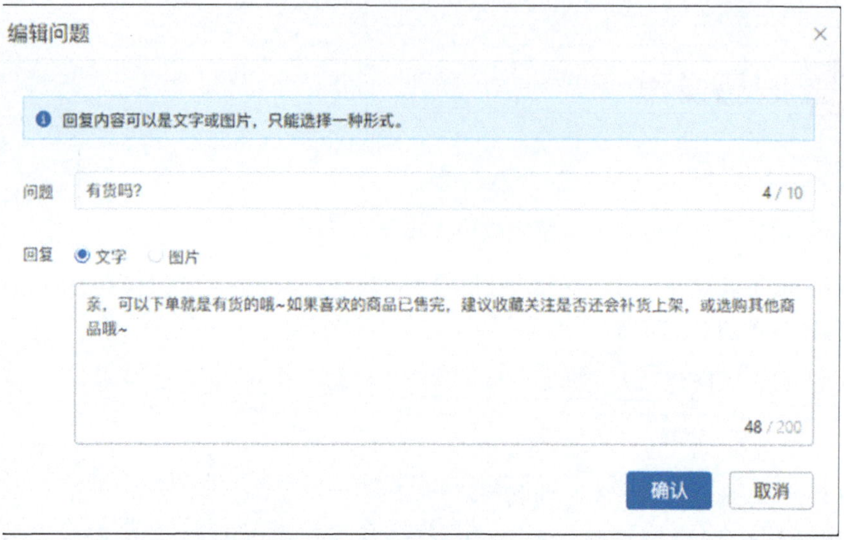


图 5-25

第三步：在“是否启用”栏，勾选需要的常见问题，点击“保存并发布”按钮，如图 5-26 所示。

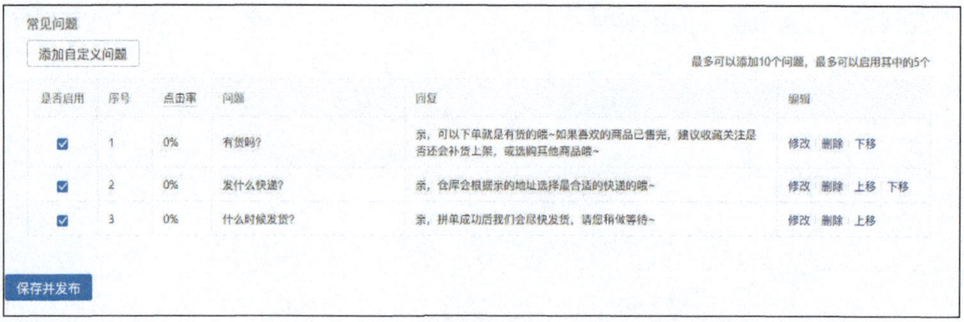


图 5-26

## 3. 设置订单自动回复

第一步：进入拼多多商家后台的“多多客服”—“消息设置”，找到“订单自动回复”页面，如图 5-27 所示。

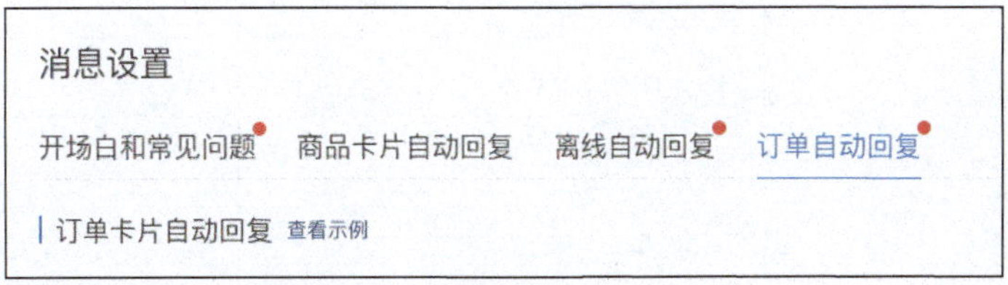


图 5-27

第二步：订单自动回复里的订单状态及部分回复无法修改。将鼠标光标放到可修改部分，页面右下角会出现小图标，点击可进入修改页面。

第三步：编辑可修改部分内容，根据订单状态设置相应回复，也可以将原先修改的内容恢复为默认回复内容，如图 5-28 所示。修改完成后，点击“确定”按钮。

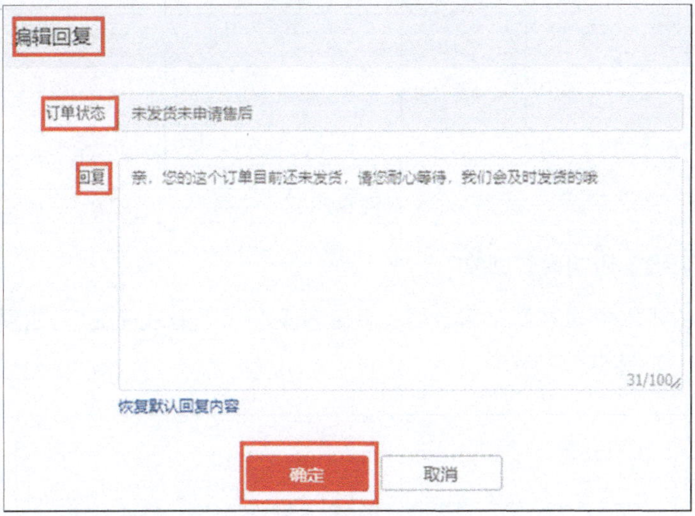


图 5-28

## 4. 设置店铺离线回复

（1）店铺离线回复是什么？

买家如果在店铺没有客服在线时给店铺发消息，会收到商家设置的离线自动回复，如图 5-29 所示。

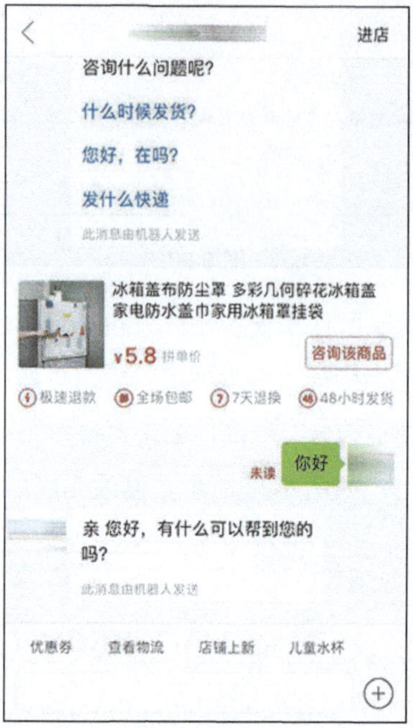


图 5-29

（2）如何设置店铺离线回复？

第一步：进入拼多多商家后台的“多多客服”—“消息设置”，找到“离线自动回复”页面，如图 5-30 所示。

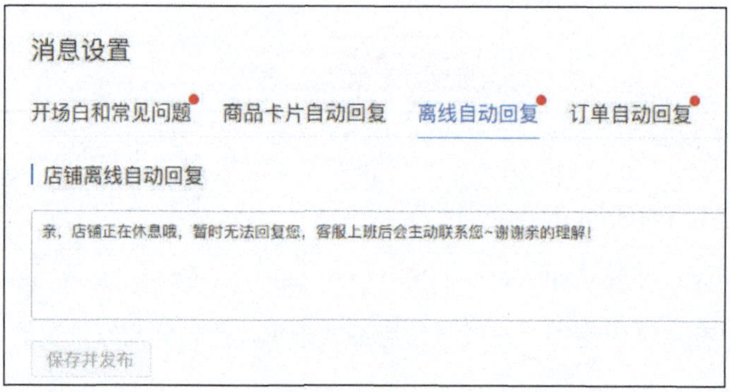


图 5-30

第二步：编辑回复内容，点击“保存并发布”按钮。

# 5.5 商家客服答疑

## 1. 商家客服答疑功能简介

系统自动抓取商家和买家在售前聊天记录中的常见问答，筛选出高频问题，商家在对问题的答案进行优化后，可以将高频问答展示在买家端的商品详情页面中。

商家客服答疑功能可以减少人工客服的工作量，提高商品的转化率。

## 2. 商家客服答疑的设置

（1）进入拼多多商家后台的“商品管理”—“商品工具”—“商家客服答疑”，点击“前往使用”按钮，进入设置页面。

（2）如图 5-31 所示，在设置页面中，可以输入商品 ID 或名称，点击“查询”按钮或直接根据商品状态（全部、在售中、已售罄、已下架）查找商品。商品列表默认按月销量将商品从高到低排序。

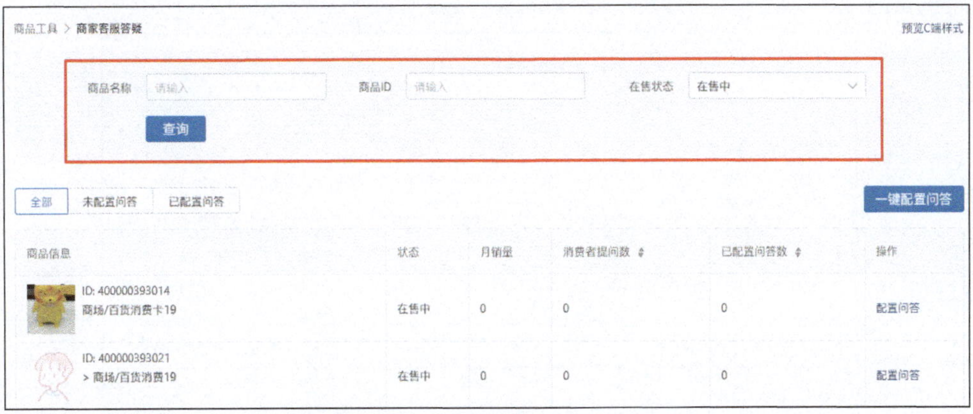


图 5-31

（3）点击“一键配置问答”按钮，进入编辑问答的界面。问答列表分为“全部”“通用问答”“商品相关问答”，如图 5-32 所示。

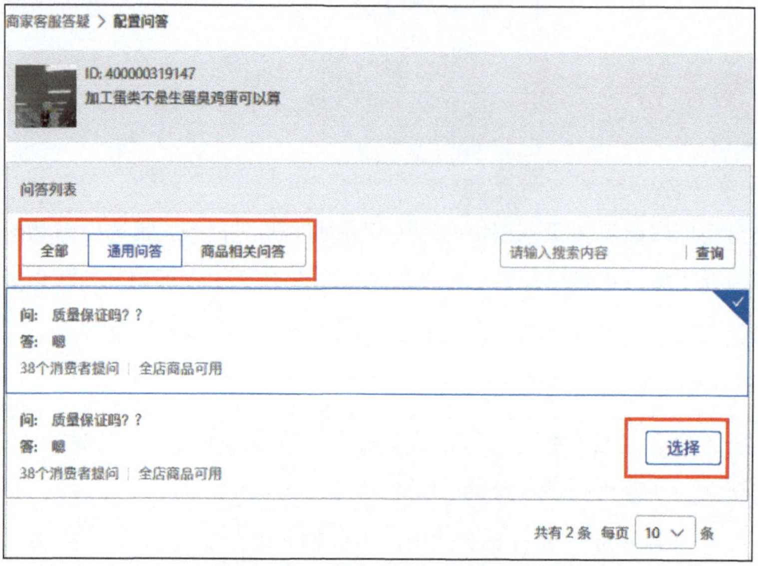


图 5-32

（4）从待选列表中挑选问答，并对答案进行编辑，完成后提交，如图 5-33 所示。

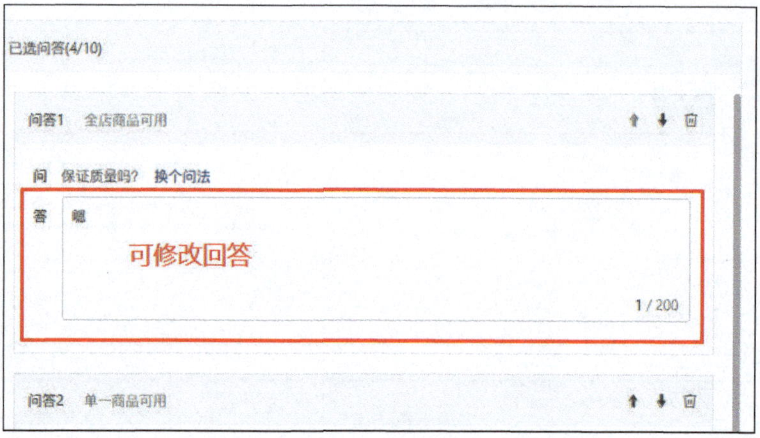


图 5-33

（5）点击“一键配置问答”按钮，可以批量配置通用的服务类问答。

（6）点击“预览 C 端样式”按钮，即可查看买家端的展现效果。

【注意】

①问题的回答不能为空。

②编辑的答案如果不合规，就会有报错，无法成功提交，需要重新编辑。

### 3. 商家客服答疑常见问题

（1）问答列表的数据是每天更新的吗？

答：是的，每天 00:00 更新为最新问题。

（2）商家可以自己创建问题吗？

答：目前不支持商家自己创建，商家只能在问答的数据列表中筛选问题或者选择相似问题，只有答案是可以二次编辑的。

## 5.6 设置售后电话和地址

### 1. 设置售后电话和地址的好处

在买家要求退货退款的时候，如果商家后台地址不全，拼多多平台客服会介入，让商家在 24 小时内补充完整，超时后平台将提供店铺的默认退货地址。若默认地址不符合退货条件，将按“仅退款不退货”处理。因此退货地址需要设置详细的可以收到货的地址，如果因为退货地址错误导致收不到买家退回的商品，风险将由商家自行承担。设置好正确的售后电话和地址，可以减少不必要的损失。

### 2. 如何设置售后电话和地址

1）售后电话设置

方法一：在拼多多商家后台的“售后管理”—“售后设置”中，选择“手机”或者“座机”，添加售后电话，如图 5-34 所示。

方法二：在拼多多商家后台的“发货管理”—“物流工具”—“地址管理”—“退货地址”—“新增退货地址”中，可以新增手机号码或固定电话号码，其中手机号码为必填项，固定电话号码为选填项，如图 5-35 所示。

图 5-34

图 5-35

2）售后地址设置

第一步：登录拼多多商家后台，在“发货管理”—“物流工具”—“地址管理”—“退货地址”中，点击“新建”按钮，添加新的退货地址。

第二步：填写退货地址和联系方式等，带“*”的为必填项，其余为选填项，建议详细填写以免造成不必要的损失。

第三步：如果需要设置某一地址为默认地址，则点击该地址编辑栏下面的“设为默认”按钮即可。注意默认的售后地址只能设置一个。

发生自动退货时，平台会优先将商家发货时设置的退货地址推送给买家，如果没有则选取店铺的默认地址。另外，如果商家的店铺有多个仓库，商家又没有设置默认退货地址，则平台要求填写退货地址时，请商家及时填写，逾期会按“仅退款”处理。

第四步：如果需要对设置的地址进行修改和删除，则点击“编辑“和”删除”按钮即可进行相应操作。

## 5.7 客服分流设置

### 1. 客服分流设置简介

（1）分流设置包括基础（按页面）分流设置、高级（按订单状态）分流设置、离线分流设置及不分流账号的设置四部分。

（2）在“基础分流”页面，可根据需要将从指定页面进入的要咨询的买家分配给指定客服；在“高级分流”设置页面，可根据需要将前来咨询的买家按订单状态分配给指定客服。

（3）在“离线分流”页面根据需要将没有客服在线时前来咨询的买家分配给指定客服。

（4）在“不分流账号”页面根据需要设置不参与分流的账号（即不参与客服接待的账号，如运营账号等）。

### 2. 使用客服分流设置的好处

（1）完善店铺售前、售后客服分工，提升客服团队接待效率。

（2）提高买家咨询体验，提升店铺转化率。

### 3. 客服分流规则

当有多个客服账号同时存在时，来咨询的买家将按照分流规则分配给对应客服。

（1）若该买家存在最近联系过的客服且该客服在线，则消息将分配给该客服。

（2）若该买家不存在最近联系过的客服或最近联系过的客服不在线，则消息将按照页面分流规则分配给对应客服，若该页面分流客服均不在线，则消息将随机分配给其他在线客服。

（3）若没有客服在线时，消息将按照离线分流规则分配给对应客服。

## 4. 如何设置客服分流

第一步：进入拼多多商家后台—“多多客服”—“客服工具”，找到“分流设置”页面，如图 5-36 所示。

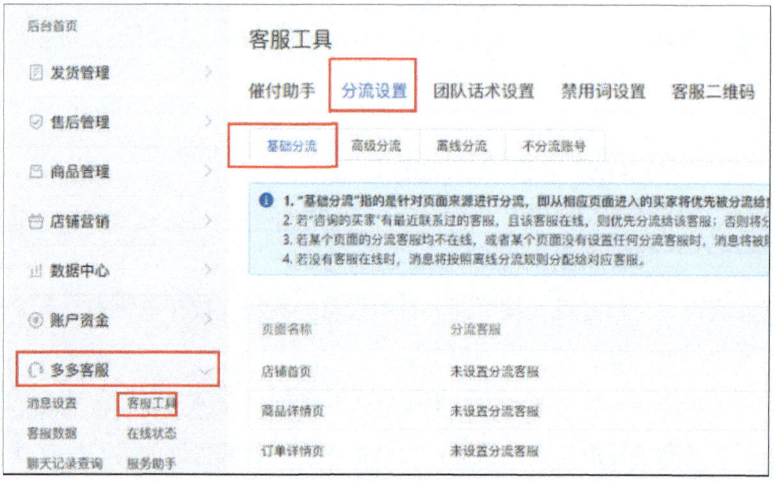


图 5-36

第二步：可以对店铺首页、商品详情页、订单详情页、退款详情页、物流投诉页进行页面分流修改。以“店铺首页”为例，点击“设置”按钮，进入编辑页面，勾选想要分配的客服（可勾选多个客服），点击“确认”按钮，如图 5-37 所示。

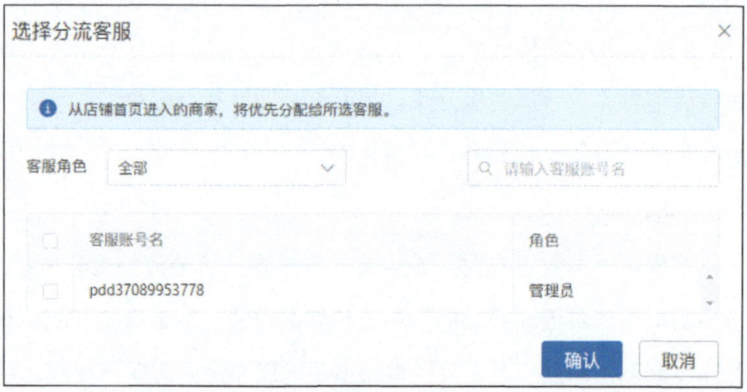


图 5-37

# 5.8 客服技巧大全

## 5.8.1 巧妙应对买家的砍价

当遇到买家砍价时，客服该如何真诚而不失礼貌地应对呢？

（1）晓之以理：提醒买家商品价格与价值成正比的道理。商品品质优良，价格自然高。

参考回答 1：亲，宝贝虽然有点贵，但是值这个价哦！宝贝的原料、品质、包装、售后，买家都觉得不错哦！

参考回答 2：亲，商品明码标价，不接受议价哦。相信您也知道一分钱一分货，我们是正品专卖，您请放心！

该方法适用于品牌商家，以及买家对商品质量有要求的商品。

（2）动之以情：告知买家商品已经是最低价了，或者强调自己没有更改价格的权限，令买家放弃砍价。

参考回答 1：亲，我们已经是最低价啦。现在用低价“冲量”，我们在亏本卖哦。

参考回答 2：亲，我只是客服，没有改价权限哦，但是我可以让仓库的师傅私下送给您一份小礼物，请考虑一下哦。

该方法适用于“冲量”商家或者无法改价的商品。

（3）折中优惠：向买家推荐店铺的优惠活动。

参考回答 1：亲，我们有 8 折活动哦，您可以去我们店铺首页领取优惠券！

参考回答 2：亲，您可以到我们店铺首页关注满减活动和优惠券信息哦！

该方法适用于有价格优惠活动的商家。

## 5.8.2 做好售前客服准备

### 1. 第一步：打招呼

要点：要在第一时间回复买家，如果让买家等待太久应该致歉并解释原因。

话术参考 1：亲，您好！感谢您光临本店，我是客服××，很高兴为您服务。

话术参考 2：亲，我在。非常高兴为您服务，有什么可以帮您的呢？

话术参考 3：亲，不好意思，刚才由于咨询人数较多，所以没能及时回复您，您现在看好的是哪款商品呢？您想了解什么问题呢？

### 2. 第二步：接待咨询

要点：要熟练掌握商品情况，不能在买家咨询的时候临时去找答案。

图 5-38 中左侧为错误的处理方式，右侧为正确的处理方式。

### 3. 第三步：商品推荐

要点：有理有据，根据情况具体分析推荐什么商品。

比如有买家要买羽毛球拍，客服就可以推荐羽毛球。

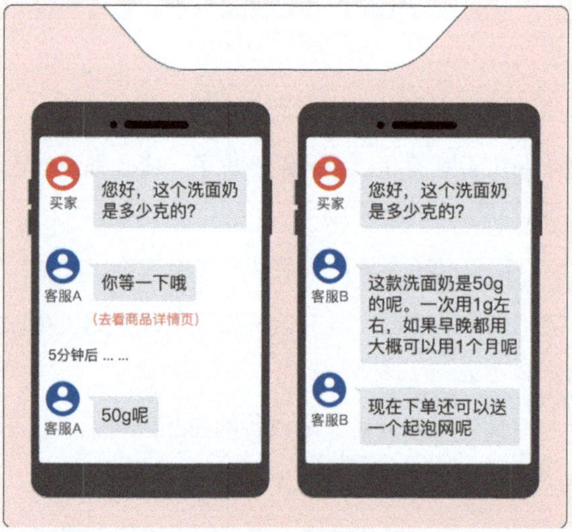
买家
您好，这个洗面奶是多少克的?
客服A
你等一下哦
(去看商品详情页)
5分钟后……
客服A
50g呢
买家
您好，这个洗面奶是多少克的?
客服B
这款洗面奶是50g的呢。一次用1g左右，如果早晚都用大概可以用1个月呢
客服B
现在下单还可以送一个起泡网呢

图 5-38

### 4. 第四步：议价

要点：晓之以理，动之以情，强调商品价格与价值成正比，或者商品已是最低价，还可以给买家赠品或优惠券。

### 5. 第五步：催付

要点：对买家进行分类，分为意向买家和已拍未付款买家。

对于有意向的买家，可以这样回复：亲，这一款非常适合您，其实您可以先买回去看看，我们有退货包运费服务，如果您收到货却不喜欢，可以退货哦，还不用您付运费。

对于已拍未付款买家，可以这样回复：亲，您好，您在我们店铺拍下了一个商品，还没有付款，是还有什么疑问吗？请尽快付款，我们好第一时间给您安排发货！

#### 6. 第六步：核对订单信息

要点：和买家核对订单的收件人信息是否有误。

#### 7. 第七步：礼貌告别

要点：告诉买家会及时发货。

### 5.8.3 提高询单转化率

#### 1. 什么是询单转化率

在弄清这个概念之前，我们要先了解什么是询单转化。询单转化是买家通过咨询本店客服而形成的销售转化。询单转化率是指来店铺咨询的人中最终下单的人数，占来店铺咨询总人数的百分比。询单转化率＝咨询后下单人数÷咨询总人数×100%。

#### 2. 询单转化率影响或反映了什么

（1）销售业绩。询单转化率直接影响客服业绩和店铺总销售业绩。

（2）客服薪资。询单转化率是评价客服的核心参考指标。

（3）店铺质量。询单转化率可以直接反映店铺服务质量。

（4）团队竞争力。询单转化率可以直接反映客服团队的工作能力和竞争力。

#### 3. 影响询单转化率的因素

既然产生了咨询，说明买家已经产生了购买意图，希望通过咨询获得一些决定性的有价值信息帮助他做出是否下单的决策。商家只要正确地引导，成交的概率将显著提升。

从统计数据来看，询单转化率的高低与客服的回复速度、服务态度、销售技巧、专业知识，以及推荐给买家的促销信息等都有一定关系。总的来说，可以归纳为两点：响应速度和服务能力，如图 5-39 所示。

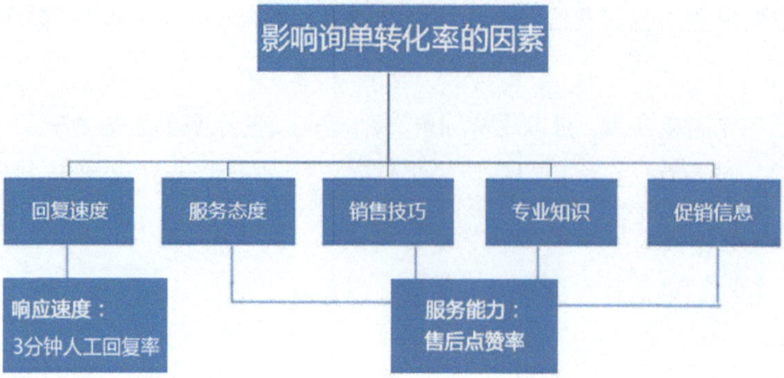


图 5-39

通过平台店铺调查，我们发现：

（1）3 分钟回复率与询单转化率有直接关系。

我们随机抽取了两组 GMV（成交金额）水平相当的店铺做调查，B 类店铺客服平均 3 分钟回复率不到 80%，A 类店铺客服平均 3 分钟回复率可达 100%。经过 3 个月的跟踪调查，结果显示，A 类店铺在运营后期慢慢与 B 类店铺拉开差距，询单转化率远超 B 类店铺，图 5-40 为两类店铺的询单转化率增长趋势图。

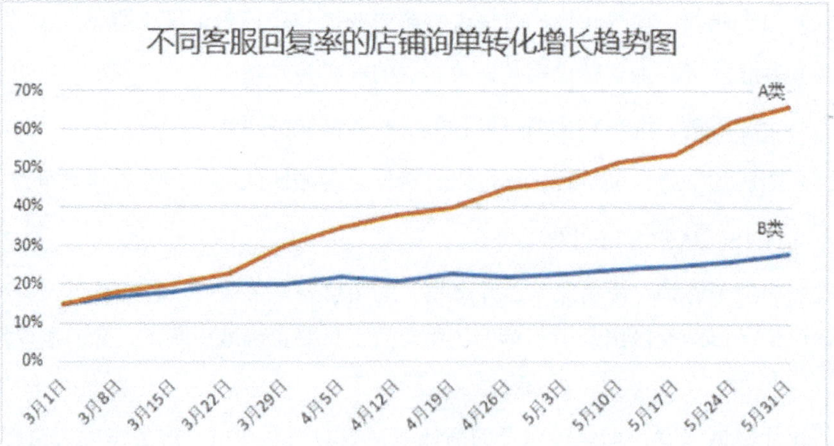


图 5-40

（2）售后点赞率是客服综合能力的体现，对询单转化率有潜在影响。

客服作为与买家近距离沟通的关键角色，对买家的本次购买及购物评价，甚至对未来的回购和传播，都有至关重要的作用。而售后点赞率则是客服服务态度、专业知识等综合能力的体现。

#### 4. 如何提高询单转化率

1）为常用问题做好分类，快速解答买家疑惑

客服每天接待的买家众多，所以商家在初期必须培训客服，让客服对常见问题做好分类，并掌握其标准答案，这对客服团队效率的提升必不可少。

2）充分利用平台提供的客服工具

设置开场白和订单卡片回复功能，及时回复买家的问题，可有效提升回复率。

在一天之内，一个买家至多触发一次机器人自动回复，只有当日买家首次进入聊天详情页时才会出现机器人客服，人工客服回复应该是主力。这也是为了照顾买家体验，如果买家一直跟机器人聊天，则肯定会很不舒服。

### 5.8.4 巧用聊天记录查询工具

#### 1. 聊天记录查询工具的用处

（1）轻松考核客服。商家想要对客服进行考核，就需要查看该客服和买家的聊天记录。原来需要导出大批订单挨个查询，现在通过聊天记录查询工具，可批量查询聊天记录。

（2）聊天记录实时查询。聊天记录查询工具支持近一个月的聊天记录查询，可以选择今天、近 7 天、近 30 天的记录。

#### 2. 如何使用聊天记录查询工具

第一步：进入拼多多商家后台—“多多客服”—“聊天记录查询”。选择查询方式，可以按客服账号查询，也可以按订单/违规编号查询，如图 5-41 所示。如果选择了按客服账号查询，则还可以选择查看全部客服或搜索某一位客服进行查询。

第二步：选择想要查看的时间，查看查询结果。点击某个买家账号，就可以查看选定时间范围内“买家发给客服”和“客服回复给买家”的聊天记录。

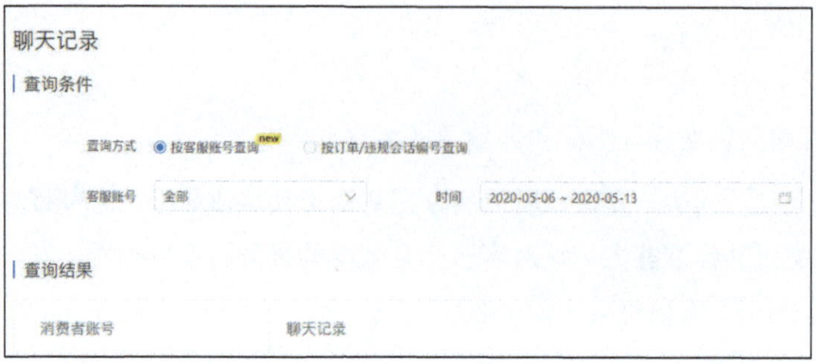


图 5-41

## 5.8.5 用三招有效提高客服回复率

对于买家的咨询，客服应尽快回复，如果超过一分钟还没回复，大多数买家就会去其他店铺了。那么如何才能提高客服回复率呢？

### 1. 关注预警提示

当回复率过低时，网页版客服平台、Windows 商家工作台，拼多多商家版 App 都会出现预警提示，经常关注预警提示，有助于提高客服回复率。

### 2. 设置声音提示

如果预警提示还不够明显，还可以设置声音提示，这样当收到买家的消息时，会伴有声音提示。图 5-42 所示为 Windows 商家工作台的声音提示设置。

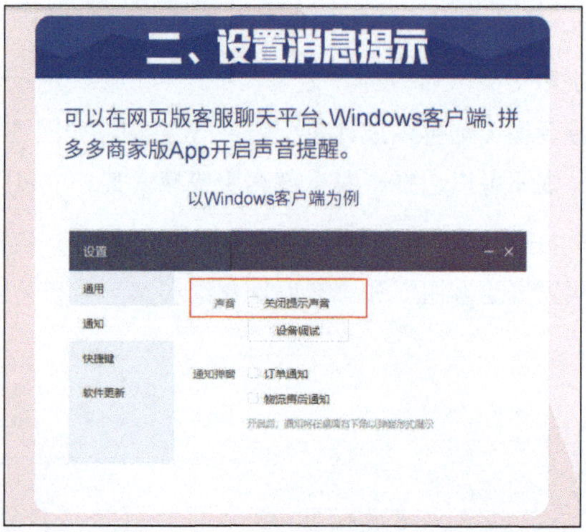


图 5-42

#### 3. 利用客服工具

1）机器人回复

设置好热门咨询问题及答案后，买家点击问题就可以收到答案。

2）快捷短语

设置好快捷短语和常用回复，可以大大减轻客服的压力。

3）页面分流

当有多个客服同时在线时，来咨询的买家将会按照设定好的规则，被分配给相应的客服，这样可以保证买家得到最快的响应。

4）常见问题与解答

当买家首次进入聊天界面时，机器人会自动发送开场白和常见问题与解答，可以解决买家的很大一部分问题。

### 5.8.6 售前客服不能踩的四大"坑"

#### 1. 第一大"坑"：过度承诺

过度承诺就是向买家承诺做不到的事。例如定制类商品平台不支持退货，如果商家自己承诺可以退货，当买家要退货时，商家必须遵守承诺。

#### 2. 第二大"坑"：辱骂买家

客服不得在沟通过程中使用任何形式的带人身攻击性、侮辱性的不文明用语，不得诽谤、谩骂、诋毁买家。

#### 3. 第三大"坑"：诱导非官方交易

客服不得主动诱导买家通过非拼多多官方渠道进行交易或付款，不得实施其他提高交易风险，可能损害买家合法权益的行为。

#### 4. 第四大"坑"：长时间不回复买家

长时间不回复，会让买家认为客服不在线，转而选择其他店铺，从而流失了一笔订单，降低了转化率。

### 5.8.7 巧用"邀请下单"功能

#### 1. "邀请下单"的使用场景

（1）提前备注，催促下单：商家可以提前备注好订单，在买家有定制需求时助其减少后续操作，同时买家可以看到订单备注内容，更容易下单。

（2）贴心服务：在买家要购买多个商品时，可以减少其合并支付的操作步骤；在买家不知道买那个 SKU 时，可以帮他选好 SKU。

（3）砍价送券：买家砍价时，商家可以临时向买家送优惠券。

## 2. 使用“邀请下单”的好处

（1）提高询单转化率。通过数据调研发现，“邀请下单”功能可以有效提高询单转化率。

（2）提高客单价，让买的人买得更多。

## 3. 如何使用“邀请下单”

网页版客服平台、Windows 商家工作台，拼多多商家版 App 都支持“邀请下单”功能，下面以网页版客服平台为例进行介绍。

（1）在客服聊天页面的输入框上方，找到“邀请下单”按钮，如图 5-43 所示。

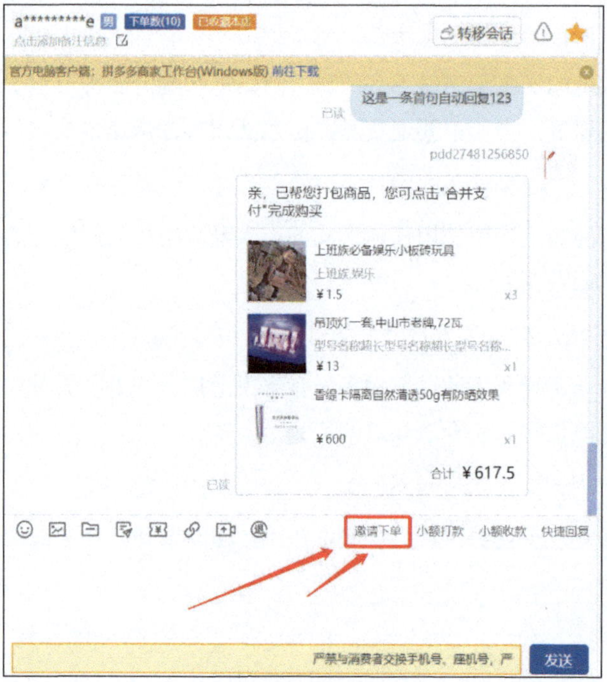


图 5-43

（2）选择买家想要购买的商品，如图 5-44 所示。

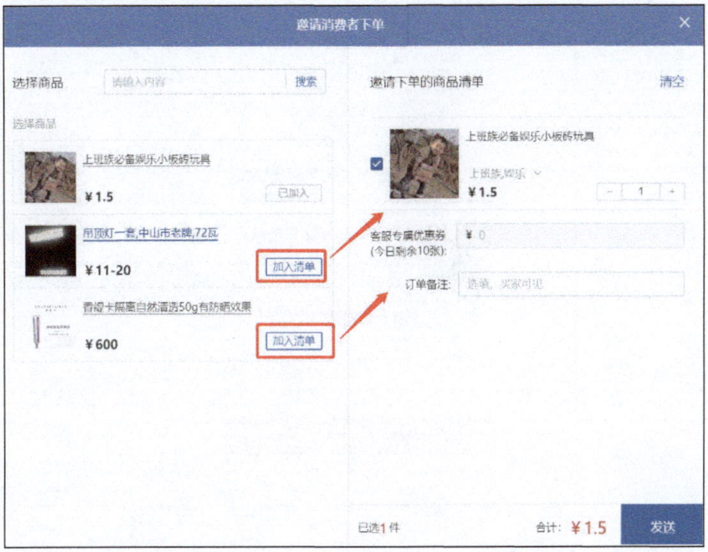


图 5-44

（3）为订单添加优惠券，填写订单备注（买家无须支付后再联系商家填写备注），如图 5-45 所示。

图 5-45

（4）点击右下角的“确认下单”按钮即可。买家收到的“发起拼单”效果如图 5-46 所示。

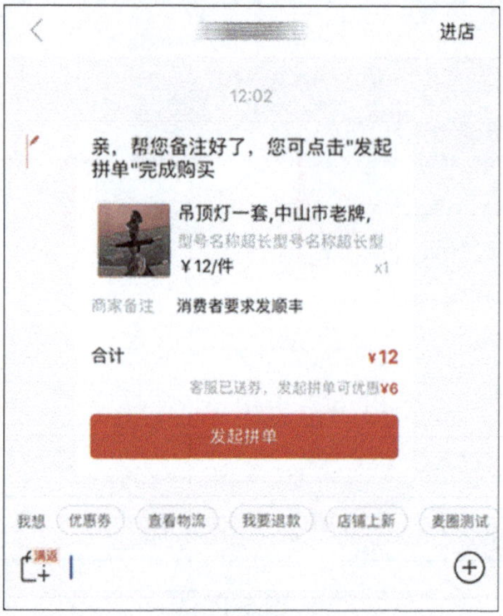


图 5-46

（5）若买家点击“发起拼单”按钮，则下单成功。

### 4. “邀请下单”常见问题

（1）是否可以选择相同商品的不同 SKU？

答：暂时不能这样选择。

（2）为什么我不能送优惠券？

答：功能还未全部开放，请耐心等待。

（3）商家使用“邀请下单”的时候最多可以选择几个商品？

答：3 个。

# 第 6 章

# 营销宝典

# 6.1 短信营销

## 6.1.1 短信营销简介

### 1. 什么是短信营销

短信营销就是将商品、服务等信息通过短信的形式准确传递给目标买家，以达到精准营销的目的，是营销推广中必不可少的有效渠道。

应该特别注意的是，不能滥用短信营销功能，要在国家和拼多多平台相关规定允许范围内适当进行短信营销。

### 2. 短信营销的优势

（1）投入产出比高：平台单条短信投入成本在0.035元及以下，远低于其他推广渠道价格，平均投入产出比在15以上，即花1元投放短信平均可获得15元以上的交易额。

（2）精准营销：不仅提供“拉新”“复购”“促下单”等多种热门场景，还有“性别”“地区”等多项人群标签等可以选择，商家可以结合商品特性和运营节奏进行精准投放。

（3）优惠券直达：可直接推送专属优惠券，买家点击链接即可领取。

（4）灵活性强：可以根据行业类目选择相应的资源，发送时间可控，触达的买家群体可控。

## 6.1.2 如何进行短信营销

### 1. 充值

通过拼多多商家后台—“店铺营销”—“短信营销”进入短信首页，点击“去购买”按钮，在打开的页面中选择支付方式，支付完成后购买短信成功，如图6-1所示。

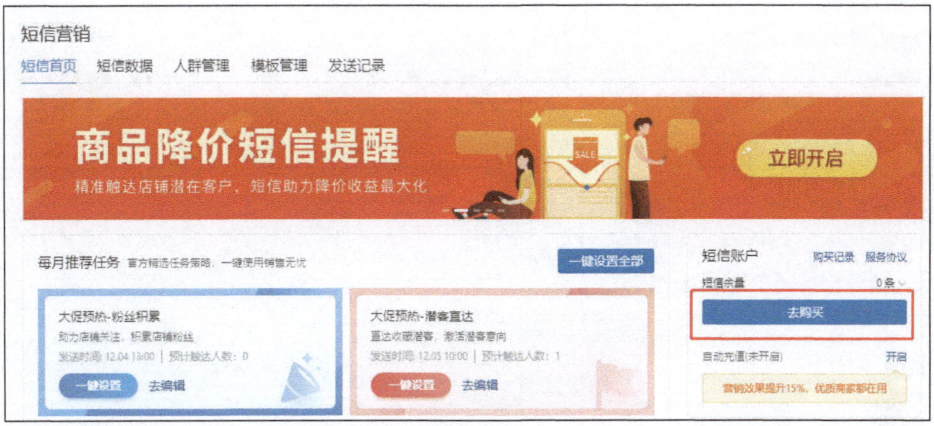


图 6-1

## 2. 要发给谁

（1）系统推荐人群。平台根据商家的营销目的分出了 27 种使用场景，在每一种场景下，平台都会通过大数据圈定人群。也就是说，选择了其中的场景，即圈定了某部分人群。

圈定入口：“短信营销”—“人群管理”—“推荐人群”，如图 6-2 所示。

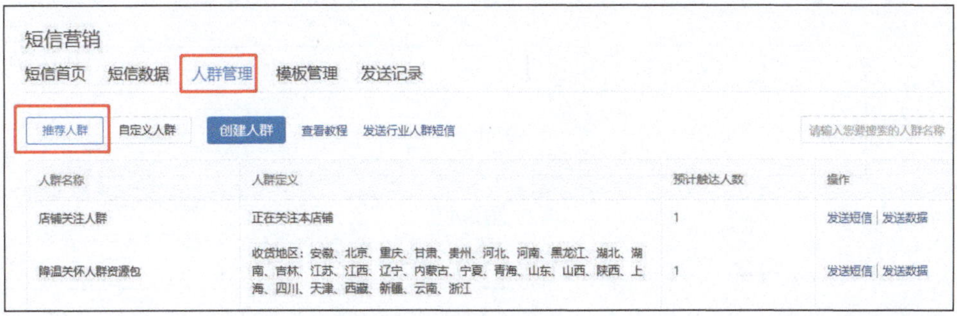


图 6-2

（2）自定义人群。平台根据商品基本属性和交易行为给出了一些圈定买家的条件，商家可根据自己的实际需要去配置。

圈定入口：“短信营销”—“人群管理”—“创建人群”，如图 6-3 所示。

图 6-3

（3）广告 DMP 人群。DMP 即数据管理平台，对于 DMP 圈定的人群，商家可以直接用于短信发送。

圈定入口：“短信营销”—“人群管理”—“广告 DMP 人群”，如图 6-4 所示。

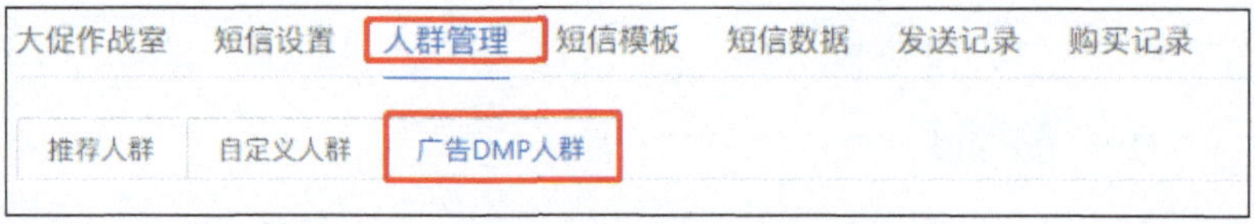


图 6-4

## 3. 发什么内容

如果商家不知道如何编辑短信内容，则可以先试试官方提供的模板，当然商家也可以根据自己店铺和商品的实际情况自定义短信内容。

官方模板可以直接使用，无须审核。自定义模板需由平台审核，审核通过后才能使用。

1）官方模板或自定义模板的选择入口

（1）若选择系统推荐人群：在“短信营销”—“短信首页”—“场景营销”页面中选择场景，如图 6-5 所示。点击“立即创建”按钮，在创建页面中选择官方模板或自定义模板。

图 6-5

（2）若选择自定义人群：在“短信营销”—“人群管理”页面中点击“自定义人群”标签，如图 6-6 所示。

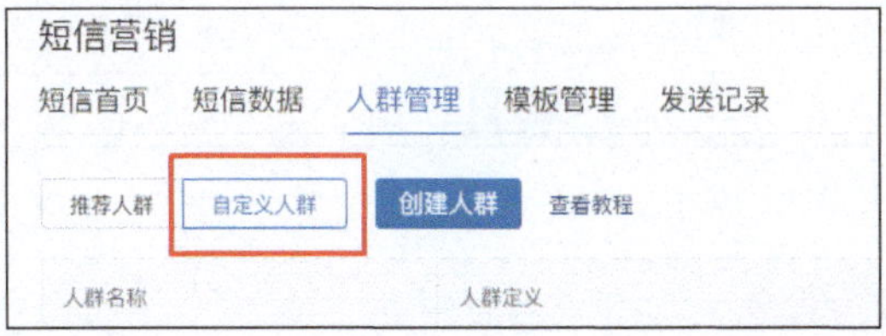


图 6-6

2）新建短信模板

在“模板管理”中点击“新建短信模板”按钮，进入“新建短信模板”的设置页面后，输入模板名称、短信内容，确认无误后，点击“确认”按钮，等待审核即可，如图 6-7 所示。审核时间为一个工作日。

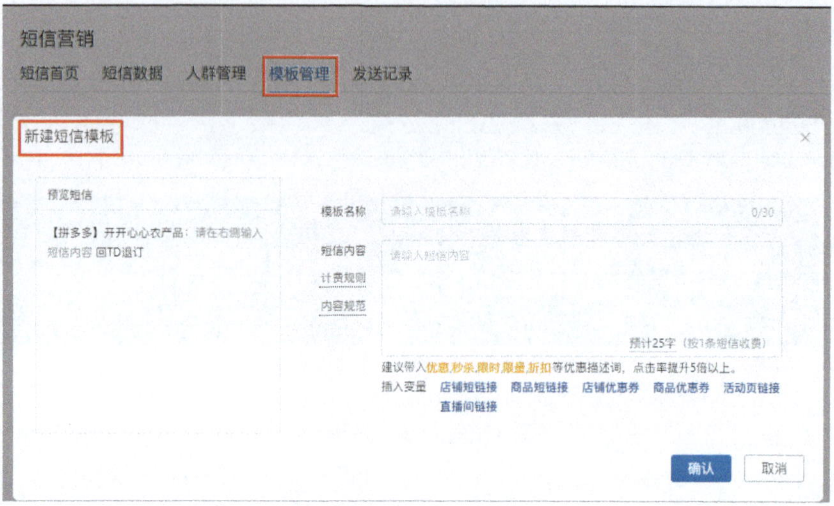


图 6-7

## 4. 什么时候发以及怎么发

在发送短信页面中，即可选择发送时间，点击“保存设置”按钮，系统将会根据选择的发送对象、短信内容，以及发送时间定时发送。

设置好发送对象、短信内容和发送时间后，可以选择一个测试用的手机号码，预览收到的短信效果，如图 6-8 所示。

图 6-8

## 5. 发出去的效果如何

在短信页面上方的子页面里，有“短信数据”页面的入口。点击即可查看短信的发送效果，如图 6-9 所示。

图 6-9

在这里主要查看短信营销的投入产出比，即短信花费和短信转化支付总金额。

### 6.1.3 短信营销的场景分类

#### 1. 提醒类短信

提醒类短信主要分为两类。

第一类为自动营销，如拼单返现提醒、商品降价提醒、直播提醒等。

第二类为用户关怀，如付款提醒、发货提醒、派送提醒、签收提醒、好评引导关注等。

#### 2. 场景营销类短信

（1）活动预热：可以增加店铺关注人数，促进新客转化和店铺关注券推广，用于店铺的日常运营。

（2）个性化营销：设有多种人群条件可供选择，灵活性更强，包括自定义人群/推荐人群，如可以选择推荐人群“潜在兴趣人群”，进一步扩大流量。

（3）导入手机号：主要适用于拥有私人手机号人群的商家，助其实现精准营销。

（4）DMP 营销（精准营销）：适用于缺少流量或想进一步扩大流量的店铺。

（5）平台活动专属营销：适用于配合报名成功的平台活动，可以快速聚合人气，引爆店铺商品。

## 6.2 拼单返现

#### 1. 什么是拼单返现

拼多多平台上是没有购物车的，无法满足买家一次性购买不同 SKU 商品的需求，所以不能在一个订单中实现“满返”。基于拼多多的购物形态，产生了“拼单返现”这种营销工具。

拼单返现是指在一个自然日内，买家在一个店铺中累计购买了一定的金额的商品后，就可获得一张平台优惠券，而此优惠券可用于购买平台内的任何商品。

### 2. 参加拼单返现活动的好处

（1）流量加成：参加了拼单返现的商品，搜索结果展示会更靠前。

（2）提高点击率：在买家端拥有专属标签展示，吸引更多买家点击。

（3）提升客单价：可获赠平台优惠券，对买家来说很有吸引力，促使买家下更多单来达到拼单返现门槛。

（4）拉动 GMV：当店铺商品需要买家下多笔订单时，“满返”比“满减”更能起到拉动二次下单的作用。统计数据显示，使用过拼单返现的店铺，成交额平均会提升15%左右。

### 3. 拼单返现对买家的吸引力

（1）简单易得：对于买家而言，只要付款金额加起来达到商家设置的拼单返现门槛，就可以拿到优惠券了。

（2）使用不受限：一方面是优惠券的使用时效几乎无限制，因为其有效期是 50 年，另一方面是优惠券的使用范围无限制，不仅可以在全平台使用，而且返的券是无门槛的平台券，还可以叠加店铺券使用。

### 4. 拼单返现的展现场景

拼单返现的标签展示会根据买家的购买路径进行全程追踪提醒。最大程度上提升交易的可能性，拉动店铺 GMV 的增长。

举个例子：买家想要购买水果并在拼多多 App 搜索页中输入“水果”，那么在搜索结果页如果有商品设置了拼单返现就会有“满返”的标签展示，相对于其他商品来说会更有吸引力，如图 6-10 所示。

当买家点击进去想要进一步看看商品详情时，在商品详情页的标题下方又会出现拼单返现的提示，加强了买家对于“满返”优惠的印象，如图 6-11 所示。

假设买家先买了一件商品，但还未达到满返门槛，那么在拼单成功页、店铺首页以及拼多多 App 个人中心都会展示返现进度条，提醒买家再买多少元的商品就能获得优惠券，如图 6-12 所示。

图 6-10

图 6-11

图 6-12

下完单之后，系统马上又会推送领取满返券的消息，这样买家领完券后可能又有了再次购买的冲动。

## 5. 如何设置拼单返现

拼单返现设置入口：拼多多商家后台—“店铺营销”—“营销工具”—“拼单返现”。

填写返现条件、返现金额以及设券张数，点击“立即创建”按钮，如图 6-13 所示。

图 6-13

支付后即创建成功，活动将会在次日 0 点正式生效，优惠券发放完毕时活动自动结束。

【注意】

①返现金额不能低于返现门槛的 5%。假设你的返现门槛是 20 元，那么返现的金额就不能低于 1 元，也就是满 20 元返 1 元。

②发放优惠券的张数不能少于 10 张。

## 6. 拼单返现设置技巧

1）判断自己的商品是否适合拼单返现

什么样商品是适合的呢？比如，日常生活用品是易耗品，需要不断购买；可以组合的商品，比如床单与枕套，上衣与裤子等，经常需要搭配购买。这些都非常适合拼单返现。

2）如何设置效果更佳

（1）降低拼单返现门槛，提升返现比例。

确定好主推款商品，再确定好利润款商品或第二件想推的商品，将二者价格相加，确定拼单返现门槛。

平台的平均“满返”比例是 8%，而优秀商家设置的比例为 10%～15%，商家需考虑自己的毛利水平确定“满返”比例，在一定范围内适当降低门槛，提升返现比例。

（2）拼单返现的设置技巧，主要是用丰富的品类提升买家凑单的欲望。

技巧 1：用好“商品关联”推荐，做关联销售。

技巧 2：借助“店铺装修”，展示更多利润款商品。

3）在商品详情页加使用说明

因为优惠券是发给买家使用的，所以可以针对买家常见的问题，在商品详情页添加使用说明，打消买家的疑虑，也帮助店铺的客服减轻咨询压力。买家常见问题有以下几个。

（1）买家如何获得返现券？

答：买家在一个自然日内，在店铺中的消费金额达到拼单返现门槛，即可以获得返现券。

（2）返现券的有效期有多久？

答：获得返现券的第 2 天就可以开始使用了，有效期是 50 年。

（3）拼单返现优惠券的使用条件是什么？

答：可用于购买全平台中的商品，并且可以叠加其他的店铺优惠券使用。

### 7. 查看拼单返现效果数据

查看数据的位置在拼多多商家后台—“数据中心”—“流量数据”—“拼单返现数据”处，如图 6-14 所示。

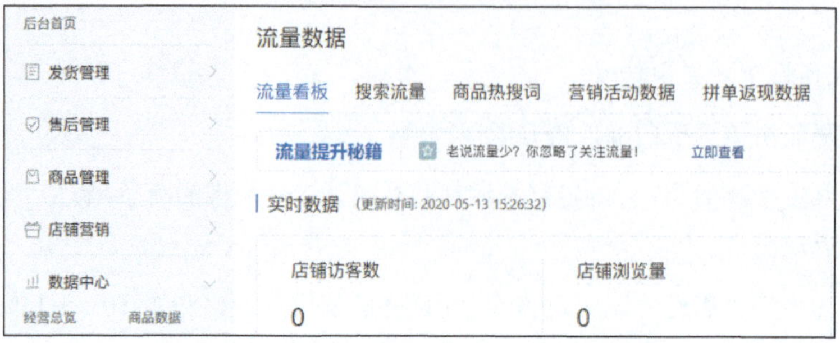


图 6-14

（1）查看拼单领券的买家数和所占的比例，如图 6-15 所示。

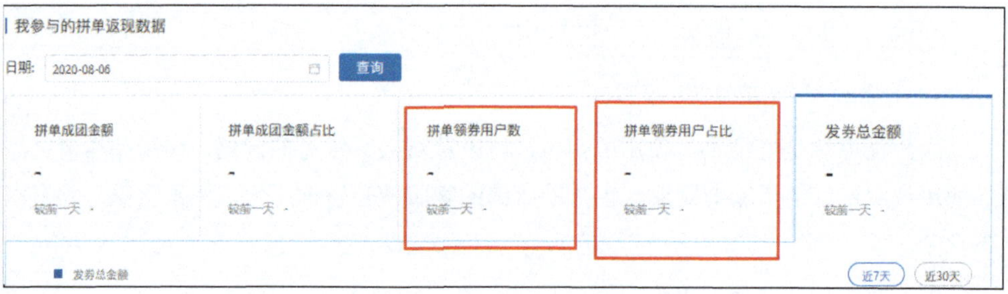


图 6-15

可以通过这个数据反推我们的券是否设置合理，如果设置的券没有人领，那么对于大部分买家来说，拼单返现的门槛是比较高的，吸引力不强。

（2）查看拼单返现的拼单成交金额和发券总金额可以衡量投入产出比，如图 6-16 所示。

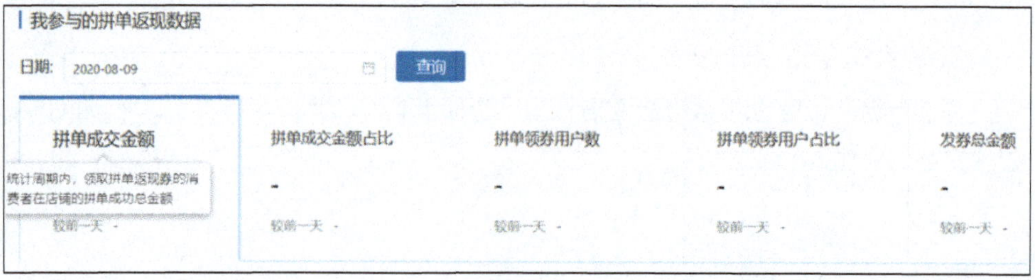


图 6-16

（3）在拼多多商家后台的“数据中心”—“经营总览”中，可以查看整个店铺的销售状态，重点可对比使用拼单返现前后客单价的变化，如图 6-17 所示。

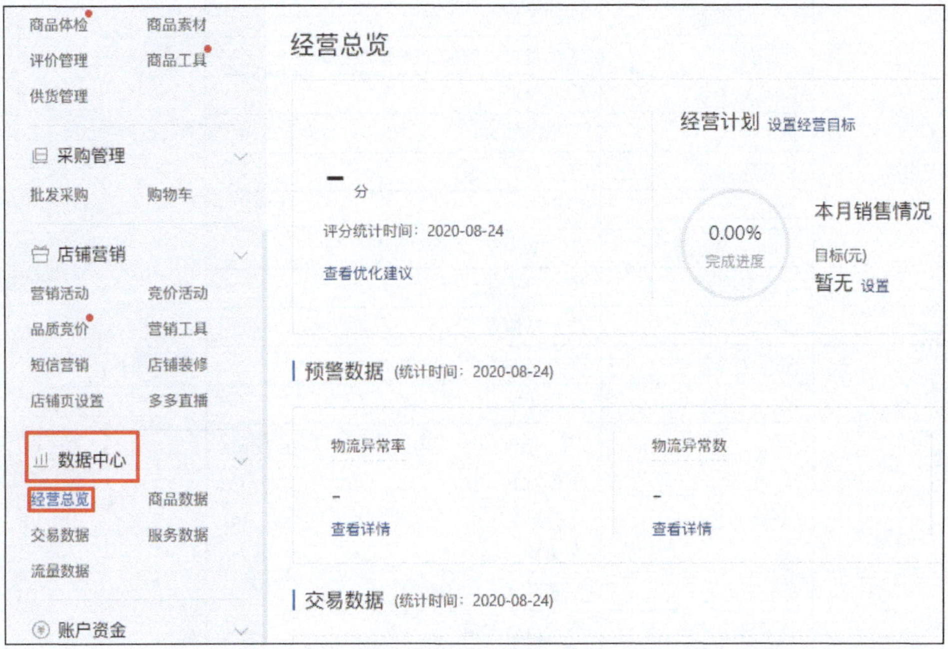


图 6-17

# 6.3 优惠券

## 6.3.1 优惠券的类型

优惠券分为两种，一种是店铺优惠券（店铺券），一种是商品优惠券（商品券），如表 6-1 所示。

表 6-1

| 优惠券类型 | 优惠券名称 | 领取渠道 | 后台创建位置 |
|---|---|---|---|
| | 全店满减券 | 店铺详情页、下单页 | |
| | 店铺关注券 | 店铺首页、商品详情页、下单页 | |
| | 拉人关注券 | 店铺首页 | |
| | 拼单券 | 分享拼单页 | |
| 店铺券 | 私密店铺券 | 商家自有渠道 | |
| | 短信直发券 | 短信 | |
| | 客服专用店铺券 | 客服聊天页 | |
| | 省钱月卡券 | 省钱月卡活动页 | |
| | 多件多折券 | 店铺详情页 | |
| | 商品立减券 | 商品详情页、下单页 | 营销工具—优惠券 |
| | 商品关注券 | 商品详情页、下单页 | |
| 商品券 | 领券中心券 | “个人中心”—“优惠券”—“领券中心/推荐好券”；<br>在“多多果园”点击果树掉落的领券中心专属券；<br>拼多多 App 消息推送 | |
| | 私密商品券 | 商家自有渠道 | |
| | 客服专用商品券 | 客服聊天页 | |
| | 订单复购券 | “我的订单”—“常买商品” | |

（1）店铺优惠券是对指定的店铺设置的优惠券，由商家在后台自行设置并由商家承担所优惠金额。

（2）商品优惠券是对指定的商品设置的优惠券，由商家在后台自行设置并由商家承担所优惠金额。目前商品优惠券只支持一对一的设置，即一个商品优惠券只能用于一个指定的商品。

## 6.3.2 优惠券的配置规则

### 1. 面额和数量

各个优惠券设置的最低面额和最高面额以及优惠券的数量规则如表 6-2 所示。

表 6-2

| 优惠券名称 | 优惠券的最低面额与最高面额 | 优惠券数量 |
|---|---|---|
| 商品立减券 | 最低面额为 1 元，最高为 500 元 | 大于 1 张且小于 1 000 000 张 |
| 全店满减券 | 最低面额为 1 元，最高为 500 元 | 大于 1 张且小于 1 000 000 张 |
| 商品关注券 | 优惠券面额与商品价格相关 | 大于 1 张且小于 1 000 000 张 |
| 店铺关注券 | 最低面额为 3 元或 5 元，最高为 500 元 | 大于 1 张且小于 1 000 000 张 |
| 多件多折券 | 3～9.5 折 | 大于 1 张且小于 1 000 000 张 |
| 拉人关注券 | 最低面额为 3 元，最高为 500 元 | 大于 1 张且小于 1 000 000 张 |
| 拼单券 | 可选 3/4/5/6/7/8/9/10 元 | 大于 1 张且小于 5 000 张 |
| 领券中心券 | 优惠券面额与商品价格相关 | 大于 1 张且小于 50 000 张 |
| 省钱月卡券 | 最低面额为 10 元，最高为 500 元 | 大于 1 张且小于 50 000 张 |
| 私密券 | 最低面额为 1 元，最高为 500 元 | 大于 1 张且小于 1 000 000 张 |
| 短信直发券 | 最低面额为 1 元，最高为 500 元 | 同短信发送数量 |
| 客服专用券 | 最低面额为 1 元，最高为 500 元 | 同客服发券数量 |
| 订单复购券 | 最低面额为 1 元，最高不高于商品价格 | 大于 1 张且小于 1 000 000 张 |

【注意】

①商家每日可创建 5 种优惠券，创建后又删除的优惠券不计入，优惠券列表下总优惠券数不超过 50 个。点击“删除”按钮可彻底删除已结束活动的优惠券，但不会影响已领取券的使用。

②关于店铺关注券的最低面额，有如下规则：店铺本月 1 日的“15 天历史平均客单价”低于 30 元，而且“15 天历史订单量”不低于 100 单的商家，才可设置 3 元店铺关注券。

## 2. 生效时间和有效期

各个优惠券的生效时间和有效期规则如表 6-3 所示。

表 6-3

| 优惠券名称 | 优惠券生效时间 | 优惠券有效期 |
|---|---|---|
| 商品立减券 | 生效时间与领取时间一致 | 从领取时间到活动结束时间 |
| 全店满减券 | 生效时间与领取时间一致 | 从领取时间到活动结束时间 |
| 商品关注券 | 生效时间与领取时间一致 | 领取后 7～90 天，商家设置 |
| 店铺关注券 | 生效时间与领取时间一致 | 领取后 7～90 天，商家设置 |
| 多件多折券 | 生效时间与领取时间一致 | 从领取时间到活动结束时间 |
| 拉人关注券 | 生效时间与领取时间一致 | 领取后 7～90 天，商家设置 |

续表

| 优惠券名称 | 优惠券生效时间 | 优惠券有效期 |
|---|---|---|
| 拼单券 | 生效时间与领取时间一致 | 领取后 7～90 天，商家设置 |
| 领券中心券 | 生效时间与领取时间一致 | 领取后 6/12/24/48 小时内 |
| 省钱月卡券 | 生效时间与领取时间一致 | 领取后 6/12/24/48 小时内 |
| 私密商品券 | 生效时间与领取时间一致 | 从领取时间到活动结束时间 |
| 私密店铺券 | 生效时间与领取时间一致 | 从领取时间到活动结束时间 |
| 短信直发券 | 生效时间与领取时间一致 | 领取后 7～90 天，商家设置 |
| 客服专用商品券 | 生效时间与领取时间一致 | 从领取时间到活动结束时间 |
| 客服专用店铺券 | 生效时间与领取时间一致 | 从领取时间到活动结束时间 |
| 订单复购券 | 生效时间与领取时间一致 | 指定的 3 天内 |

### 3. 使用条件和限领张数

各个优惠券的使用条件和每人限领张数规则如表 6-4 所示。

表 6-4

| 优惠券名称 | 使用条件 | 每人限领张数 |
|---|---|---|
| 商品立减券 | 购买该商品 | 1～10 张，商家设置 |
| 全店满减券 | 商家设置“满减” | 1～3 张，商家设置 |
| 商品关注券 | 关注并购买商品 | 1 张 |
| 店铺关注券 | 商家设置“满减” | 1 张 |
| 多件多折券 | 商家设置“满减” | 1～10 张，商家设置 |
| 拉人关注券 | 无门槛 | 1 张 |
| 拼单券 | 无门槛 | 1～3 张，商家设置 |
| 领券中心券 | 购买该商品 | 10～15 张，商家设置 |
| 省钱月卡券 | 无门槛 | 10～15 张，商家设置 |
| 私密商品券 | 购买该商品 | 1～3 张，商家设置 |
| 私密店铺券 | 商家设置“满减” | 1～3 张，商家设置 |
| 短信直发券 | 商家设置“满减” | 1 张 |
| 客服专用商品券 | 购买该商品 | 1～3 张，商家设置 |
| 客服专用店铺券 | 商家设置“满减” | 1～3 张，商家设置 |
| 订单复购券 | 购买该商品 | 1～15 张，商家设置 |

商家设置“满减”的规则如下：

平台每月 1 日会根据店铺的“历史商品销量”和店铺近期客单价进行判定。

（1）若店铺“历史商品销量”小于 100 单，则在设置满 $A$ 元减 $B$ 元时，$A$ 的数值最高为 10 000 元；若店铺“历史商品销量”大于或等于 100 单，则 $A$ 的数值上限取 500 和“店铺客单价的 5 倍”中较大值。

（2）面额和使用条件不得小于 1%的比例，即不得小于满 100 元减 1 元。

### 6.3.3 优惠券的使用规则

#### 1. 使用对象

商品优惠券只允许购买指定商品的买家使用。

店铺优惠券一般是对全店所有商品通用的优惠券，不指定商品。

#### 2. 使用范围

优惠券可以在拼多多全站使用，包括微信小程序、微信公众号。

#### 3. 使用期限

优惠券的有效期分固定时间内有效和领取后的×天内有效两种类型，以商家的设置为准，不能延期，且一经领取后，不可提现，不得转赠。

#### 4. 优惠叠加

1）活动价和优惠券的叠加

（1）平台的所有活动（品牌馆、9 块 9 特卖、爱逛街、每日好店、品牌特卖、断码清仓等）与平台优惠券都是可以叠加使用的（特殊情况除外）。

例如：商家参加“品牌特卖”活动的商品特卖价为 28 元，买家有一张 3 元优惠券且在有效期内，则买家使用优惠券下单，实际只用支付 25 元。

（2）商品券和店铺券是互斥的，所以平台的所有活动只能和商品券或店铺券之一叠加（特殊情况除外），系统会优先推送优惠金额高的券给买家。

例如：商家参加“爱逛街”活动的商品价为 35 元，买家领取了一张该商品满 30 元减 2 元的商品立减券，一张 5 元的店铺关注券，则买家下单时，系统会自动推送店铺关注券给买家使用，最终买家支付的金额为 30 元。

2）商家优惠券和商家优惠券的叠加

（1）一个订单、一个商品最多使用一张商品券或一张店铺券（特殊情况除外）。

例如：买家选中了店铺中的一个商品准备下单，其价格为 26 元，买家也领取了店铺设置的全店满减券（满 25 元减 3 元）和该商品设置的商品立减券（2 元无门槛券），则系统会推送给买家优惠金额高的券，该买家最终的支付金额为 23 元。

（2）一个订单×个商品，最多使用×张商品券或店铺券（特殊情况除外）。

例如：买家先关注了 3 个不同店铺的商品，在“个人中心”—“商品关注”中选择合并支付，商品价格与券的金额如图 6-18 所示，则每个商品都可选优惠金额最高的券来使用，最终买家支付的金额为 37 元。

| | 商品 | 商品价格 | 商品立减券 | 店铺满返券 |
|---|---|---|---|---|
| 店铺A | 苹果 | 10元/斤 | 2元 | 满10元减1元 |
| 店铺B | 香蕉 | 15元/斤 | 3元 | 满15元减2元 |
| 店铺C | 梨子 | 20元/斤 | 2元 | 满20元减3元 |

图 6-18

3）商家优惠券和平台优惠券的叠加

平台优惠券是平台内所有的商品都可使用的优惠券，如果是商家设置的，则由商家承担优惠券的金额，如果是平台设置的，则由平台承担，且不影响商家售卖商品的实际到账金额。

（1）一个订单、一个商品最多同时使用一张平台优惠券和一张商品券或一张店铺券（特殊情况除外）。

例如：买家选中了店铺中的一个商品准备下单，其价格为 35 元，买家也领取了平台优惠券（满 20 元返 3 元）和该商品设置的商品立减券（2 元无门槛券），以及店铺满返券（满 35 元减 5 元），则系统会推送给买家优惠金额高的券，该买家最终的支付金额为 27 元。

（2）一个订单×个商品最多同时使用一张平台优惠券和×张商品券或店铺券（特殊情况除外）。

例如：买家先关注了 3 个不同店铺的商品，在“个人中心”—“商品关注”中选择合并支付，商品价格与券的金额如图 6-19 所示，则每个商品可选优惠金额最高的商品券或店铺券来使用，另外加上一张最优惠的平台优惠券，最终该买家支付的金额为 34 元。

| | 商品 | 商品价格 | 平台优惠券1 | 平台优惠券2 | 商品立减券 | 店铺满返券 |
|---|---|---|---|---|---|---|
| 店铺A | 苹果 | 10元/斤 | 5元无门槛 | 满45元减6元 | 2元 | 满10元减1元 |
| 店铺B | 香蕉 | 15元/斤 | | | 3元 | 满15元减2元 |
| 店铺C | 梨子 | 20元/斤 | | | 2元 | 满20元减3元 |

图 6-19

#### 5. 退券规则

1）普通购物订单（不含合并支付订单和部分退款订单）

用券订单退款成功后，商家优惠券会退回至买家账户。

2）合并支付订单

（1）父订单（合并支付订单创建了但是处于未支付状态）：用券父订单下单后支付前取消订单，商家优惠券会退回至买家账户。

（2）子订单（合并支付订单支付后形成的各子订单）：用券子订单退款成功后，商家优惠券无法退回到买家账户。

3）订单部分退款退券

买家申请部分退款成功后，订单所用的商家优惠券会退回至买家账户。

### 6.3.4 如何利用关注券

关注券分为 3 种：店铺关注券，商品关注券，拉人关注券。通过关注券让利，可以让商家积累粉丝，提高买家复购率。

#### 1. 让买家关注的好处

1）带来免费流量

关注属于第 3 大免费流量来源，关注者带来的复购流量可高达全店总流量的 15%。

2）展示渠道加权

关注会增加商品的权重和强化商品标签。商品被关注后，会出现“关注过的商品”标签，买家浏览商品时看到此标签，点击商品的概率大大提高。

3）为店铺带来潜在买家

如果一个商品被 100 个买家关注，每个买家有 100 个好友，那么这个商品有可能被 10 000 个买家好友看到，他们很可能会成为未来的买家。

## 2. 如何提升关注量

1）设置店铺/商品关注券

假如店铺商品客单价和利润率不高，那么可以图省事设置店铺关注券。假如店铺客单价和利润率较高，那么建议设置商品关注券，这样成本更可控。如果都想设置，那也是可以的，首次关注的买家两种优惠券都可以领取，但是他们并不能在同一订单里叠加使用两种券，所以成本依然可控。在优惠券领取页面中两种券都会展示，金额大的排在前面。

2）设置拉人关注券

拉人关注券可以激励买家分享店铺信息，帮助店铺拉取潜在的站外粉丝关注店铺。图 6-20 所示为店铺关注券和拉人关注券。

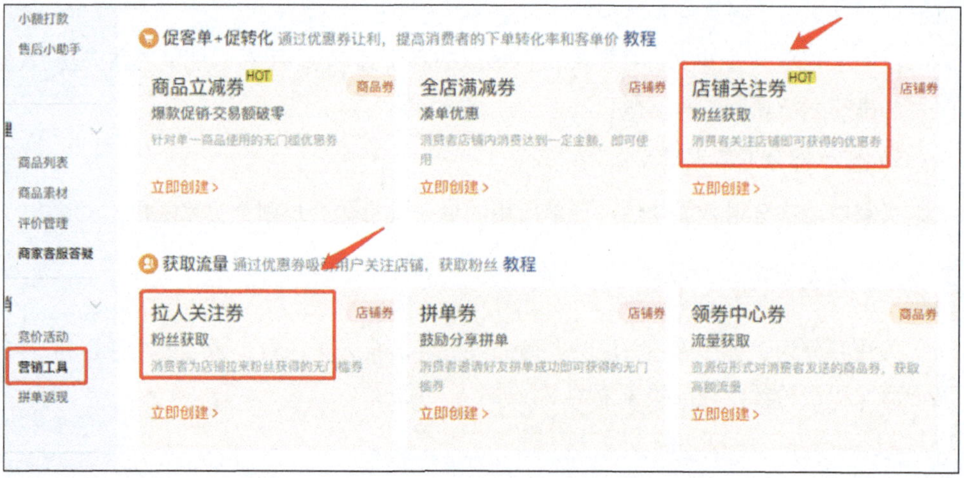

图 6-20

3）告知“关注店铺可及时获取上新信息”引导关注

告知买家店铺会时常上架新品并提供上新福利，能吸引对店铺感兴趣的买家关注店铺。最好能具体告知买家上新福利是什么，促使买家尽快关注。

引导关注的文案建议放在这些位置：

（1）客服自动回复消息。在首条回复中展示，例如“您好！店铺上新送福利，新品前 10 名下单买家享受 7 折优惠。”

（2）店铺热销商品详情页。

（3）店铺首页。

4）告知“关注店铺或商品有额外优惠”引导关注

告知买家关注店铺或商品就可以参与店铺活动、享受额外优惠、享受更优质的服务等。例如关注店铺或商品后可以参与抽奖活动、享受9折优惠、享受优先发货等。

引导关注的文案建议放在这些位置：

（1）店铺首页（尤其是轮播图中）。

（2）商品详情页。

（3）商品轮播图。

5）告知“关注商品可用活动价抢购商品”引导关注

假设我们要参加“秒杀”活动，活动前可以在详情页或其他位置放置海报，告知买家如果提前关注商品，在活动开始后可及时抢购，引起买家关注商品的兴趣。还可以通过“推手”分享或微博达人宣传，吸引站外买家提前关注。

这样不仅能吸引有购买需求的买家关注，同时还做了活动预热，有助于活动当天销售额快速大幅提升。

## 6.3.5 关于优惠券的常见问题

### 1. 设置优惠券的问题

（1）店铺优惠券的设置权限是什么？

答：可以用店铺主账号、管理员、运营人员等身份进行店铺优惠券的设置，客服不能设置店铺优惠券。

（2）优惠券删除之后还能使用吗？

答：在优惠券的编辑页面，点击“删除”按钮可彻底删除已结束活动的优惠券，但不会影响已领取券的使用。

（3）店铺优惠券的抵扣范围是什么？

答：店铺优惠券只支持商品价格相关费用抵扣。

（4）店铺设置的优惠券能取消吗？

答：能，可以在拼多多商家后台的“店铺营销”—“营销工具”—“优惠券”页面查询正在领取中的各类型优惠券，点击“结束”按钮，即可停止发放。

（5）如何在商家后台修改和删除优惠券？

答：对于显示“领取中”状态的优惠券，如需要修改数量，可直接在“增发优惠券”页面修改，但只能增加优惠券数量。要修改其他信息，则需要点击“结束”按钮后新建优惠券设置。

显示“领取中”状态的优惠券需变更为“已结束”状态之后，才可以在操作页面删除。

【注意】

“结束”和“删除”操作并不影响买家已领取的优惠券的使用，结束后的优惠券仍在买家的优惠券列表中。

（6）商品优惠券可以设置“满减”吗？

答：可以。商品优惠券默认全是无门槛券，设置的面额必须小于商品所有 SKU 的最小值。

（7）商家设置优惠券时要注意什么？

答：要特别注意资产损失风险。店铺如有商品价格小于设置的店铺优惠券面额时，商家将存在亏损风险，此时商家可调低优惠券面额，或手动让存在亏损风险的商品下架。

（8）“多多进宝”要设置优惠券吗？

答：最低价格不低于 10 元的商品，必须设置优惠券。

（9）设置“多多进宝”优惠券的时候，老是提示“金额最小单位为分”的错误，是什么意思？

答：设置“多多进宝”优惠券时，最小金额必须为整数，否则会报错。

（10）为什么领券中心优惠券价格要求这么高？

答：这是结合月销售数据和不同类目情况得出的范围，请在这个范围内设置价格。

（11）领券中心优惠券在哪里设置？

答：在“营销工具”—“优惠券”—“领券中心”设置。

（12）如何在短信中设置店铺优惠券？

答：进入拼多多商家后台，在“店铺营销”—“营销工具”—“优惠券”—“店铺优惠券”中选择“短信”，设置短信优惠券。在“店铺营销”—“营销工具”—“短信服务”中选择短信类型并进行创建，在“优惠券”下面点击“选择优惠券”按钮，即可选择之前设置的优惠券。

### 2. 领取优惠券的问题

（1）将领券中心优惠券每人可领取的数量选定为 10 张，会不会对我的店铺产生不利影响？

答：不会。买家只有购买一次，用完一张券后才能继续领取，每笔订单只能用一张券。

（2）买家如何领取短信中的优惠券？

答：短信中的优惠券是在短信发送之前就已经放入买家券包的，不需要领取，系统只会给发放成功的买家发送短信。

（3）如果买家先关注我的店铺，领了券后再取消关注，那他下次关注我的店铺的时候还能领关注券吗？

答：领过关注券以后，即使取消关注后重新关注，也不能再次领券。

### 3. 使用优惠券的问题

（1）可以限制买家使用优惠券吗？

答：在优惠券适用范围内，不能限制买家使用优惠券。

（2）对于拼单返现的优惠券，如果买家过期没有使用，会不会退还给商家？

答：目前拼单返现优惠券的有效期是 50 年，暂不会出现过期情况。

（3）虚拟商品不支持优惠券吗？

答：是的，虚拟商品是不支持使用优惠券的。

（4）拼单返现赠送的优惠券只能在本店铺使用吗？

答：拼单返现赠送的是平台优惠券，买家可以在全平台使用，而不是只在本店铺使用。

（5）使用店铺优惠券有什么规则吗？

答：①一笔订单只能使用一张店铺优惠券，且订单金额需高于优惠券门槛金额。②单个店铺优惠券不可拆分使用。

③店铺优惠券一经领取，不可提现，不得转赠。

（6）店铺优惠券可与现金券或满减券同时使用吗？

答：可同时使用，优先使用店铺优惠券。

（7）短信营销券和店铺优惠券可以一起使用吗？

答：商品优惠券和店铺优惠券是不能一起使用的，店铺优惠券一次只能使用一张，需商家确认设置的短信优惠券是商品优惠券还是店铺优惠券。

（8）多件优惠和优惠券冲突吗？

答：是冲突的，店铺/商品优惠券与多件优惠也不可叠加使用。

### 4. 使用优惠券后的问题

（1）退款时怎么退回店铺优惠券？

答：如果发生了退款，则店铺优惠券仍然以店铺优惠券的形式退给买家，商家只需退还买家实际支付的钱，如果退款成功时间超过店铺优惠券有效期，则该店铺优惠券自动失效。

（2）在“开票管理”中为什么除了手续费还存在优惠券的费用？

答：此处优惠券金额是买家使用平台补贴的优惠券支付订单（买家确认签收后结算至商家处）后每月累计的金额。多数商家不具备给平台开税务相关发票的能力，因此对于需付手续费的商家，默认开发票模式为合并净额模式（可开发票金额＝手续费金额－优惠券金额），若可开发票金额小于 0，则该账单无法开发票，需与金额为正的账单同时勾选后总金额大于 0 时才可申请开发票。

（3）可开发票金额为什么是手续费减去优惠券的金额呢？

答：平台优惠券是平台支付的费用，并不计算进商家的可开发票金额中。

（4）为什么货款账户对账单和发票优惠券账单不一致？

答：货款账单是全口径账单，发票账单只包括平台承担的平台优惠券，不包括非平台承担的优惠券，因此两者会不一致。

（5）平台优惠券多长时间结算一次？怎么查看平台优惠券到账的明细？

答：平台优惠券在买家确认收货后会立刻返还给商家，商家可以在后台“账户资金”—“账户提现”页面的下方查看账户流水。

（6）怎么查看店铺的订单中有哪些用了优惠券？

答：在拼多多商家后台的“发货管理”—“订单查询”中查看订单，即可查看到优惠券的使用情况。

（7）订单退款后平台优惠券也会退回吗？

答：若订单退款申请金额大于订单实付金额，则实付部分以现金形式退回，超出部分以平台无门槛现金券的形式退给发放者。若订单退款申请金额小于或等于订单实付金额，则直接以现金形式退回。

（8）使用了店铺关注券的订单发生了退款，优惠券会退吗？

答：关注券与普通店铺优惠券一致，订单退款成功后，关注券也退给买家，但有效期不延长。

（9）订单使用店铺关注券，或者真实买家使用平台优惠券会被认定为套券吗？

答：店铺关注券和真实买家使用的平台优惠券不会被计算在“刷单套券”金额中。

（10）“刷优惠券扣保证金”是什么意思？

答：请检查是否收到“刷单套券”站内信，若违规情况属实，平台会扣除优惠券 10 倍金额的违约金。

## 6.4 多件优惠

### 1. 多件优惠的类型

多件优惠类型分为付钱、减钱、打折。付钱型在拼多多 App 中的标签为“第 2 件付×元”，减钱型在拼多多 App 中的标签为“第 2 件减×元”，打折型在拼多多 App 中的标签为“第 2 件打×折”。对于买家来说，付钱型的优惠往往不能让其产生“占了便宜”的满足感。比如某商品原价 10 元，“第 2 件付 8 元”“第 2 件减 2 元”“第 2 件打 8 折”的效果就不同，买家的注意力瞬间就会被“减”“打折”等字眼吸引。所以建议大家在设置多件优惠时，更多地选择减钱、打折型。

### 2. 多件优惠的案例

图 6-21 所示为“第 2 件减 3 元”“第 3 件减 5 元”的设置方法。

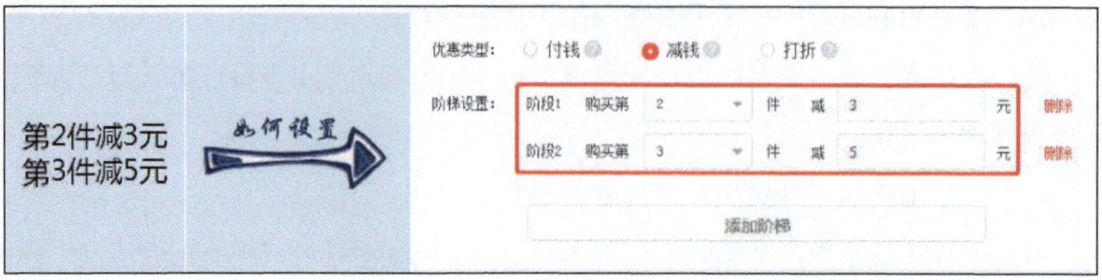


图 6-21

图 6-22 所示为“买 2 发 3”“买 3 发 5”规则下减钱优惠的设置方法。

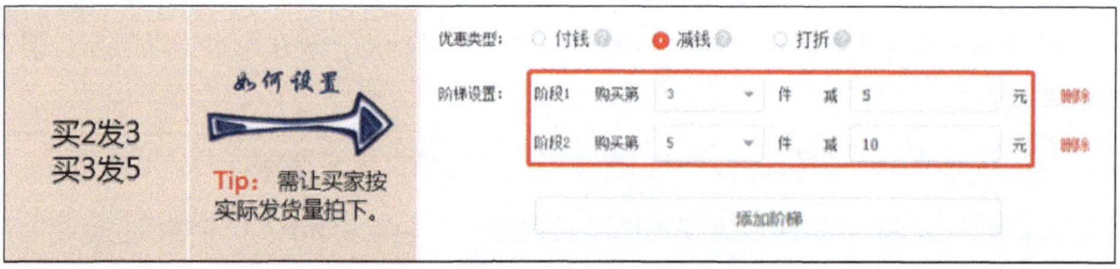


图 6-22

## 6.5 限时免单

### 1. 什么是限时免单

买家在活动时间内购买指定商品，系统从成交订单中抽取一定数量的订单，由商家送给买家与商品等价的平台优惠券。

### 2. 参加限时免单活动的好处

“限时免单×人”的活动标签展示，对买家具有一定的吸引力，可增加转化率。

免单活动为店铺积累人气，店铺在获得新流量的同时还能提升回购率。

### 3. 限时免单如何设置

第一步：点击导航栏，在拼多多商家后台的“店铺营销”—“营销工具”处，点击限时免单活动板块，进入限时免单详情页面，如图 6-23 所示。

图 6-23

第二步：填写以下信息，如图 6-24 所示。请仔细检查活动信息，提交后不可修改！

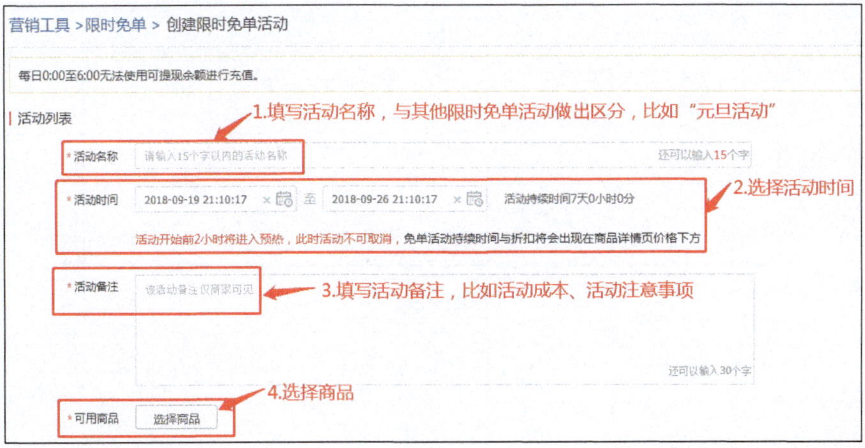


图 6-24

## 4. 限时免单的活动资金规范

在创建活动时，系统将从可提现余额中把预估消耗金额转至营销保证金账户内，并进行冻结，冻结期内不能提现。

活动结束后立刻开奖，系统将扣除实际活动金额，向中奖买家发放与订单等额的平台优惠券。此时商家可将剩余资金从营销保证金账户中转到银行卡中。

#### 5. 活动预估消耗金额的算法

活动预估消耗金额＝商品 SKU 最高拼单价×免单订单数×120%

最高拼单价指日常拼单价，不包括限时限量等活动产生的活动拼单价。

在创建活动时，在选择商品处会出现每个商品的对应单价，如图 6-25 所示。如果商品单价是 10 元，填写抽取数量为 10 个订单，则活动预估消耗金额为 10×10×120%＝120 元。如果是多规格商品，单价为 11～33 元，填写抽取数量为 10 个订单，则活动预估消耗金额为 33×10×120%＝396 元。

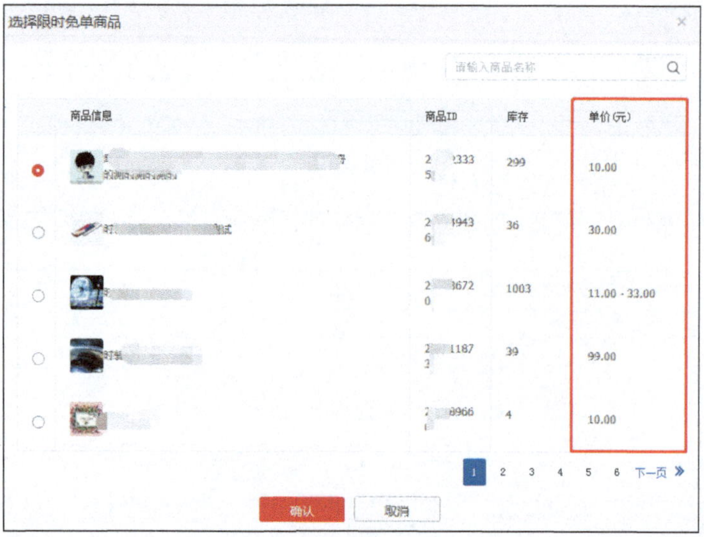


图 6-25

## 6.6 分期免息

#### 1. 什么是分期免息

商家开通分期免息服务后，买家即可使用花呗分期支付（分期免息目前仅支持花呗分期，未来可能包含其他分期产品），手续费可由商家自主选择是店铺承担还是买家承担。

### 2. 使用分期免息功能的好处

（1）提高高单价商品的销量。

（2）降低买家的购买门槛。

（3）提高商品转化率。

### 3. 哪些商品不能设置分期免息

（1）虚拟商品。

（2）二手商品。

（3）最低价低于 500 元的商品。

（4）已删除的商品。

### 4. 如何设置分期免息

第一步：进入拼多多商家后台的“营销活动”—“营销工具”，找到“分期免息”选项。

阅读《花呗分期免息功能使用须知》并勾选前面的复选框，点击“立即使用”按钮，即开通了分期免息服务，如图 6-26 所示。买家可以选择用花呗支付。

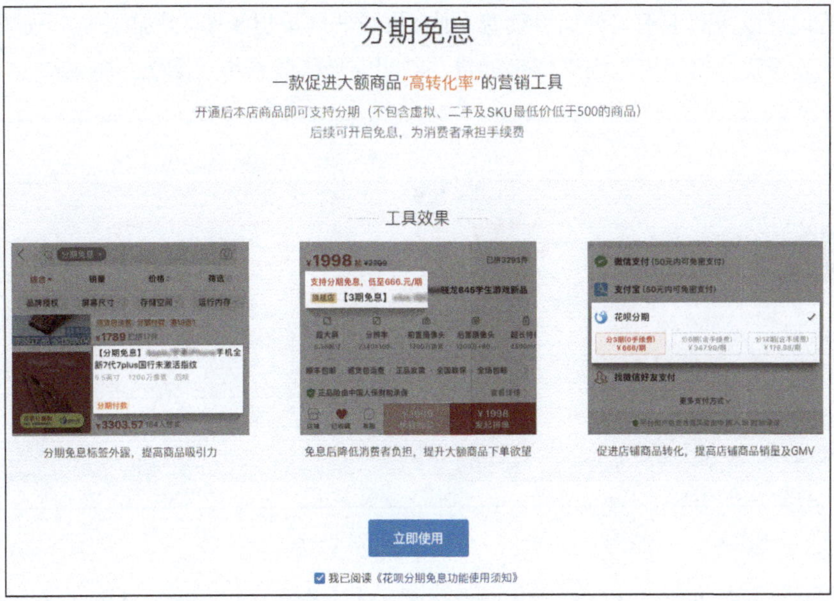
分期免息
一款促进大额商品“高转化率”的营销工具
开通后本店商品即可支持分期（不包含虚拟、二手及SKU最低价低于500的商品）
后续可开启免息，为消费者承担手续费
工具效果
分期免息标签外露，提高商品吸引力
免息后降低消费者负担，提升大额商品下单欲望
促进店铺商品转化，提高店铺商品销量及GMV
立即使用
我已阅读《花呗分期免息功能使用须知》

图 6-26

第二步：选择可支持花呗分期的商品进行进一步设置，并选择是由商家还是买家承担分期手续费，如图 6-27 所示。如果找不到对应商品，可排查商品是否符合设置门槛。

图 6-27

若设置成由商家承担分期手续费，则商家最低需承担 3 期 1.8%的费率，如图 6-28 所示。若设置成由买家承担分期手续费，则买家最低需承担 3 期 2.3%的费率。

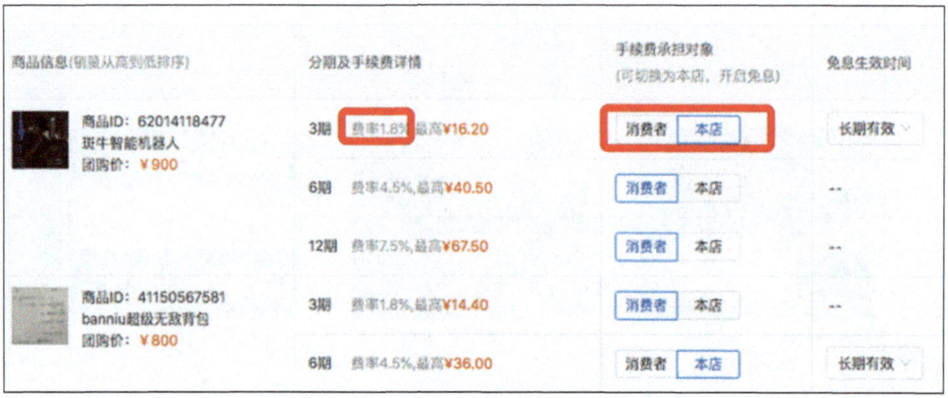


图 6-28

另外商家可设置分期免息是长期有效还是短期有效，设为短期有效时可以选择对应时间，如图 6-29 所示。

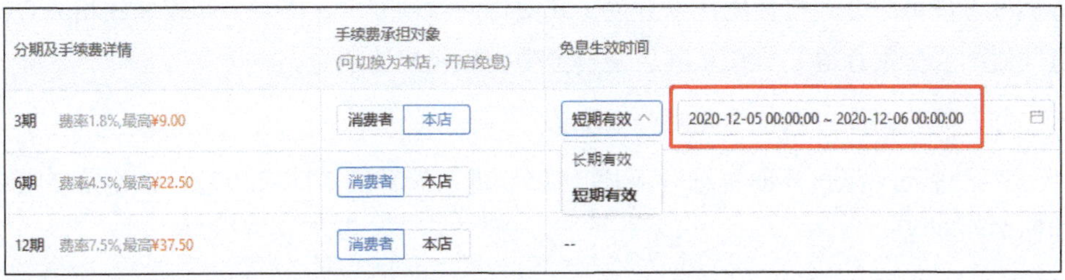


图 6-29

## 5. 分期免息常见问题

（1）花呗分期的手续费谁承担？

答：花呗分期支付仅指买家在拼多多 App 中使用花呗分期支付，而在支付宝中使用花呗支付则为支付宝支付。

买家在拼多多 App 中使用花呗分期支付时，若商家选择了手续费由商家承担，则平台仅收取商家分期手续费，不收取原 0.6%的支付手续费。若商家选择手续费由买家承担，则平台向商家收取 0.6%的支付手续费，而分期手续费由买家承担。

（2）使用花呗分期付款的订单退款后，分期手续费会退还吗？

答：如果退款发起时间–成交时间≤10 天，则分期手续费退回商家货款账号。如退款发起时间–成交时间＞10 天，则分期手续费不退回商家货款账号。

（3）如何查看花呗分期的费率？

答：可登录商家后台“店铺营销”—“营销工具”—“分期免息”页面，在“分期及手续费详情”中查看对应的费率，如图 6-30 所示。

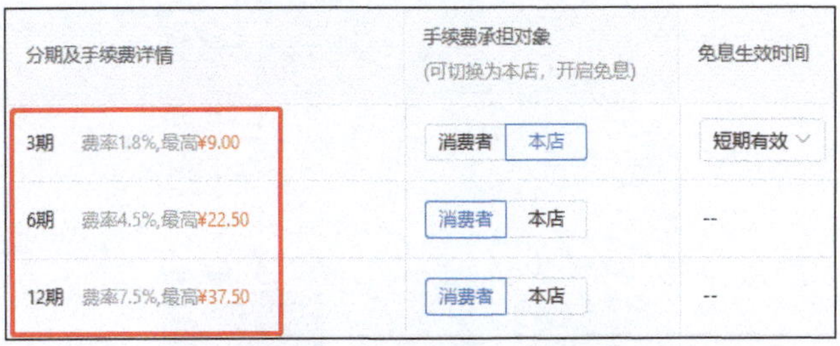


图 6-30

（4）使用花呗变现有什么后果？

答：如商家通过虚构交易、虚假价格、现金退款或其他未经拼多多及花呗分期服务提供方许可的方式将使用花呗分期方式支付的款项变现，拼多多有权通知相关合作方（比如合作银行等）直接从其店铺资金中扣除相应违约金。

（5）哪些商品可以使用花呗分期服务？

答：进入“花呗分期免息”，阅读协议后进入设置页面即可查看可以使用花呗分期服务的商品。

## 6.7 搭配营销实用技巧

俗话说商场如战场，不讲战术只会一败涂地，而搭配营销就是一种非常有效的战术。

### 6.7.1 商品搭配营销

#### 1. 同类商品关联

假如你的商品是连衣裙，那么可以将风格相似的连衣裙放在一起进行推荐，它们互为替代品，可以给买家提供更多的选择。

#### 2. 互补类商品关联

功能互补：比如充电线和充电器互补，上装和裤子、半身裙等下装互补，如图 6-31 所示。

图 6-31

价格互补：买家在凑单时经常选择价格互补的商品以达到优惠门槛。

属性互补：个人护理、日用品类目中比较常见，比如不同容量的洗发水和洗衣液，可提供多种款式供买家选择。

### 3. 爆品与新品关联

这样搭配可以通过爆款的高人气带动新品的转化。

上面介绍的几招商家基本上都会用，但真正"走心"的却不多。更多时候，商家是把自己认为好卖的商品大量地展现在详情页上，它们却不是买家真正需要的。下面我们分析一个案例来找出哪些商品才是买家真正想要的，如图 6-32 所示。

| 商品信息 | 是否有广告 | 品牌 | 浏览量 | 支付订单数 | 支付转化率 | 单件商品收藏数 |
|---|---|---|---|---|---|---|
| 商品A | 否 | / | 100 | 10 | 10.00% | 13 |
| 同类商品B | 否 | / | 20 | 1 | 5.00% | 3 |
| 同类商品C | 否 | / | 18 | 1 | 5.56% | 0 |
| 互补商品E | 否 | / | 48 | 3 | 6.25% | 6 |
| 互补商品F | 否 | / | 48 | 4 | 8.33% | 8 |

图 6-32

目前在拼多多商家后台的数据中心无法跟踪商品流量的来源，所以图中的浏览量和支付转化率是所有渠道的总和。商家可以在拼多多商家后台的"数据中心"—"商品数据"中拉取这些数据。下面我们来为主推商品 A 挑选店铺推荐位上的商品。

从上图中可以看出：

（1）商品 A 浏览量最高，支付转化率也最高，说明商品 A 最受欢迎，或者商品 A 的位置最好。而商品 A 的收藏数最高在一定程度上说明 A 比其他款更受欢迎。

（2）同类商品 B 和 C 对比分析：B 比较受欢迎，而 C 无人收藏，且 B 和 C 的支付转化率相差不大，如果把 B 设置为 A 的店铺推荐商品，B 的人气也能促进商品 A 的转化，在转化率上能实现 1+1>2 的效果。

（3）互补商品 E 和 F 对比分析：F 比较受欢迎，在都作为商品 A 的关联商品时，商品 F 的转化率较高，也能促进商品 A 的转化，在转化率上能实现 1+1>2 的效果。

通过以上分析可知，商品 A 是比较受大家欢迎的，我们可以考虑在进行活动推广时，将此商品作为主推商品之一，同时把商品 B 和商品 F 作为自己的次推商品，这一方面能丰富店铺的品类，另一方面为推爆款做准备。

## 6.7.2 优惠营销

在大促氛围下，大部分买家拥有很强的“囤货”意识，既然都是要买，何不用券多享受点优惠呢？这个时候商家设置优惠券就起作用了。

### 1. 优惠必须关联商品

目前拼多多有多种优惠券可以使用，但是要注意一点，一个订单只能用一张店铺优惠券，并且商品券和店铺券不能叠加使用，有时你设置了多个优惠券，自认为已经是超低价卖了，但是在买家看来，因为只能选一张优惠券，可能哪一张都不是很划算，于是就不买了。所以，优惠一定要匹配到具体的商品。

比如图 6-33 中的纸巾，拼单价是 26.9 元，单买价是 28.1 元，如果商家设置了三张券，分别是“1 元无门槛商品券”“满 29 元减 2 元”“满 59 元减 3 元”（图中仅显示两张），我们计算一下券后价。

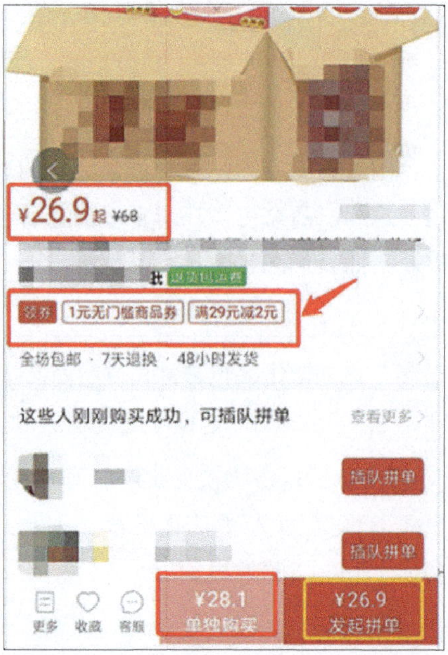


图 6-33

买一件时只能用“1 元无门槛商品券”，券后价是 25.9 元/件。

买两件时能用“满 29 元减 2 元”，券后价是 25.9 元/件。

买三件时能用“满 59 元减 3 元”，券后价是 25.9 元/件。

买家发现，不管买多少，单价都是一样的，本来想买两件的，但是发现多买也没有优惠，干脆就只买一件，甚至去其他店铺买。所以商家要从买家角度考虑设置多张优惠券的金额。

单个商品适合使用无门槛立减券来提升转化率，店铺满减券适合提升客单价和搭配套餐的转化率。如果买家发现既有套餐优惠，又能达到优惠券使用门槛，无疑更容易买商品套餐。当然，商家需要核算好让利成本后再设置套餐价格，以免亏本。

### 2. 多重优惠齐上阵

像食品、个人卫生用品、烟草等快速消费品，在活动期间很受买家欢迎，而“多件打折”“满×免×”“满减”等更能促使买家多买。

服饰、鞋帽类商品使用周期长，多用互补类套餐，再加上“大额满减”优惠券更好。

总之，利用优惠券+关联推荐+多重优惠活动，商家给出的利益点越多，买家不经意间就会买得越多，客单价也就随之提升。

## 6.8 打造内容营销的人设

有人设的内容，就像是“有灵魂的美丽衣服”，能够一下抓住人的眼球。我们可以回忆一下，能够让我们印象深刻的人是不是都拥有鲜明的个性？

随着社交媒体的发展，人设也越来越多地用在品牌营销上。

### 1. 什么是人设

人设即“人物设定”，指人物展现给观众的形象，包括这个人的外在形象特征和内在性格特征，当人们看到或听到他的名字时，在头脑中会出现特定的画面，并产生某种期待。有时候人设不限于人物设定，也包括品牌、商品等的设定。

### 2. 打造人设的作用

（1）打造差异化。人设能够将不同的人区分开，这种差异能彰显人的个性，并转化为商业价值，这也是构建人设的基本动因和内在逻辑。

（2）吸引人们的注意力。在信息丰富的世界里，注意力是最稀缺的资源，注意力“流”向哪里，金钱就跟到哪里。

### 3. 打造成功的人设

人设的打造可以有两个思路。

1）从人出发，为卖货的人打造人设

为人打造人设不能只展示人，而需要通过内容分享来进行。

（1）人物个性鲜明。从细节入手，立体化展现，把人物塑造得有血有肉。

（2）内容实用。分享的内容要有实用价值，比如日常生活中的实用小技能。

（3）内容轻松有趣。有轻松有趣的内容才能长时间陪伴观众，成为他们的朋友。

（4）情感吸引必不可少。要有美好的情感内容，用真情实感吸引人。人是有感情的，人设自然也需要有感情。

（5）传播正能量。如爱国、助人为乐等积极向上的主题，更能引起传播效应。

2）从商品或品牌出发，打造商品或品牌人设

关于为商品或品牌打造人设，我们有三个建议。

（1）人设定位要精准。在选择人设的时候，一定要符合自身的情况，切勿胡乱编造，通常需要考虑三个维度：自身、目标买家、竞争对手。

首先要符合商品或品牌自身特性，以及商品或品牌定位战略，能体现出自身优势。其次要根据目标买家的喜好设定人物性格，比如年龄、性别、语言习惯等。最后还要考量竞争对手的情况，如果对方也有人设，那就要和他们有差异。

（2）内容要人格化。人设的打造一定是依靠持续不断的内容传播来实现的，关键是内容的制作和传播，商品或品牌的人设就是靠一点一点的内容积累起来的。

内容除了有创意之外，还要“人格化”，不能让商品或品牌以冷冰冰的面貌展示出来，而应该赋予其一定的感情，甚至使其表现出人的思想和行为。同时，不要害怕暴露一些小缺点，有缺点的商品或品牌才真实。

（3）跨界合作，包装创新。跨界不仅是为了引流，更重要的是通过跨界向买家展示商品或品牌更多的可能性，比如农夫山泉与故宫、网易云音乐的跨界合作。

包装创新的目的也是如此，包装就如同一个人的衣服，是最直观的呈现形式和给人的第一印象，在人际交往中我们往往“以貌取人”，对待商品或品牌同样会如此。

## 6.9 教你玩转多多果园

### 1. 什么是多多果园

多多果园是一种趣味社交活动，买家选择种植自己的树苗，通过“浇水”使果实成熟后，即可免费获得相应的水果。

符合要求的商家可以选择报名成为多多果园的供货商，多多果园中有丰富的广告资源位，供商家进行推广。

### 2. 多多果园的入口

（1）拼多多 App 首页的“多多果园”，如图 6-34 所示（可能因版本不同而略有差异）。

图 6-34

（2）拼多多 App“个人中心”中的“多多果园”，如图 6-35 所示（可能因版本不同而略有差异）。

图 6-35

### 3. 成为多多果园供货商的好处

（1）提高曝光率。活动入口位于拼多多 App 首页、个人中心页，商家成为供货商后可以坐拥超大流量！

（2）提高销量。借助高曝光率，轻松提升销量！通过多多果园发放给买家的水果，均计入相应商品和店铺销量。

（3）成本由平台报销。对于多多果园供货商家，可以向平台申报成本（通常包含商品成本和运费成本），平台审核确认后予以报销。

### 4. 成为多多果园供货商的条件

1）店铺要求

（1）主营类目必须是水果生鲜、食品保健类目。

（2）店铺资金账户状态正常，需缴纳店铺保证金，无欠款金额（如有，必须先缴清）。

（3）连续前3天“3分钟回复率”均高于30%。

（4）店铺领航员（涉及售后服务、商品品质、物流服务、客服咨询、交易纠纷5个维度）符合活动要求。

2）商品要求

（1）商品线上库存大于500件。

（2）商品处于上架状态，活动期间不得擅自调低库存、下架商品。

（3）商品近30天DSR（卖家服务评级系统）分数在商品所属三级类目的前40%。

（4）商品品质、规格、重量等需满足平台发布的“招标商品清单”要求，并确保与实际发货商品描述相符。

### 5. 多多果园供货商报名方法

商家可以根据平台发布的“招标商品清单”，到报名页面了解详情。

商家报名后，平台会依活动要求对商家资质和报名商品进行审查，审核时间为1～3个工作日。审核通过后24小时左右，系统会陆续开始派单。

### 6. 多多果园的广告及推广方法

1）多多果园的广告位

多多果园的广告位很多，以下仅列举一部分。

（1）“领水滴”：在“浏览商品1分钟”“三日水滴礼包”“指定页面拼单成团”等处，商品均有机会获得展现，如图6-36所示。在图中右侧图片所示的界面中，买家浏览商品 1 分钟就可以得到“水滴”。

图 6-36

（2）“挑好货”：在多多果园页面右上角，有“挑好货”的入口，买家点击后可以直接进入“挑好货”浏览页面，如图 6-37 所示。

图 6-37

2）如何获取多多果园广告资源

在拼多多商家后台的“推广中心”—“推广计划”—“场景展示”中，点击“新建推广计划”按钮。在新推广计划的“定向人群/资源位”—“设置资源位及溢价”板块，勾选“营销活动页”并设置溢价比例，如图 6-38 所示。

【注意】

“营销活动页”中同时“打包”了多多果园、现金签到、金猪赚大钱等多个活动的多个资源位，商家无法让商品展示到某一指定页面，展示的结果“千人千面”。

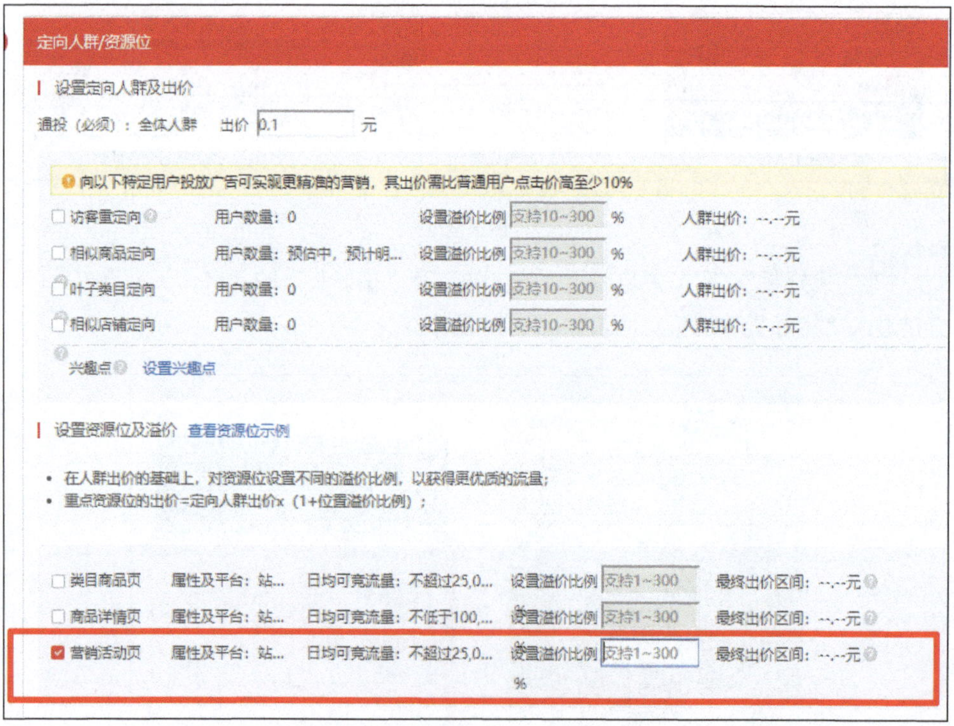


图 6-38

## 7. 关于多多果园的常见问题

（1）对于偏远地区的运费怎么补贴？

答：①无运费成本模板的活动类型：商家提报的成本价即为全国包邮发货的价格。平台与商家进行结算时，不会对其发往偏远地区的商品另外进行补贴。若商家发往偏远地区需要补贴邮费，请分多个商品 ID 报名，分别设置不同的配送地区，以不同的成本价配送到不同地区。补贴价格＝商品成本价。

②有运费成本模板的活动类型：系统会按商家提报的运费成本模板中的配送范围分配订单，结算运费成本。补贴价格＝商品成本价＋运费。

（2）系统给我派发的订单量为什么会变？

答：系统会根据实际情况，参考商家报价、DSR 评分、商家发货能力等维度进行综合考量，动态调整给每位商家派发的订单量。

（3）发货延迟了怎么办？

答：商家需遵循平台规则按期发货。如发生延迟发货、虚假发货等情况，需按照相应规则接受处理（参见拼多多商家后台“规则中心”的《拼多多发货规则》）。

（4）报销流程是怎样的？

答：买家确认收货 7 天之后，商家可申请补贴（例如某订单签收时间为 2020 年 9 月 18 日，商家可在 2020 年 9 月 25 日之后申请补贴）。

补贴方式有两种，商家可任意选择一种，具体流程如图 6-39 所示。

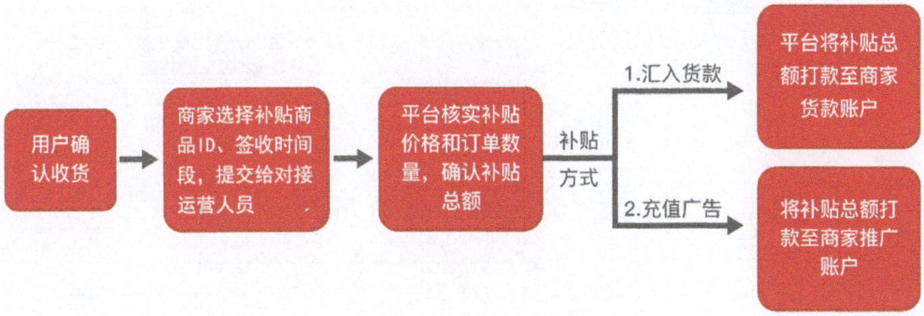
用户确认收货
商家选择补贴商品ID、签收时间段，提交给对接运营人员
平台核实补贴价格和订单数量，确认补贴总额
补贴方式
1.汇入货款
2.充值广告
平台将补贴总额打款至商家货款账户
将补贴总额打款至商家推广账户

图 6-39

（5）已报名通过的商品，商家可以申请修改库存和价格吗？

答：可以。商家可申请修改成本价、库存、发货能力，平台会在 2 个工作日内进行审核，审核通过后系统将按照新的商品信息结算成本。

# 6.10 教你玩转砍价免费拿

## 1. 活动介绍

1）活动玩法

买家在“砍价免费拿”频道选择心仪的商品“开团”，将“开团”页面分享给好友，邀请好友帮忙砍价。在规定时间（24 小时）内将商品价格砍到 0 元，即可免费拿到商品。对于不同的商品，商品总价、每次砍的价格、需分享邀请的次数可能不同。

2）活动入口

（1）拼多多 App 首页入口如图 6-40 所示。

图 6-40

（2）拼多多 App“个人中心”页入口如图 6-41 所示。

图 6-41

3）活动页面

砍价免费拿活动页面如图 6-42 所示。

图 6-42

## 2. 参加砍价免费拿活动的好处

（1）提升流量。活动在拼多多 App 首页、“个人中心”页均有入口，在买家分享邀请的过程中还能让更多人看到，让商品拥有高曝光量、高流量。

（2）提升销量。在砍价成功后发放给买家的商品数量计入该商品和店铺的销量。

（3）享受平台补贴。平台给予商家补贴。商家自行提报成本，平台审核后结算。

补贴金额＝商家提报成本价（通常包含商品成本和正常运费成本）–活动订单支付金额（指参加活动生成的订单的实际支付金额，由平台设置决定）。

## 3. 砍价免费拿活动报名入口

报名入口在“店铺营销”—“营销活动”—“拼多多官方采购活动报名通道”，如图 6-43 所示。

图 6-43

## 4. 砍价免费拿活动报名要求

（1）报名前需先缴纳 5000 元及以上的保证金。

（2）店铺领航员（涉及售后服务、商品品质、物流服务、客服咨询、交易纠纷 5 个维度）符合活动要求。

（3）“秒杀”活动限制。已报名参加“秒杀”活动的商品暂不能参加本活动。

更多要求详见活动报名页“活动要求”信息。商家报名后，平台会按活动要求对商家资质和提报商品进行审核，审核时间原则上为 1～3 个工作日。

## 5. 砍价免费拿活动注意事项

1）填写的价格为全国包邮价

商家在报名时填写的成本价，为全国包邮发货的价格（即商品成本＋正常运费）。平台与商家进行结算时，不会对其发往偏远地区的商品进行额外补贴。如运费过高商家无法承担，请在报名前将偏远地区设置为不配送地区。

2）建议设置为“全包邮全配送”

为了让所有买家都能参与活动，运费模板建议设置为“全包邮全配送”（同等条件下优先选择“全包邮全配送”商品进入活动）。如确因客观情况（如自然灾害导致物流停运等）无法配送，可设置不配送地区。

3）报名成功后无法取消

报名参加活动的商品通过审核后便无法退出活动，若商家因自身原因导致已通过审核的活动无法正常进行，平台有权在此后 30 日内禁止该商家参与平台的任何活动。商家若遇到突发情况，请及时联系对接的招商人员，申请停止活动。假如商家没有对接的招商人员，请及时与平台客服联系。

4）发货和售后服务

活动订单的发货与售后等问题都与正常商品一样。对于活动中产生的订单，需按时按规发货，若有延迟发货或虚假发货行为，平台将扣除相应的活动保证金。

### 6. 关于砍价免费拿活动的常见问题

（1）报销流程是怎样的？

答：主要流程如图 6-44 所示。

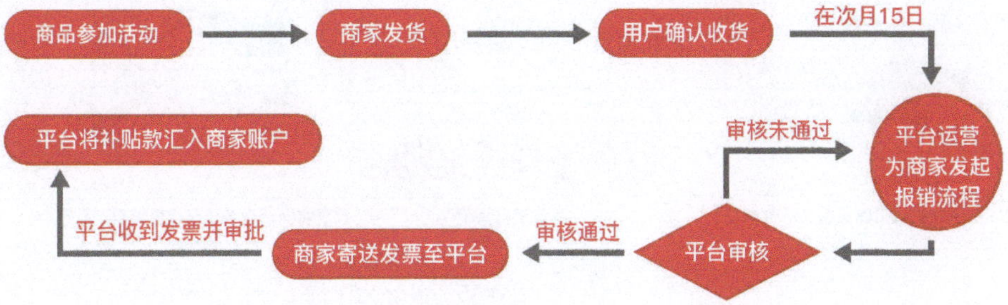


图 6-44

平台运营人员会定期为商家发起报销流程。对于上一个月签收完成的订单，平台运营人员会在次月 15 日开始陆续发起报销流程。如果订单报销涉及发票，需要商家先将发票寄送至平台，待平台验票通过后，平台会将补贴款汇入商家账户，发票类型及发票提供方法请商家咨询对接小二或平台客服。如果报销不涉及发票，则商家无须寄送发票至平台，平台审核通过后会将补贴款汇入商家账户。

（2）虚假发货会面临怎样的处罚？

答：商家参与活动，需遵循平台规则按期发货。若商家有虚假发货行为，平台将根据《拼多多发货规则》做出相应处理。

# 6.11 巧用评价有礼助力商品转化

## 1. 什么是评价有礼

买家在完成交易后给予商品客观评价，评价需有至少 20 个字加一张商品图，平台将向买家发放 3 元平台优惠券，如图 6-45 所示。买家领到券后第 3 日的 00:00 生效，有效期为 50 年，优惠券的成本由商家承担。

买家在订单页面点击【评价有礼】　买家进行评价　系统将自动发放 3 元优惠券到买家账户

图 6-45

## 2. 参加评价有礼活动的好处

1）提升商品的转化率

商品的评价是影响买家下单的重要因素，如果买过的买家对商品有好评，那么将会大大增强未下单买家的购买欲望，提升商品的转化率。

2）提升商品的复购率

买家进行评价后会获得系统发放的 3 元平台优惠券，而优惠券就给了买家再次购买的动机。

3）降低商家的操作成本

评价有礼由平台鼓励买家给予商品评价，并有一套完善的体系跟进评价后的优惠券发放，这些若由商家自己来做的话，一方面需要付出人力去关注和跟进，另一方面也会让买家对评价的真实度产生质疑。

### 3. 如何保证评价的真实性

平台会保障大家的权益，一方面会针对参与活动的订单进行系统监测，若发现买家有虚假评价行为，平台将撤销其优惠券，并取消该买家参与评价有礼活动的资格。另一方面，商家可对恶意虚假评价进行举报，平台经核实后，会把发出的优惠券金额退回到商家账户中。

举报入口：拼多多商家后台—“商品管理”—“评价管理”。

### 4. 如何创建评价有礼活动

1）电脑端操作流程

第一步：进入拼多多商家后台“营销工具”中的“评价有礼”板块，如图 6-46 所示。

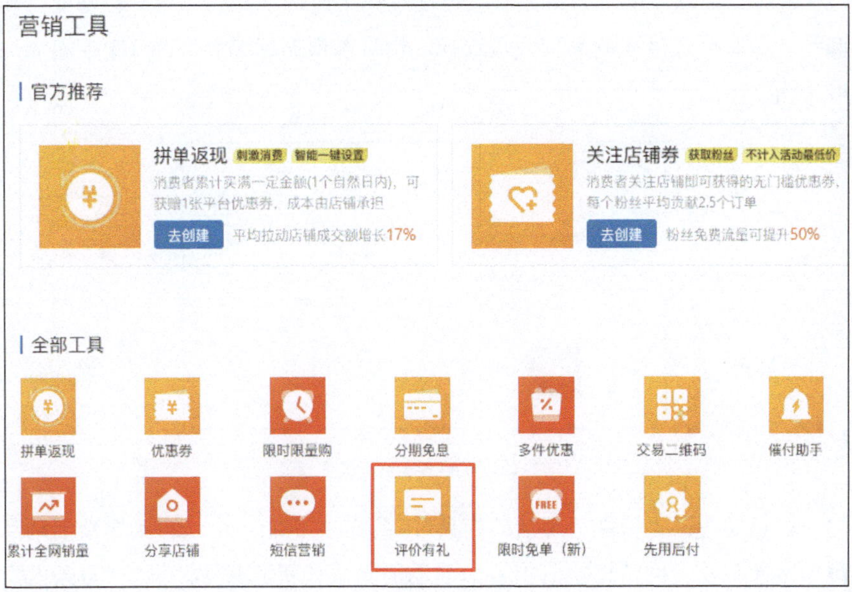


图 6-46

第二步：填写活动信息，如图 6-47 所示。

图 6-47

填写活动信息的具体说明如下。

（1）活动的“开启时间”可精确到秒。

（2）选择“活动商品”时，系统会自动过滤不可选商品：下架、售罄商品和部分虚拟商品。商家可直接在商品列表页选择，也可以根据标题和商品 ID 搜索添加，如图 6-48 所示。

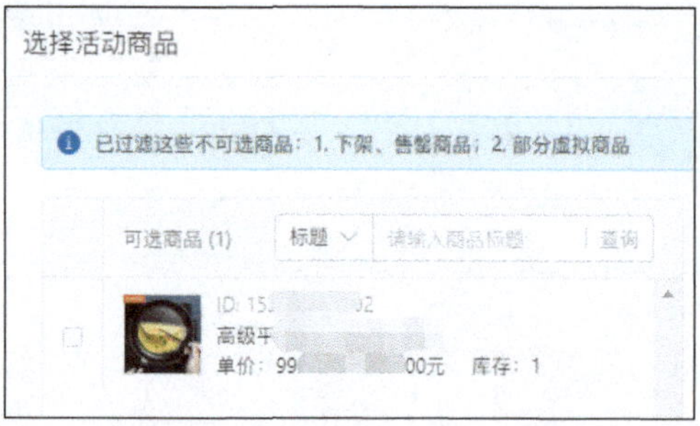


图 6-48

（3）如果勾选了“智能管理活动商品”，系统会在每天 0 点自动更新活动商品，自动添加累计有效评价≤100 条的商品，自动删除累计新增有效评价＞100 条的商品。店铺手动添加或者删除的商品不会自动退出或加入。图 6-49 所示为智能管理活动商品的功能说明。

（4）“发行张数”文本框中可输入 1～2000 的整数。

（5）活动预算＝发行张数×返现金额（返现金额是 3 元平台优惠券）。

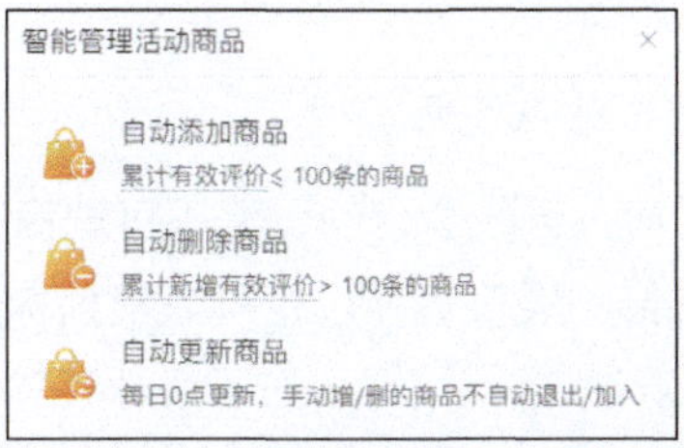


图 6-49

第三步：确认活动预算金额并支付，可使用银行卡快捷支付、货款可用余额支付和微信支付。

2）App 端操作流程

第一步：打开拼多多商家版 App，在“工具”页面找到“评价有礼”，如图 6-50 所示。

第二步：进入“创建评价有礼”页面，填写活动信息，如图 6-51 所示。

图 6-50

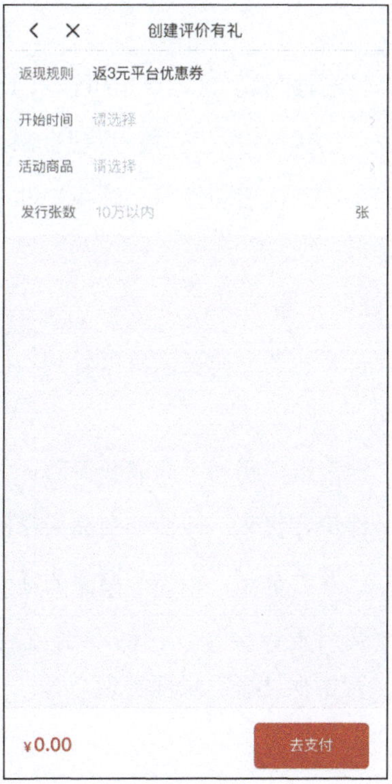


图 6-51

创建评价有礼的具体说明如下。

（1）活动的“开始时间”精确到天。

（2）选择“活动商品”时，系统会自动过滤不可选商品：下架、售罄商品和部分虚拟商品。商家可直接在商品列表页选择，也可以根据标题和商品 ID 搜索添加，如图 6-52 所示。

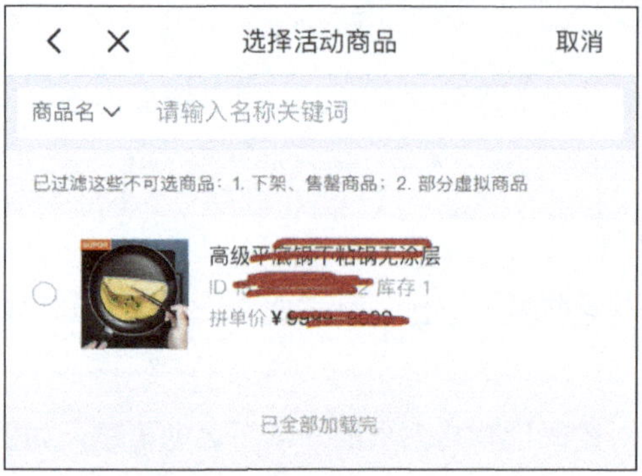


图 6-52

（3）“发行张数”文本框中可输入 1～100 000 的整数。

（4）活动预算=发行张数×返现金额（返现金额是 3 元平台优惠券）。

第三步：确认活动预算金额并支付，可使用银行卡快捷支付、货款可用余额支付和微信支付。

### 5. 如何查看活动数据

在评价有礼的创建页面可以看到当前正在进行的活动数据和历史活动数据，如图 6-53 所示。

（1）领券数：相当于商品获得的评价数。

（2）评价转化率：即活动商品买家的评价率。

（3）已发券金额：相当于商家的活动成本。

（4）剩余发券金额：在活动结束后，若还有剩余的金额，商家可以到“保证金”—“营销保证金”页面提现。

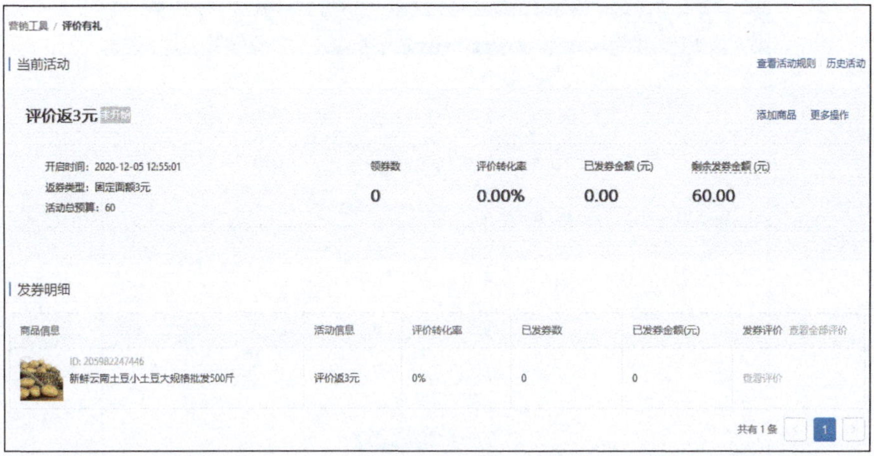


图 6-53

### 6. 如何结束评价有礼活动

开启和结束评价有礼活动都可由商家自由控制，若想要结束正在进行的活动，只需在评价有礼页面点击“结束活动”按钮即可停止发券，剩余金额将会返还至商家账户中。

## 6.12 巧用累计全网销量助力权重提升

### 1. 什么是累计全网销量

商家可以通过绑定第三方平台店铺，将自己的同款商品的全网总销量展示在拼多多平台上。即：第三方平台销量＋拼多多已拼销量＝累计全网销量。

### 2. 使用累计全网销量功能有什么好处

（1）可以提升商品权重和搜索排名，增加商品的曝光量和流量，且能提升商品详情页的转化率。

（2）第三方平台店铺表现好的商家还将获得与小二直接对接的机会。

### 3. 累计全网销量的入口

1）电脑端

路径一：拼多多商家后台—“店铺管理”—“店铺信息”—“基础信息”—“累计全网销量”，如图 6-54 所示。

图 6-54

路径二：拼多多商家后台—“商品管理”—“商品工具”—“商品搬家”，如图 6-55 所示。

图 6-55

路径三：拼多多商家后台—“店铺营销”—“营销工具”—“累计全网销量”，如图 6-56 所示。

图 6-56

2）手机端

路径一：“工具”—“商品”—“商品搬家”，如图 6-57 所示。

路径二：“我的”—“基本信息”—“绑定第三方店铺”，如图 6-58 所示。

工具
商品
商品搬家
选品推荐
商品热搜词
商品体检
客服答疑
商品评价
店铺推荐
营销
同款竞价
拼单返现
优惠券
短信营销
多件优惠
限时限量购
分期免息
分享店铺
多多直播
先用后付
评价有礼
服务
快捷回复
电子面单
扫码寄件
包裹中心
退货包运费
极速发货
扫退货快递单
售后小助手

图 6-57

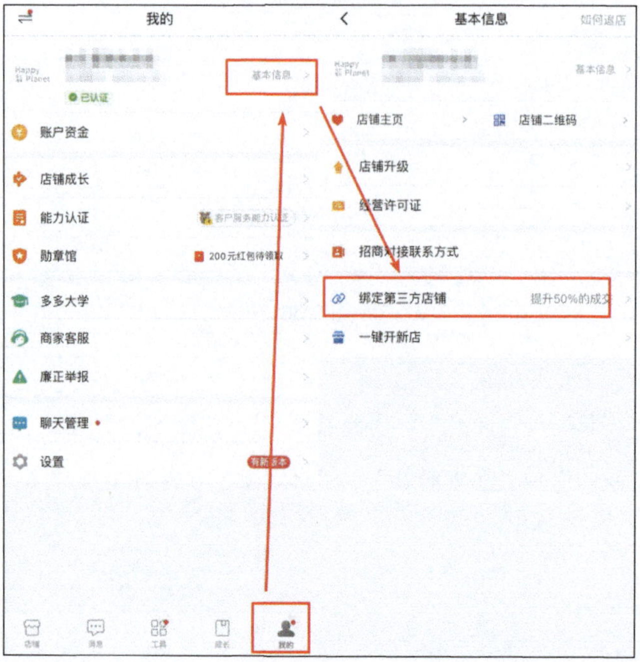
我的
基本信息
如何退店
已认证
账户资金
店铺成长
能力认证
勋章馆
200元红包待领取
多多大学
商家客服
廉正举报
聊天管理
设置
店铺主页
店铺二维码
店铺升级
经营许可证
招商对接联系方式
绑定第三方店铺
提升50%的成交
一键开新店

图 6-58

### 4. 具体操作步骤

以手机端为例，只需将验证码输入第三方平台任一商品标题中，并利用该商品链接进行验证即可，如图 6-59 所示。

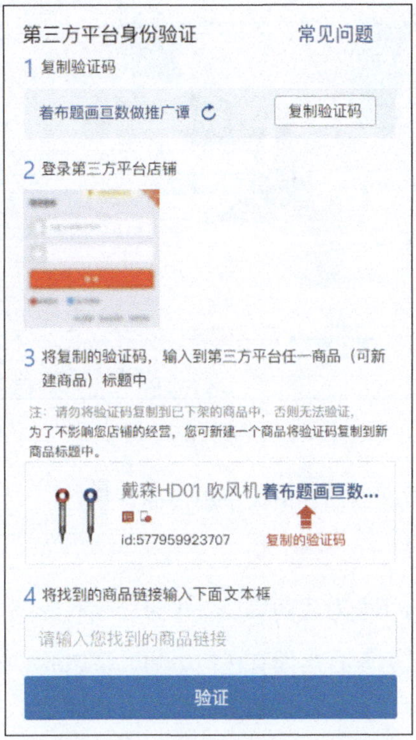
第三方平台身份验证
常见问题
1 复制验证码
着布题画亘数做推广谭
复制验证码
2 登录第三方平台店铺
3 将复制的验证码，输入到第三方平台任一商品（可新建商品）标题中
注：请勿将验证码复制到已下架的商品中，否则无法验证，为了不影响您店铺的经营，您可新建一个商品将验证码复制到新商品标题中。
戴森HD01 吹风机着布题画亘数...
id:577959923707
复制的验证码
4 将找到的商品链接输入下面文本框
请输入您找到的商品链接
验证

图 6-59

拼多多平台需要 3～7 天时间同步销量，在同步销量的过程中，根据拼多多平台规则，若第三方平台店铺设置的商品与拼多多商品差别较大，系统就无法进行匹配。所以需要尽可能把商品信息（图片、标题、详情描述）调成一致，以方便系统进行识别。

若有匹配不成功的商品，在拼多多商家版 App 的“工具”—“商品”—“商品搬家”中点击“一键上架”按钮，商品即可上架，上架后这些商品会同步到拼多多店铺并且同步销量。

若有上架失败的商品，可点击“查看失败的商品”超链接查看上架失败的具体原因，或者在商品“草稿箱”中查看原因。

### 5. 累计全网销量及全网评价的展现位置

累计全网销量的展现位置在商品详情页中商品价格的下方，即图 6-60 中的“全网累计销量”（累计全网销量又时也称为全网累计销量）。

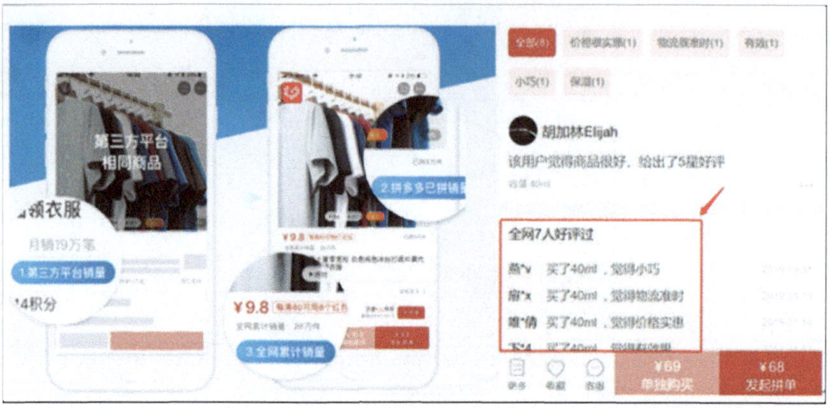


图 6-60

全网评价的展现位置在商品详情页中的商品评价栏。

### 6. 关于累计全网销量的常见问题

（1）应用这个功能会不会对我的第三方平台店铺有影响？

答：不会对您的第三方平台店铺有任何影响，请您放心使用！拼多多平台只是帮助您统计同款商品的销量，让您在拼多多平台更好地经营。

（2）绑定后需要多久才能查看全网销量？

答：系统处理需要一段时间，4～5 天后能够展示全网销量，您可以在您的拼多多店铺列表页查看商品的累计全网销量情况。

（3）是否支持所有的第三方平台店铺？

答：目前只支持部分第三方平台店铺。

（4）商品标题已经满 30 字，没法再加入验证码了怎么办？

答：可以随意新建一个商品，在新建的商品标题中加上验证码。

（5）修改一个标题验证后就能同步全店的同款商品销量吗？

答：是的，您只需验证一个商品，系统即会同步全店同款商品的销量。

（6）这个功能和诱导非官方交易有关系吗？会不会被惩罚？

答：这和诱导非官方交易没有任何关系，您不会因此受到任何惩罚。

（7）解绑后还可以重新再绑定吗？

答：可以，再次进行同样的绑定操作即可。

（8）我用我的名字开的拼多多店铺，第三方店铺用的是我老公的名字，店铺名字不一样还能绑定吗？

答：可以，绑定与店铺名无关。

（9）解绑后再次绑定，有什么限制吗？

答：解绑后的第三方平台店铺，30 天内不能与其他拼多多店铺绑定。

（10）为什么我绑定失败了？

答：请核实绑定商品是否已经下架，店铺是否为常用第三方店铺。

# 第 7 章

# 发货技巧

# 7.1 发货操作指南

接到了第一笔订单，商家是不是很激动呢？高兴之余也要及时发货，部分刚接触拼多多平台的商家可能会困惑，该怎么在后台操作发货呢？下面就为大家详细讲解发货操作。

## 7.1.1 拼多多发货时限

普通商品、直供商品和直邮商品的发货时限不同，具体如表 7-1 所示。

表 7-1

| 商品类型 | 发货时限 |
|---|---|
| 普通商品 | 48 小时 |
| 直供商品 | 96 小时 |
| 直邮商品 | 120 小时 |

商家发布预售商品的，发货时限以商品标题标示为准。如商家在拼多多商家后台上架商品时选择承诺更短的发货时限，则发货时限以商家在商家后台选择的以及在商品详情页面承诺的发货时限为准。上述发货时限自订单成交时起算。

## 7.1.2 发货操作方法

### 1. 单独发货

在拼多多商家后台“发货管理”—“订单查询”中查询订单，在查询结果中点击“查看详情”超链接，如图 7-1 所示。

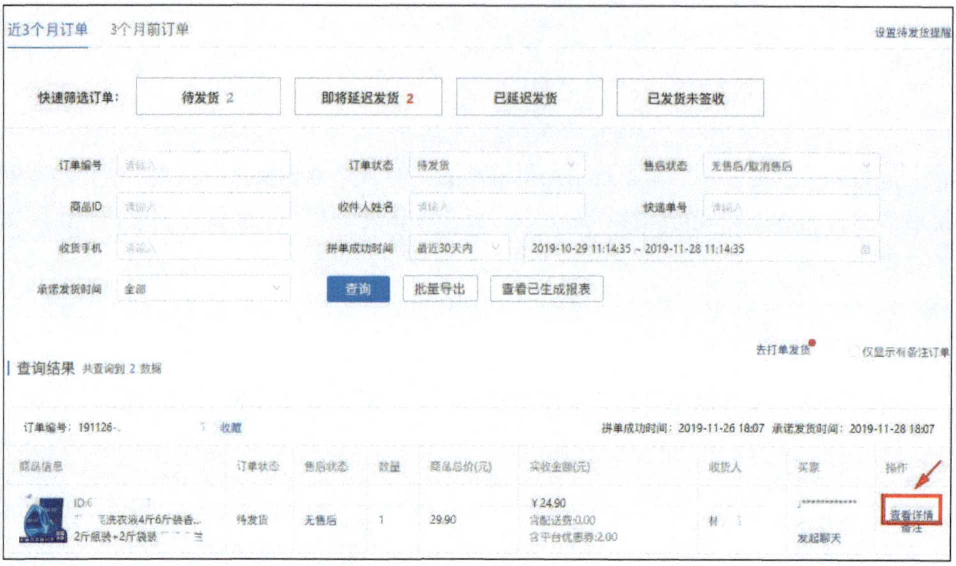


图 7-1

在订单详情中点击订单信息右上角的“发货”按钮，就来到发货页面。发货页面有两个选项：“在线下单”和“自己联系物流”。

1）在线下单

在线下单的设置如图 7-2 所示。在使用在线下单功能之前，需要商家在拼多多商家后台的“发货管理”—“物流工具”—“地址管理”中设置好在线下单的发货地址。

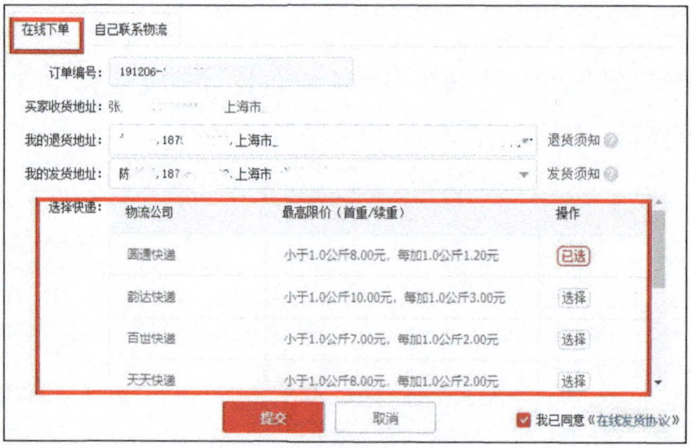


图 7-2

选择好物流公司后，点击“提交”按钮，即可看到图 7-3 中的提示。

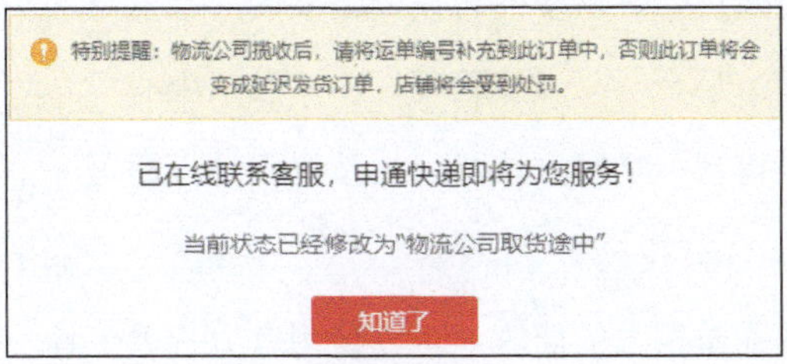


图 7-3

等快递员反馈运单号之后，商家可在“订单详情页面”右上角点击“补充运单编号”。在“在线下单信息”中填写运单编号，点击“发货”按钮即可，如图 7-4 所示。

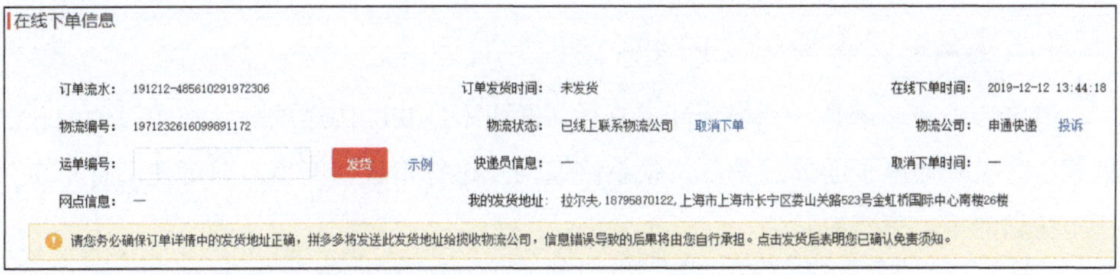


图 7-4

2）自己联系物流

自己联系物流的设置如图 7-5 所示。

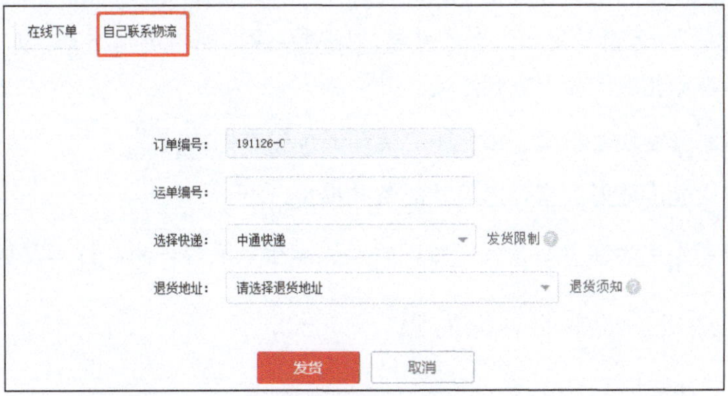


图 7-5

商家填写好正确的运单编号、快递名称以及退货地址后，点击“发货”按钮即可。

#### 2. 批量导入

随着店铺生意的发展，订单多的时候就需要用“批量导入”功能。

路径：拼多多商家后台—“发货管理”—“发货中心”。

商家先下载发货模板，填写好信息，再按提示导入即可。

#### 3. 使用官方打单工具打印

对于有打印快递面单需求的商家，可以使用官方打单工具一键打印并发货。

## 7.2 拼多多电子面单

### 7.2.1 什么是拼多多电子面单

拼多多电子面单是一种帮助商家高效、低成本地获取快递单号并打印面单的物流服务。商家开通电子面单服务后，联系快递网点进行审核与充值，即可使用打单工具打印快递面单，完成发货。

### 7.2.2 使用电子面单服务的好处

（1）拼多多对于举证清晰的商家全面取消“虚假发货流量处罚”。100%使用拼多多电子面单的商家，因为物流路径数据清晰、完整、有效，如订单涉嫌虚假发货，无须再提供免流量处罚的路径数据举证。因此，针对此类商家，平台全面取消了“虚假发货流量处罚”。但若被确定为虚假发货，则对买家的赔付规则不变。如被确定为恶意虚假发货，则相应的处罚规则不变。

（2）可享受9块9特卖、领券中心活动的优先审批特权。

（3）可大幅度降低商家极速退款的资产损失风险。

（4）拼多多电子面单服务在平台中有专属系统，兼容性高，打单发货效率更高。

### 7.2.3 开通电子面单服务的流程

#### 1. 电子面单服务入口

登录拼多多商家后台，在左侧侧边栏“发货管理”中有“电子面单”入口，点击即可看到电子面单服务的相关页面，如图7-6所示。

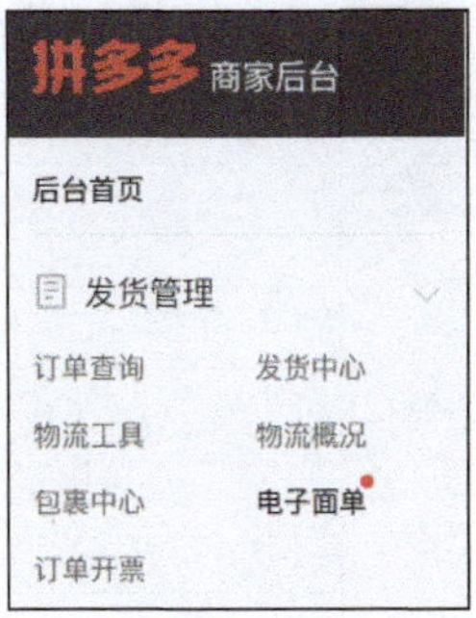


图 7-6

## 2. 申请开通电子面单服务

在“开通电子面单服务”选项卡中，选择想要开通的快递公司，点击“申请开通”按钮，如图 7-7 所示。

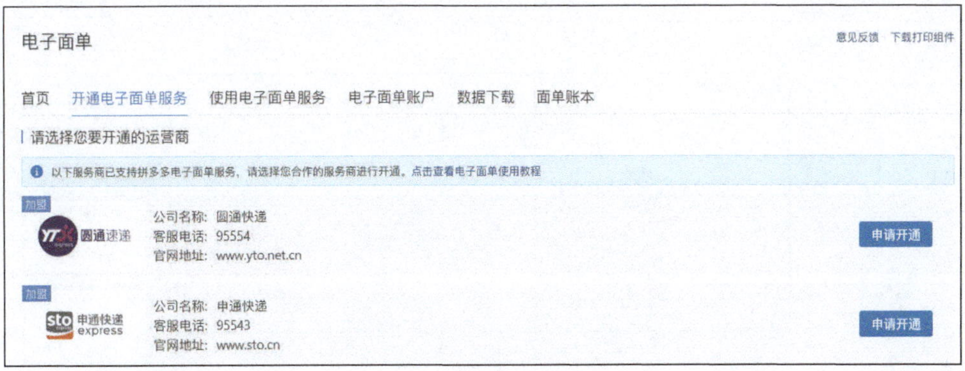


图 7-7

进入的“开通服务商”页面如图 7-8 所示。

填写发货地址，由平台根据发货地址匹配对应区域内的网点，然后选择合作网点。

填写联系人信息，该信息仅用于电子面单功能。

勾选“我已阅读并同意拼多多电子面单服务协议”前的复选框。

查看并同意协议后，点击“确认”按钮提交申请信息。

若店铺已经有发货地址，则商家可以直接选择地址来申请开通电子面单服务。点击“发货地址管理”超链接，则可以新建或编辑发货地址，如图 7-9 所示。

图 7-8

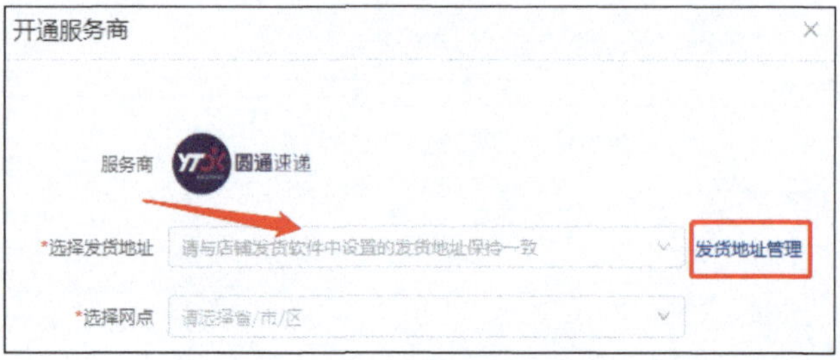


图 7-9

点击“发货地址管理”超链接可跳转至发货地址设置页面，商家可以通过新建或编辑发货地址来维护电子面单的发货地址，如图 7-10 所示。

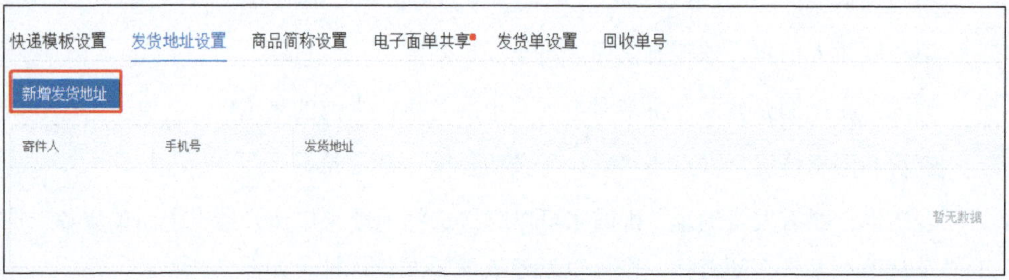


图 7-10

此处的发货地址务必与打单时所选地址一致。

已提交的申请将显示在“审核中”一栏，点击“+展开”超链接可查看申请详情，如图 7-11 所示。

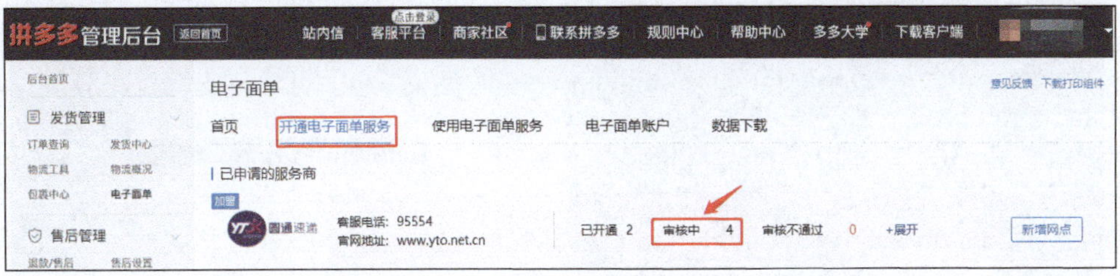


图 7-11

审核通过后，申请状态将变为“已开通”，此时可以下载拼多多打印组件开始使用拼多多电子面单了。

对于已经开通电子面单服务的快递公司，仍可以新增网点。每个发货地址只能开通一个网点。每个商家最多可以维护 100 条发货地址。

### 3. 下载打印组件

点击“下载打印组件”超链接可以跳转至拼多多打印组件下载页，如图 7-12 所示。

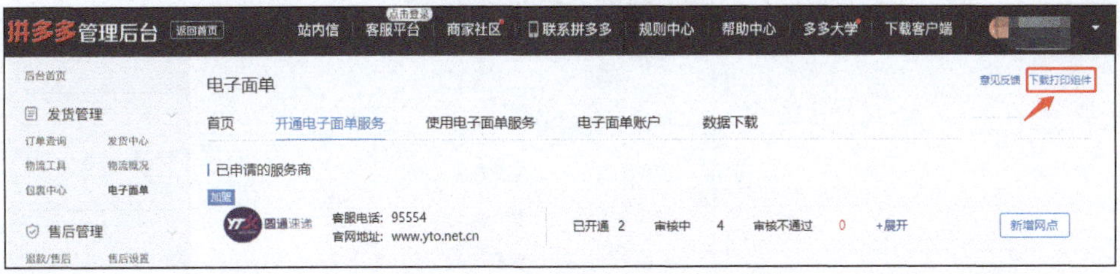


图 7-12

“拼多多打印组件”下载页如图 7-13 所示，商家可以下载打印组件，或者查看使用说明。

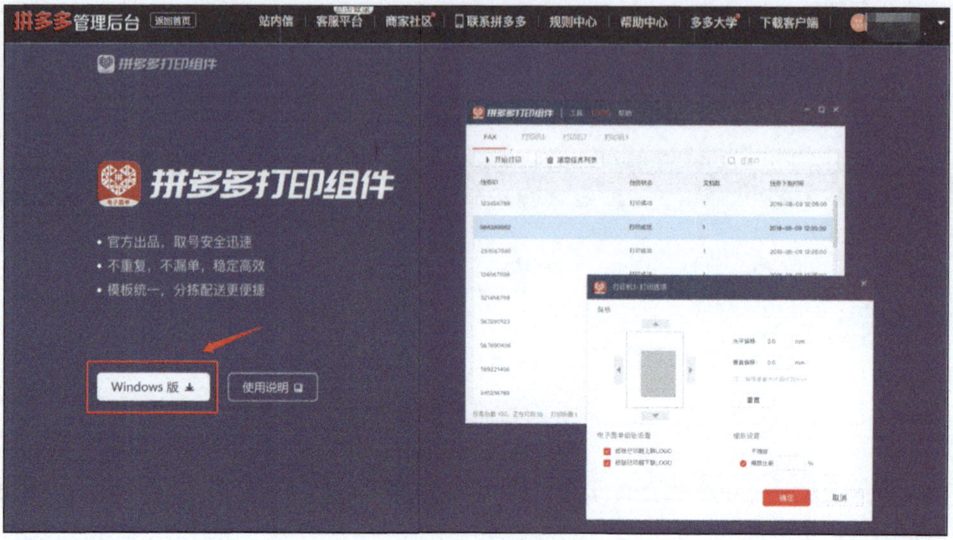


图 7-13

## 4. 使用官方打单工具进行打单

在拼多多商家后台左侧导航栏的“发货管理”中找到“打单工具”，点击进入即可进行打单，如图 7-14 所示。

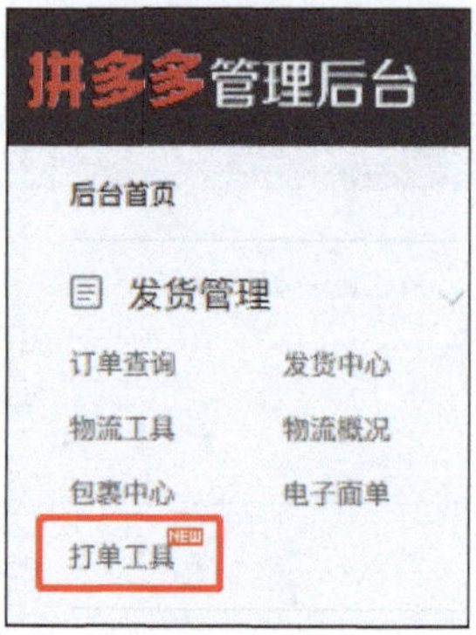


图 7-14

# 7.3 发货规则之“延迟发货”

## 7.3.1 什么是延迟发货

延迟发货是指商家未在发货时限内完成发货，即商家未在发货时限内上传已成交商品订单对应的真实物流单号至拼多多商家后台，依据《拼多多发货规则》及相应的技术标准，该订单将被自动标为延迟发货订单。

常规商品延迟发货标准请参照《拼多多发货规则》，特殊商品延迟发货标准请参照《拼多多特殊商品发货规则》。《拼多多特殊商品发货规则》适用于订购鲜花、家具建材、定制商品、汽车配件、车船装备等商品，具体以商品发布页面显示的为准。

## 7.3.2 延迟发货的处理标准

延迟发货极大地影响了买家的购物体验，平台对延迟发货行为也有相应的处理标准，因此各位商家一定不要以为延迟发货是小事。常规商品延迟发货处理标准具体可查看《拼多多发货规则》第 3 条。

商家发生延迟发货行为的，拼多多平台有权从商家账户余额（包括货款、保证金等）中扣除对应的买家赔付金，并将同等金额以有效期 50 年的无门槛现金券形式发放给延迟发货订单所对应的买家，赔付标准如表 7-2 所示。

表 7-2

| 延迟发货订单商品单价 $X$（元） | 赔付标准（元/单） |
|---|---|
| $0 \leq X < 300$ | 3 |
| $X \geq 300$ | $X \times 1\%$，最高不超过 30 |

【注意】

①定制家具类的赔付标准统一为 3 元/单，不根据商品单价调整。

②定制家具所包含的商品分类见《拼多多发货规则》的附件一（请读者到拼多多网站查阅），以买家下单时商品所属分类为准。

③赔付金额如存在小数的，则只取整数部分。例如商品单价为 420 元，420 元×1%=4.2 元，则实际赔付 4 元。

拼多多平台在按照上述标准对商家延迟发货行为做出处理的同时，将视情况对商家账户余额采取限制提现措施，直至全部延迟发货订单完成真实发货或者退款成功。

拼多多平台依据上述规定对相关延迟发货订单做出处理，并不免除商家的发货义务，无论拼多多平台是否已经实际从商家账户余额扣除买家赔付金并赔付给对应的买家，商家都应继续履行相关延迟发货订单的发货义务。

## 7.3.3 避免延迟发货的建议

### 1. 注意发货时限

商家需要注意自己售卖的商品的发货时限，属于特殊商品的应遵守特殊商品发货规则。平台对于重大活动、特殊天气等情况会对发货时限做出相应调整，并以站内信的形式通知商家，因此，商家需要关注站内信通知。

### 2. 按时上传真实的物流单号

商家需要在正常发货时间内上传真实的物流单号。切勿因疏忽而出现忘记上传或漏上传的情况。

### 3. 设置合理库存

商家可以根据自己的实际情况设置合理的库存。若实际库存少，建议优先下架商品，及时止损。如遇无货或货物无法正常发出的情况，及时下架商品，并联系商家客服工作人员进行缺货处理。

## 7.3.4 延迟发货常见问题

（1）出现了延迟发货违规行为后我还要不要发货呢？

答：您还是有发货义务的，需要在订单发生延迟发货后 3 天内真实发货，如确实无法发货，可联系平台做缺货处理，如您未联系平台，发生延迟发货后 3 天内仍未发货的订单会被平台判定为缺货订单，按缺货处理。

（2）因为特殊情况，我已经跟买家联系过，说明了可能会晚一天发货，买家也表示理解，这样还要向买家赔付吗？

答：需要。根据发货规则，商家未在发货时限内完成发货即为延迟发货，需要给买家补偿优惠券，这一点需要商家特别注意。

（3）春节或其他节日期间，也是按照现在的发货时限规则来发货吗？

答：在一些特殊情况下（如大型活动、特殊天气等），平台会对发货时限做出相应调整，会以站内信、公告等一些官方渠道通知商家，因此商家可以关注站内相关通知，但在没有通知新的发货要求的情况下，都需按照《拼多多发货规则》执行。

## 7.4 发货规则之“虚假发货”

### 7.4.1 什么是虚假发货

虚假发货是指商家已经上传商品物流单号至拼多多商家后台，但是该物流单号对应的物流信息存在明显的物流轨迹放缓等异常，或者商家上传物流单号后买家在合理期限内未实际收到所购商品的情形。

### 7.4.2 哪些情形属于虚假发货

#### 1. 普通商品虚假发货情形

（1）商家上传商品物流单号（包括转运后的物流单号）后的 24 小时内，该物流单号在相应物流公司官方网站没有物流信息。

（2）商家上传商品物流单号后的 24 小时内，该物流单号在相应物流公司官方网站没有揽件信息（若同一物流单号存在多条揽件信息，则依据最后一条揽件信息的时间来判断）。

（3）商家上传商品物流单号前 30 天内，已有不同收货人或不同收货地址的订单使用过该物流单号发货。

（4）其他订单物流信息异常的情形。

#### 2. 直邮商品、直供商品虚假发货情形

（1）商家上传商品物流单号后的 72 小时内，该物流单号在相应物流公司官方网站没有物流信息。

（2）商家上传商品物流单号后的 72 小时内，该物流单号在相应物流公司官方网站没有揽件信息（若同一物流单号存在多条揽件信息，则依据最后一条揽件信息的时间来判断）。

（3）商家上传商品物流单号前 30 天内，已有不同收货人或不同收货地址的订单

使用过该物流单号发货。

（4）其他订单物流信息异常的情形。

### 7.4.3 虚假发货对店铺的影响

若商家发生虚假发货情况，拼多多平台在对虚假发货订单做出处理的同时，还将视情况对店铺采取相应的处理措施。具体处理措施如表 7-3 所示。

表 7-3

| 违规情况 | 对店铺的处理措施 |
| --- | --- |
| 一个自然年内一次虚假发货成立并且被处理 | 全部商品移除资源位，禁止上资源位，移除广告。为期总计 3 天 |
| 一个自然年内二次虚假发货成立并且被处理 | 全部商品移除资源位，禁止上资源位，移除广告，禁止上新，禁止上架。为期总计 7 天 |
| 一个自然年内三次虚假发货成立并且被处理 | 全部商品移除资源位，禁止上资源位，移除广告，禁止上新，禁止上架。为期总计 15 天 |
| 一个自然年内四次及以上虚假发货成立并且被处理 | 全部商品移除资源位，禁止上资源位，移除广告，禁止上新，禁止上架。为期总计 30 天。同时平台有权解除协议，终止合作 |
| 其他严重情形（包括但不限于利用虚假发货损害平台声誉等） | 平台有权暂停支付店铺全部资金，解除协议，终止合作 |

### 7.4.4 对虚假发货的处理标准

拼多多平台根据任一天内某商品（以商品 ID 为准）发货订单总量中已发现的虚假发货订单数，按照表 7-4 确定虚假发货订单并采取相应处理措施。

表 7-4

| 已发现的虚假发货订单数 | 按虚假发货处理的订单 | 处理措施 |
| --- | --- | --- |
| 满 30 单，且达到当日该商品发货订单总量的 30% | 当日发货的该商品全部订单 | 按照《拼多多发货规则》4.5.2 条至 4.5.4 条处理 |
| 不满 30 单，或未达到当日该商品发货订单总量的 30% | 已发现的虚假发货订单 | 按照《拼多多发货规则》4.5.2 条至 4.5.4 条处理 |

对于按虚假发货处理的订单，拼多多平台有权从商家的账户余额中扣除对应的买家赔付金，并将同等金额以有效期 50 年的无门槛现金券形式发放给按虚假发货处理订单所对应的买家，赔付金额如表 7-5 所示。

表 7-5

| 商品单价 $X$（元） | 赔付金总金额（元） |
|---|---|
| $0 \leqslant X < 10$ | 5 × 虚假发货订单数 |
| $10 \leqslant X < 50$ | 10 × 虚假发货订单数 |
| $50 \leqslant X < 100$ | 20 × 虚假发货订单数 |
| $100 \leqslant X < 300$ | 30 × 虚假发货订单数 |
| $300 \leqslant X < 1000$ | 40 × 虚假发货订单数 |
| $1000 \leqslant X < 2000$ | 60 × 虚假发货订单数 |
| $2000 \leqslant X < 4000$ | 80 × 虚假发货订单数 |
| $X \geqslant 4000$ | 100 × 虚假发货订单数 |

拼多多平台在按照 4.4.2 条对商家虚假发货行为做出处理的同时，将视情况对商家账户余额采取限制提现措施至少 7 天，在此期间对虚假发货订单进行持续监控，并自限制提现期满次日起，对虚假发货订单全部处理完毕商家的账户余额解除限制。

拼多多平台依据本条规定对相关虚假发货订单做出处理，并不免除商家的实际发货义务，无论拼多多平台是否已经实际从商家账户余额中扣除买家赔付金并赔付给对应的买家，商家都应继续履行相关虚假发货订单的实际发货义务，同时，虚假发货订单的自动确认收货时限将在原自动确认收货时限的基础上延长 15 日。

## 7.4.5 如何避免虚假发货

（1）认真填写发货单号，别出错。

（2）关注物流信息，有异常时及时联系快递公司解决。

（3）填写实际库存，避免虚报库存导致大量超卖引起的缺货。

## 7.4.6 虚假轨迹

虚假轨迹是指商家上传至拼多多商家后台的商品物流单号对应的物流轨迹存在明显异常，或者商家上传物流单号后买家在合理期限内未实际收到所购商品的情形。若商家上传物流单号后，对应物流轨迹显示该包裹在发件网点所在省内由其他快递转运的，则以转运后物流单号对应的物流轨迹作为判断是否属于虚假轨迹的依据，多次转运的，以系统监测到的最新的物流单号为准。

### 1. 虚假轨迹的情形

（1）商家上传物流单号后，在物流公司官方网站出现首条相应物流轨迹信息后的

24 小时内没有后续的物流轨迹信息更新。

（2）商家上传商品物流单号后，自物流公司官方网站出现首条相应物流信息至商品离开首个分拨中心所在省份的时间，普通地区超过 48 小时，偏远地区超过 72 小时，极偏远地区超过 120 小时。

（3）商家上传商品物流单号后，在物流公司官方网站的相应物流轨迹显示，商品到达至离开同一分拨中心的时间间隔（即在同一分拨中心持续停留时间）超过 24 小时。

（4）商家上传同一物流公司的多个商品物流单号后，在物流公司官方网站的相应物流轨迹存在以下任一情形。

①任一单号在某一轨迹节点的时间与其他单号在相同轨迹节点的时间一致，且符合该情形的单号达到 10 个及以上。

②任一单号的两个相邻轨迹节点的时间间隔，与其他单号在这两个相邻轨迹节点的时间间隔一致，且符合该情形的单号达到 10 个及以上。

（5）商家上传的商品物流单号在物流公司官方网站的相应物流轨迹存在表 7-6 中的任一情形。

表 7-6

| 揽件地址与收货地址所在区域 | 揽件地址与收货地址的关系 | 首条物流信息至派件信息之间任意轨迹节点的未更新时间 |
|---|---|---|
| 苏浙沪皖区域 | 均在该区域 | 超过 48 小时 |
| 京津冀区域 | 均在该区域 | 超过 48 小时 |
| 除新疆、西藏、内蒙古外的省份 | 均在同一省份 | 超过 48 小时 |
| | 在不同省份（苏浙沪皖之间收发货和京津冀之间收发货的情形除外） | 超过 72 小时 |
| 新疆、西藏、内蒙古 | 任一地址在新疆、西藏或内蒙古 | 超过 120 小时 |

（表中所说的“省份”包括省、自治区、直辖市，但不含港澳台地区）

（6）商家上传的商品物流单号，在相应物流公司官方网站存在异常、重复的物流轨迹信息。

（7）商家上传的商品物流单号对应的收件信息或物流签收信息与买家订单显示的收货信息不符。

（8）商家上传的商品物流单号存在其他物流轨迹明显异常或买家在商家发货后合

理期限内未实际收到所购商品的情形。

### 2. 对虚假轨迹订单的处理

（1）拼多多平台根据任一天内商家某商品（以商品 ID 为准）发货订单总量中已发现的虚假轨迹订单数，按照表 7-7 确定按虚假轨迹处理的订单并采取相应处理措施。

表 7-7

| 已发现的虚假轨迹订单数 | 按虚假轨迹处理的订单 | 处理措施 |
|---|---|---|
| 满 30 单，且达到当日该商品发货订单总量的 30%及以上 | 当日发货的该商品全部订单 | 按照《拼多多发货规则》5.3.2 条至 5.3.4 条、5.4 条处理 |
| 不满 30 单，或未达到当日该商品发货订单总量的 30% | 已发现的虚假轨迹订单 | 按照《拼多多发货规则》5.3.2 条至 5.3.4 条处理 |

（2）对于按虚假轨迹处理的订单，拼多多平台有权从商家的账户余额中扣除对应的买家赔付金，并将同等金额以有效期 50 年的无门槛现金券形式发放给虚假轨迹处理订单所对应的买家，赔付金额如表 7-8 所示。

表 7-8

| 虚假轨迹处理订单商品单价 $X$（元） | 赔付金总金额（元） |
|---|---|
| $0 \leqslant X < 10$ | 5 × 按虚假轨迹处理订单数 |
| $10 \leqslant X < 50$ | 10 × 按虚假轨迹处理订单数 |
| $50 \leqslant X < 100$ | 20 × 按虚假轨迹处理订单数 |
| $100 \leqslant X < 300$ | 30 × 按虚假轨迹处理订单数 |
| $300 \leqslant X < 1000$ | 40 × 按虚假轨迹处理订单数 |
| $1000 \leqslant X < 2000$ | 60 × 按虚假轨迹处理订单数 |
| $2000 \leqslant X < 4000$ | 80 × 按虚假轨迹处理订单数 |
| $X \geqslant 4000$ | 100 × 按虚假轨迹处理订单数 |

（3）拼多多平台在按照《拼多多发货规则》5.3.2 条对虚假轨迹订单做出处理的同时，将视情况对商家账户余额采取限制提现措施至少 7 天，在此期间对虚假轨迹订单进行持续监控，并自限制提现期满之次日起对虚假轨迹订单全部处理完毕的商家解除账户余额提现限制。

（4）拼多多平台对相关虚假轨迹订单做出处理，并不免除商家的实际发货义务，无论拼多多平台是否已经实际从商家账户余额中扣除买家赔付金并赔付给对应的买家，商家都应继续履行相关虚假轨迹订单的实际发货义务，同时，虚假轨迹订单的自动确认收货时限将在原自动确认收货时限的基础上延长 15 日。

#### 3. 对虚假轨迹涉及店铺的处理

商家发货的物流单号在一个自然年内出现一次或多次虚假轨迹情形的，拼多多平台在对虚假轨迹订单做出处理的同时，还将视情况对店铺采取相应的处理措施。具体处理措施如表 7-9 所示。

表 7-9

| 违规情况 | 处理措施 |
| --- | --- |
| 一个自然年内出现一次虚假轨迹并且被处理 | 全部商品移除资源位，禁止上资源位，移除广告。为期总计 3 天 |
| 一个自然年内出现两次虚假轨迹并且被处理 | 全部商品移除资源位，禁止上资源位，移除广告，禁止上新，禁止上架。为期总计 7 天 |
| 一个自然年内出现三次虚假轨迹并且被处理 | 全部商品移除资源位，禁止上资源位，移除广告，禁止上新，禁止上架。为期总计 15 天 |
| 一个自然年内出现四次及以上虚假轨迹并且被处理 | 全部商品移除资源位，禁止上资源位，移除广告，禁止上新，禁止上架。为期总计 30 天。同时平台有权解除协议，终止合作 |
| 存在其他严重情形（包括但不限于因虚假轨迹情形导致平台声誉受损等） | 平台有权暂停支付店铺全部资金，解除协议，终止合作 |

## 7.5 发货规则之“欺诈发货”

### 7.5.1 什么是欺诈发货

欺诈发货是指商家在发货过程中向买家发送空包裹或与商品描述明显不符的其他物品，或者实施其他情节严重的欺诈行为。

### 7.5.2 哪些情形属于欺诈发货

（1）商家上传订单物流单号后，买家收到空包裹。

（2）商家上传订单物流单号后，买家收到与商品描述明显不符的其他物品。

（3）商家在发货过程中实施欺诈行为，导致买家在发货后合理期限内未实际收到所购商品，情节严重的情形。

### 7.5.3 对欺诈发货的处理标准

（1）依据《拼多多发货规则》，对欺诈发货行为的处理既包含对订单的处理也包含对店铺的处理，且与累计欺诈发货次数有关。拼多多平台根据任一天内商家某商品的发货订单总量中已发现的欺诈发货订单数，按照表 7-10 确定按欺诈发货处理的订单并采取相应处理措施。

表 7-10

| 已发现的欺诈发货订单数 | 按欺诈发货处理的订单 | 处理措施 |
|---|---|---|
| 满 10 单，且达到当日该商品发货订单总量的 1% | 当日发货的该商品全部订单 | 按照《拼多多发货规则》6.3.2 条至 6.3.5 条、6.4 条处理 |
| 不满 10 单，或未达到当日该商品发货订单总量的 1% | 已发现的欺诈发货订单 | 按照《拼多多发货规则》6.3.2 条至 6.3.5 条处理 |

（2）对于按欺诈发货处理的订单，拼多多平台有权采取下列一项或多项措施。

①关闭交易并向买家退款。

②从商家的账户余额中扣除相当于按欺诈发货处理订单金额的买家赔付金。

③将上述赔付金以有效期 50 年的无门槛现金券形式发放给相应的买家。

（3）拼多多平台在按照《拼多多发货规则》6.3.2 条对商家欺诈发货行为做出处理的同时，将对商家账户余额采取限制提现措施至少 15 天，在此期间对欺诈发货订单进行持续监控，并自限制提现期满之次日起，对欺诈发货订单全部处理完毕的商家解除账户余额限制。

（4）拼多多平台依据本条规定对相关欺诈发货订单做出处理，并不免除商家的实际发货义务，无论拼多多平台是否已经实际从商家账户余额扣除买家赔付金并赔付给对应的买家，商家都应继续履行欺诈发货订单的实际发货义务，同时，欺诈发货订单的自动确认收货时限将在原自动确认收货时限的基础上延长 15 日。

（5）拼多多平台依据本条规定对欺诈发货订单做出处理后，若买家依据法律法规之规定发起索赔的，平台有权予以先行赔付，并从商家账户余额中扣除相应的赔付款。

（6）商家在一个自然年内发生一次或多次欺诈发货，拼多多平台在对欺诈发货订单进行处理的同时，还将视情况对店铺采取相应的处理措施。具体处理措施如表 7-11 所示。

表 7-11

| 违规情况 | 店铺处理 |
|---|---|
| 一个自然年内一次欺诈发货成立并且被处理 | 全部商品移除资源位，禁止上资源位，移除广告。为期总计 7 天 |
| 一个自然年内二次欺诈发货成立并且被处理 | 全部商品移除资源位，禁止上资源位，移除广告，禁止上新，禁止上架。为期总计 15 天 |
| 一个自然年内三次欺诈发货成立并且被处理 | 该商家在拼多多平台售卖的全部商品下架，禁止上新，禁止上架。为期总计 15 天 |
| 一个自然年内四次及以上欺诈发货成立并且被处理 | 该商家在拼多多平台售卖的全部商品下架，禁止上新，禁止上架。为期总计 30 天。同时平台有权解除协议，终止合作 |
| 存在其他严重情形（包括但不限于利用欺诈发货损害平台声誉等） | 平台有权暂停支付店铺全部资金，解除协议，终止合作 |

# 7.6 发货规则之“缺货”

## 7.6.1 什么是缺货

买家购买商品后，商家主动联系拼多多平台或买家告知无法在发货时限内完成发货，拼多多平台或买家无法在发货时限内联系商家，以及商家发生其他发货违规后在规定时限内仍未发货的行为，相关订单将被拼多多平台判定为缺货订单。

## 7.6.2 哪些情形属于缺货

（1）商家主动联系拼多多平台或买家告知无法在发货时限内完成发货的。

（2）拼多多平台或买家在发货时限内未能联系到商家，且拼多多平台有理由认为商家存在发货违规风险的。

（3）订单发生延迟发货 3 天后仍未发货，即发货时限期满 3 天后仍未发货的。

（4）按虚假发货处理的订单在上传物流单号 5 天后仍未实际发货的。

（5）按虚假轨迹处理的订单在平台发送虚假轨迹处理通知 3 天后买家仍未收到所购商品的。

若商家不能在规定时限内完成发货，应当在知道可能发生该情形后立即主动联系拼多多平台，以书面形式对该情形做出合理解释并提交相关证明材料，拼多多平台将视情况做出处理。

### 7.6.3 对缺货的处理标准

（1）对于缺货引起的发不了货的订单做仅退款处理。

（2）缺货订单将从商家账户余额中扣除买家赔付金，并以有效期 50 年的无门槛现金券形式发放给缺货订单所对应的买家。赔付标准如表 7-12 所示。

表 7-12

| 缺货订单商品单价 $X$（元） | 赔付标准（元/单） |
|---|---|
| $0 \leqslant X < 100$ | 5 |
| $X \geqslant 100$ | $X \times 5\%$，最高不超过 100 |

【注意】

①定制家具的赔付标准统一为 5 元/单，不根据商品单价调整。

②定制家具所包含的商品分类见《拼多多发货规则》附件一（请读者到拼多多网站查阅），以买家下单时商品所属分类为准。

③赔付标准如存在小数的，则取整数部分，例如商品单价为 430 元，430 元×5%＝21.5 元，则赔付金额为 21 元。

（3）商家发生缺货的，拼多多平台有权对商家店铺资金采取限制提现措施，并有权视缺货订单处理情况决定是否解除限制提现措施。

（4）拼多多平台对缺货订单做出处理，并不能免除商家作为销售者依据法律法规之规定应当承担的法律责任，若买家依法发起索赔，商家应自行与买家协商解决，并承担相应的法律责任。

（5）对于发生缺货的商品，拼多多平台有权视情况通知商家予以下架，或者采取强制下架、禁售等措施。同时，拼多多平台有权选择销售同款商品的其他商家代为向买家发货，由此产生的采购成本、快递运输费用等全部费用均由违规商家承担。

(6) 商家在一个自然年内发生一次或多次缺货行为，拼多多平台在扣除买家赔付金的同时，还将视情况对店铺采取相应的处理措施。具体处理措施如表 7-13 所示。

表 7-13

| 违规情况 | 处理措施 |
|---|---|
| 一个自然年内一次缺货成立并且被处理 | 警告相关店铺 |
| 一个自然年内二次（含）以上五次（不含）以下缺货成立并且被处理 | 自第二次起，每发现一次，全部商品移除资源位，禁止上资源位，移除广告，禁止上新，禁止上架。为期总计 3 天 |
| 一个自然年内五次（含）以上缺货成立并且被处理，或存在其他严重情形（包括但不限于严重缺货、缺货不报） | 平台有权暂停支付店铺全部资金，解除协议，终止合作 |

(7) 在延迟发货、虚假发货、虚假轨迹或商品缺货处理过程中，相关订单买家申请退款的，平台有权视情况进行关闭交易、退款等操作，相应退款金额将从商家店铺资金余额中扣除，这些操作并不能免除商家就该订单所应接受的平台处理及所应承担的违约责任。

## 7.6.4 关于避免缺货的建议

当商家因为售罄、供应商原因发不出货时，应主动告知平台缺货。

### 1. 缺货登记

登记路径：拼多多商家后台—“发货管理”—“发货中心”。

### 2. 设置为预售

如只是短时间内发不了货，除了对确认无法按时发货的订单进行缺货登记外，还可以将商品设置为预售状态，设置好预售时间，保证之后的订单全部有货可发。

【注意】

①普通商品预售时间不能超过 30 天。

②预售截止时间为商品发货完成时间。

③预售期结束前，商家会收到短信通知，请根据短信提示及时修改相应商品的状态。

# 7.7 “合并发货”功能说明

## 7.7.1 合并发货的路径

在拼多多商家后台的“发货管理”—“订单查询”页面，点击“去合并发货”超链接可以进入合并发货操作页，如图 7-15 所示。

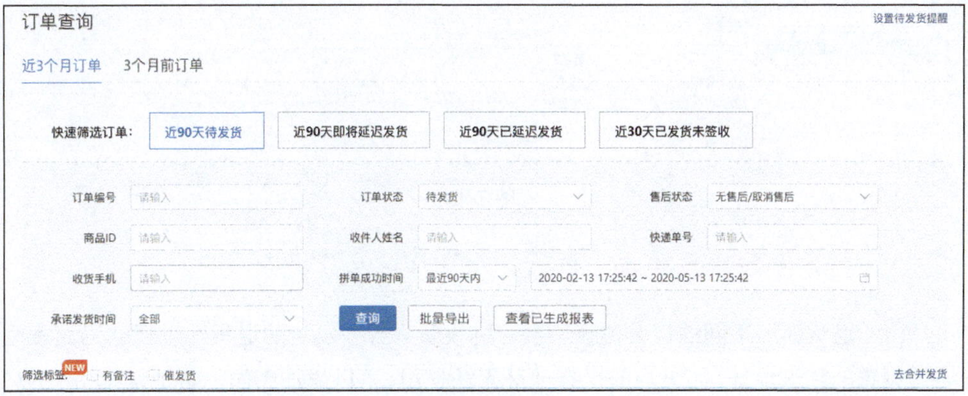


图 7-15

## 7.7.2 什么样的订单可以合并发货

由同一个买家购买，而且收件人三要素（收件人姓名、收件人电话和收货地址）完全一致的商品可以合并发货，建议商家合并发货前确认售后状态，以免发生强制发货或重复发货情况。

收件人的电话一般不会完全显示，可点击“查看”超链接查看完整信息。

在合并在一起的订单中，如果有某笔订单不想一起发货，可以先将其移除再进行发货操作，如图 7-16 所示。注意移除后不要刷新或者重新进入，否则移除的订单仍会存在。

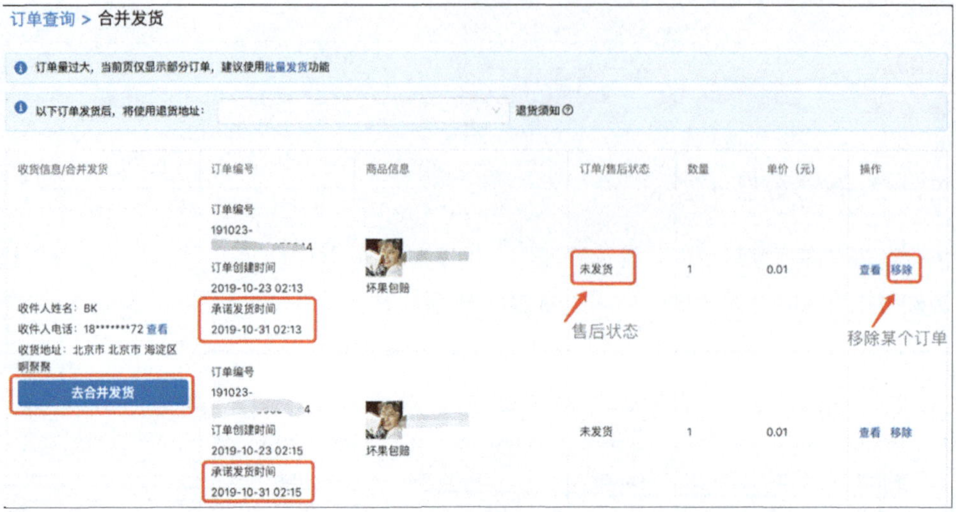


图 7-16

## 7.7.3 合并发货注意事项

（1）退货地址不同的订单建议不要合并发货。合并发货的退货地址默认为商家为店铺设置的默认地址，如果当前已有地址无法使用，可以添加新的退货地址，如图 7-17 所示。

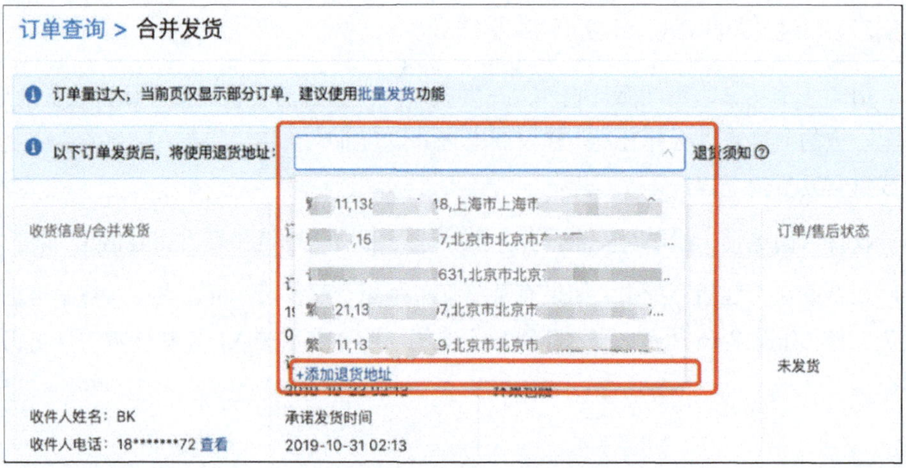


图 7-17

（2）收件人三要素必须完全一致才能合并发货，即使有一个信息不一样，也不能合并发货。

（3）不同买家下的订单，即使收件人三要素完全一致，也不能合并发货。

## 7.8 因不可抗力因素造成无法发货时的处理办法

所谓不可抗力，是指合同订立时不能预见、不能避免且不能克服的客观情况，比如台风、地震、洪水、冰雹等自然灾害。

当遇到不可抗力时的处理办法如下。

### 1. 及时与买家进行沟通

当商家遇到不可抗力导致无法正常发货时，应当及时和买家沟通，告知其真实情况，以免受到投诉。如无法沟通，请尽快到“拼多多商家服务”公众号咨询解决办法，在商品发货后，也请及时告知买家，提升消费体验。

### 2. 及时调整运费模板设置

当商家遇到不可抗力导致无法正常发货时，请尽快调整运费模板设置，将某些无法发货地区设置为“不发货”状态。如果已经产生订单但在某个区域无法发货，也请尽快联系公众号“拼多多商家服务”进行咨询。

### 3. 密切关注平台通知

当部分地区出现自然灾害等不可抗力时，平台将对这些地区的发货时限做出相应调整，请商家密切关注平台的站内信通知，认真阅读，在店铺明显的位置做好发货时间通知，按平台要求发货即可。

## 7.9 巧用“极速发货”免费获取流量

### 7.9.1 什么是极速发货

开通极速发货服务后，商品承诺发货时间将设为 24 小时，在商品搜索页和详情页会展示极速发货标签。据测算，开通极速发货服务可以提升 45%的订单转化率，提升 56%的流量，同时物流满意度可以提升 40%。但是需要注意的是，若成交后 24 小时内未发货，至少需赔付买家 3 元平台优惠券。

## 7.9.2 如何设置极速发货

登录拼多多商家后台，找到“发货管理”—“发货中心”—“极速发货”配置页面，如图 7-18 所示。

图 7-18

页面会自动推荐上架商品中已经满足极速发货条件的商品，如图 7-19 所示。推荐商品的历史订单均在 24 小时内发出，商家可直接点击“一键开通”按钮，立即享受极速发货权益。

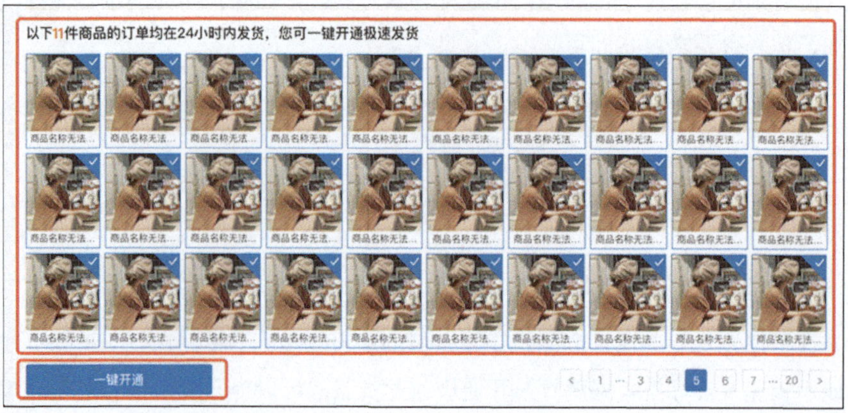


图 7-19

开通成功后，会有“开通成功”的提示，同时页面会继续推荐曾经满足极速发货条件的商品，此类商品的订单曾经在 24 小时内发出，商家可以点击“继续开通”按钮，让更多商品可以极速发货，如图 7-20 所示。

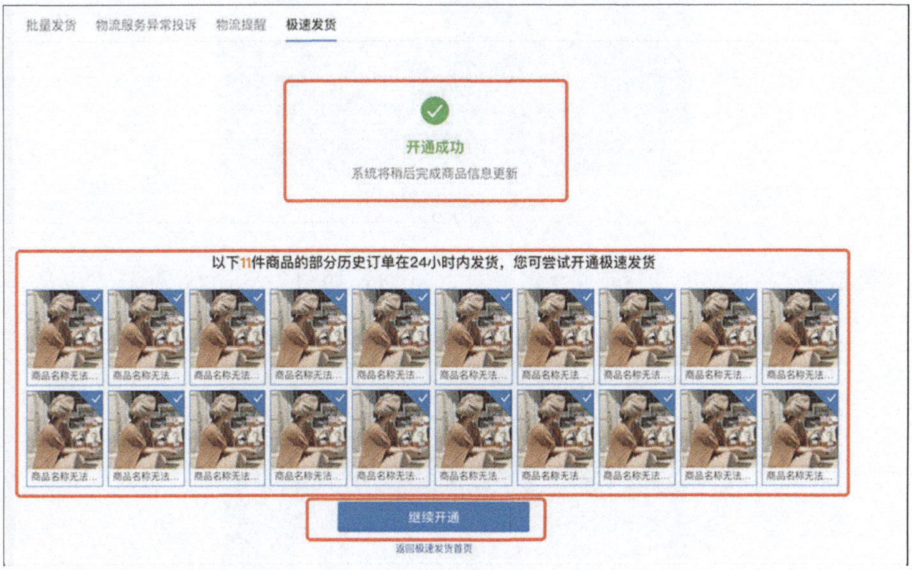


图 7-20

当两类推荐商品均设置为极速发货后，若还想继续把更多商品设置为极速发货，可以点击“前往商品列表”超链接继续设置，如图 7-21 所示。

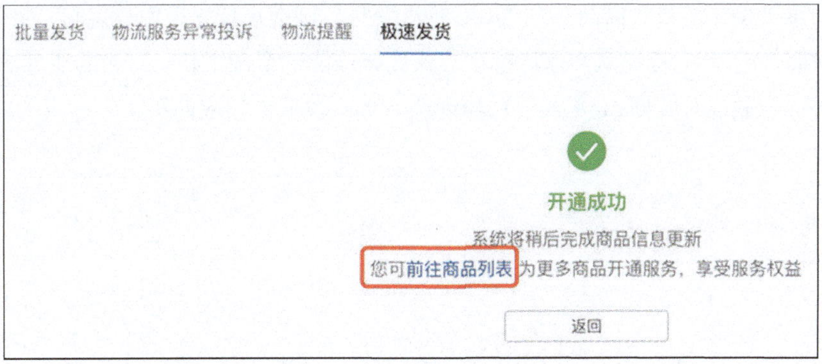


图 7-21

在商品列表页中，只需要进行两步操作，就能完成极速发货的配置。

第一步：选择想要设置为极速发货的商品，点击“编辑”超链接，如图 7-22 所示。

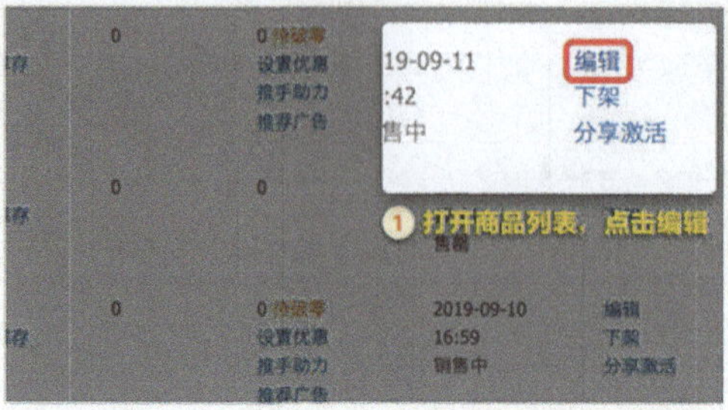


图 7-22

第二步：将商品的发货时间承诺改为 24 小时，如图 7-23 所示。

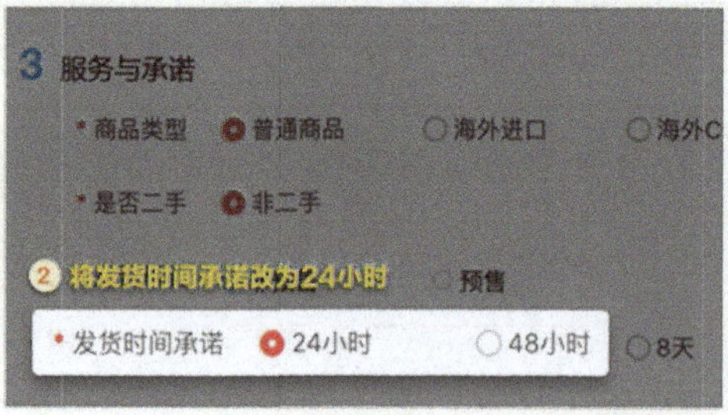


图 7-23

### 7.9.3　“极速发货”商品未能及时发货的处罚

如果“极速发货”商品未在 24 小时内发货，则会违反平台发货规则，拼多多平台将按照 3 元/单的标准从商家店铺账户保证金或货款余额中扣除对应的买家赔付金，并将同等金额以有效期 50 年的无门槛现金券形式发放给相应的买家。

## 7.10　买家收货信息错误怎么办

### 7.10.1　哪些情况属于收货信息错误

（1）买家提供的地址不全，仅精确到乡镇。

（2）买家提供的地址错误，比如详细地址里的地区和前面的省明显不对应。

（3）买家提供的电话号码错误，或者买家提供了正确的号码却打不通。

## 7.10.2 如何处理收货信息错误订单

第一步：在拼多多商家后台的“店铺管理”—“订单申诉”—“异常订单申诉”—“异常订单不发货”中，点击“去申诉”按钮，对异常订单进行申诉，如图 7-24 所示。

图 7-24

第二步：输入要申诉的订单号，申诉原因选择“买家使用错误收货信息，影响发货”。上传凭证图片后可以提交申诉。

第三步：进入“投诉详情”页，查看申诉的结果。

申诉通过的订单可以不发货，平台会做自动退款。如果申诉没有通过，商家仍然选择不发货，超出承诺发货时间后会产生延迟发货扣款，延迟发货 3 天后仍未发货的，平台会按照缺货处理。

# 第 8 章

# 多多直播

# 8.1 手机端如何直播

第一步：打开拼多多商家版 App（版本至少为 3.0.0），点击首页的“多多直播”按钮，如图 8-1 所示。

第二步：上传直播封面（图片比例要求为 1∶1，且不低于 800 像素×800 像素），并填写直播标题（不少于 6 个字符），如图 8-2 所示。

图 8-1

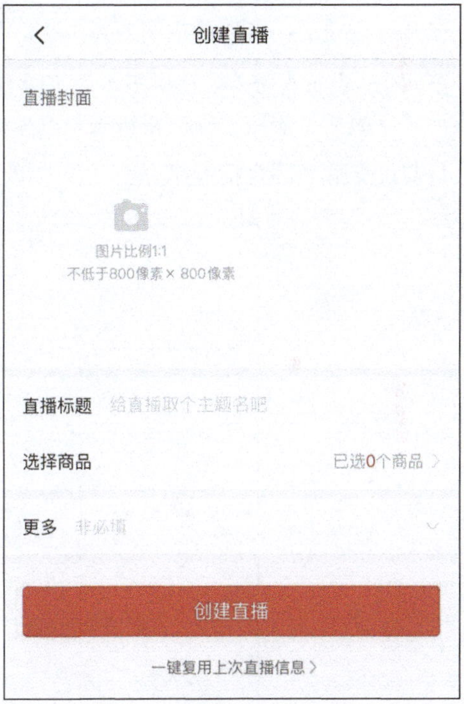


图 8-2

第三步：选择并添加商品，最多可添加 200 件，如图 8-3 所示。若要添加其他店铺的商品，可通过商品 ID 添加，但添加的商品所属店铺必须拥有直播权限且该商品为合规商品。

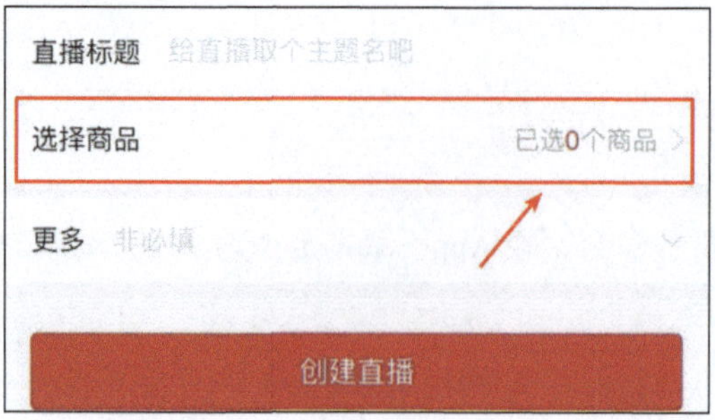


图 8-3

在开启直播后，可在直播间内点击小红盒添加商品。

第四步：设置直播券。在拼多多商家版 App 中依次点击“工具”—“营销”—“优惠券”—“添加”按钮，在“优惠券类型”中选择“直播券”即可设置，如图 8-4 所示。目前仅支持商品直播专享券。

图 8-4

第五步：点击直播屏幕左下方的齿轮图标，可选择需要设置的内容，比如摄像头、麦克风、闪光等，如图 8-5 所示。调试结束后，即可点击“开始直播”按钮。

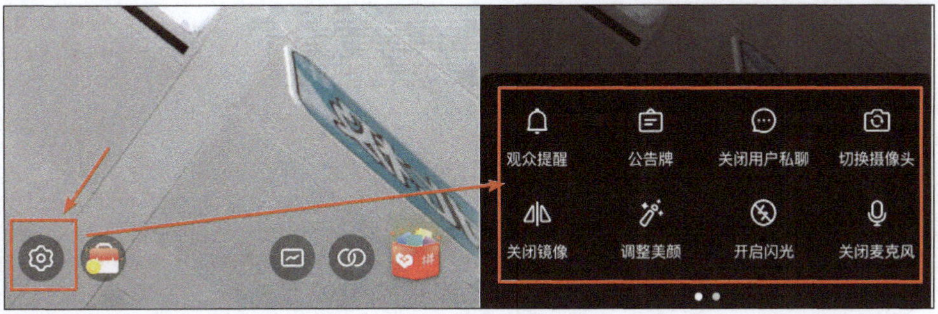


图 8-5

# 8.2 电脑端如何直播

## 8.2.1 电脑直播和手机直播的对比

两种直播的对比如图 8-6 所示。

| 对比项目 | 电脑直播 | 手机直播 |
| --- | --- | --- |
| 使用门槛 | 手动设置步骤较多 | 操作方便，一键开播 |
| 场地限制 | 通常在室内 | 随时随地开播 |
| 可拓展性 | 可用专业直播配件，如麦克风、摄像头等 | 受限于手机硬件 |
| 画面清晰度 | 高清 | 清晰度较低 |
| 特效贴片装潢 | 可以实现 | 不能实现 |
| 推荐使用人群 | 已有一定直播经验或电脑操作熟练的商家 | 所有商家 |

图 8-6

## 8.2.2 电脑直播设备推荐

系统要求：建议使用 Windows 系统。

电脑配置要求：英特尔酷睿 i5 处理器＋4GB 独立显卡＋16GB 内存。

麦克风要求：外置麦克风，推荐舒尔 MV51 麦克风。

摄像头要求：外置摄像头，推荐罗技 C930e 摄像头。

## 8.2.3 电脑直播操作步骤

### 1. 下载直播工具 OBS

有以下两种下载方式：

（1）前往多多直播官方网站下载（推荐），如图 8-7 所示。

图 8-7

（2）前往 OBS 官方网站下载。

### 2. 安装 OBS

安装方法与其他工具类似，在此不再赘述。

### 3. 运行 OBS 并添加摄像头

（1）点击“+”图标，在弹出的菜单中选择“视频捕获设备”，在“创建或选择源”对话框中点击“确定”按钮，如图 8-8 所示。

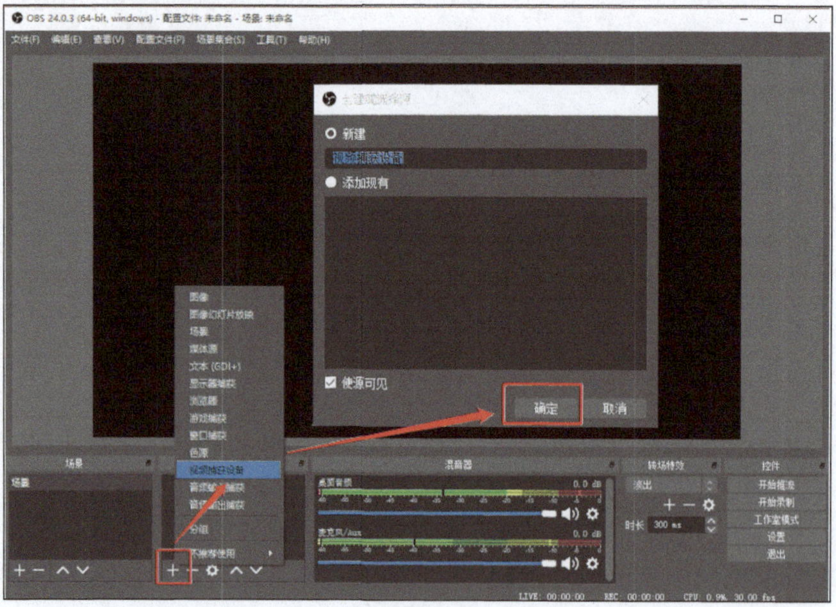


图 8-8

（2）在“设备”处选择配置的摄像头作为取景来源，点击“确定”按钮，如图 8-9 所示。

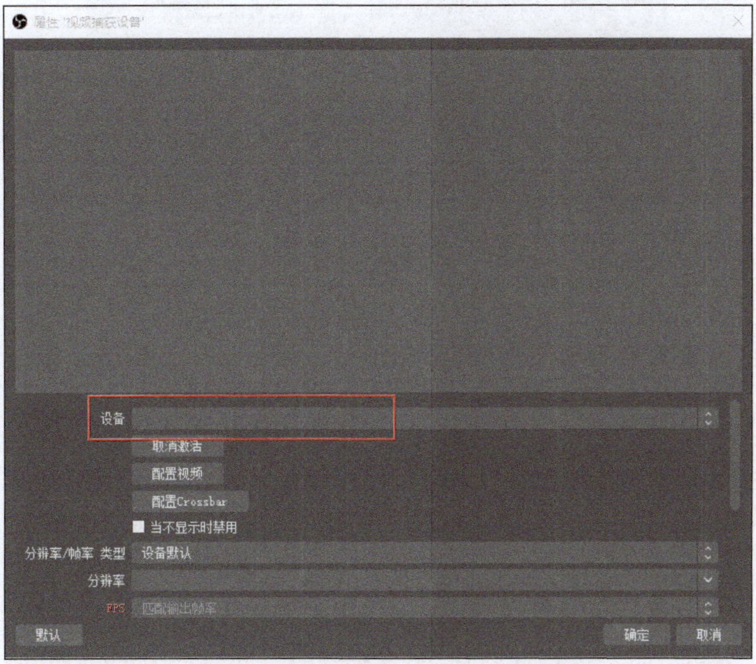


图 8-9

（3）若直播内容来自电脑屏幕，则在添加来源时，选择“显示器捕获”。

### 4. 设置视频分辨率及码率

（1）在 OBS 中控台点击“设置”按钮，如图 8-10 所示。

图 8-10

（2）进入“输出”设置面板，设置串流的“视频比特率”为“2000Kbps”，“音频比特率”为“160”，如图 8-11 所示。

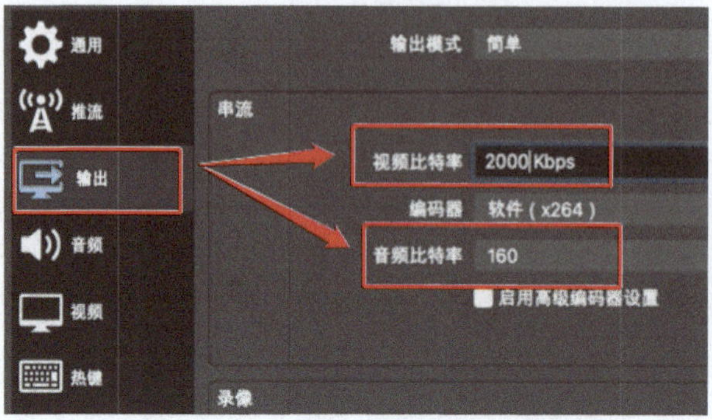


图 8-11

（3）进入“视频”设置面板，设置“基础（画布）分辨率”为“720×1280”（适应手机的竖屏分辨率），“常用 FPS 值（帧率）”为“20”，如图 8-12 所示。

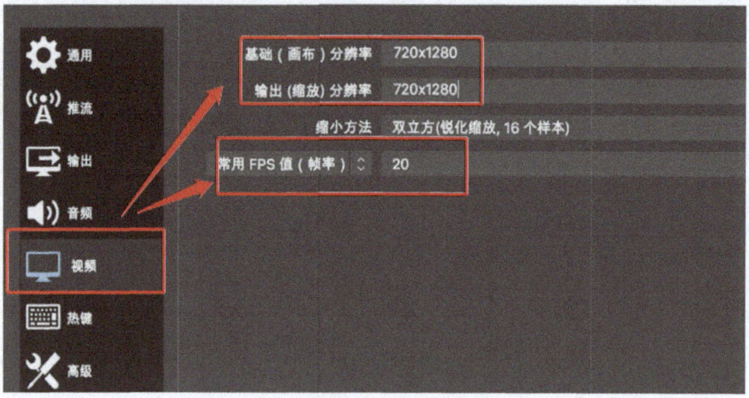


图 8-12

（4）设置完成后，点击“确定”按钮。

【注意】

OBS 参数配置不合理的直播无法开播。

### 5. 调整画面以适应手机屏幕

根据需要调整视频角度及大小，保证画面完整，没有黑边，如图 8-13 所示。调整方法：①点击“视频捕捉设备 2”选项；②右击视频框，出现设置菜单；③通过设置菜单将视频旋转至正确角度；④拖曳进行缩放，使画面完美匹配黑色输出区域。

OBS 设置完成后界面如图 8-14 所示。

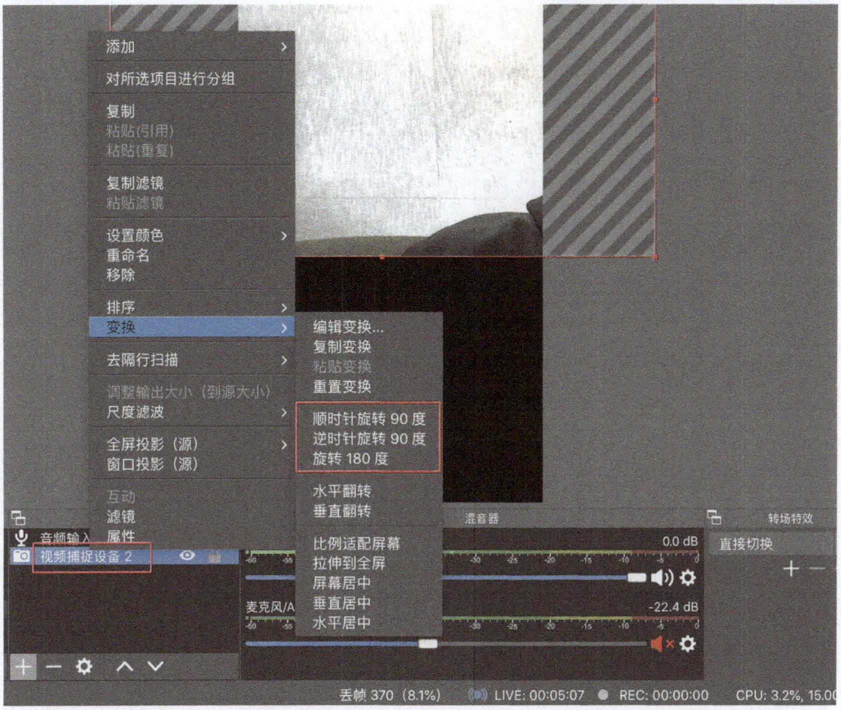
添加
对所选项目进行分组
复制
粘贴(引用)
粘贴(重复)
复制滤镜
粘贴滤镜
设置颜色
重命名
移除
排序
变换
去隔行扫描
调整输出大小（到源大小）
尺度滤波
全屏投影（源）
窗口投影（源）
互动
滤镜
属性
编辑变换...
复制变换
粘贴变换
重置变换
顺时针旋转 90 度
逆时针旋转 90 度
旋转 180 度
水平翻转
垂直翻转
比例适配屏幕
拉伸到全屏
屏幕居中
垂直居中
水平居中
视频捕捉设备 2
混音器
转场特效
直接切换
0.0 dB
-22.4 dB
丢帧 370（8.1%）
LIVE: 00:05:07
REC: 00:00:00

图 8-13

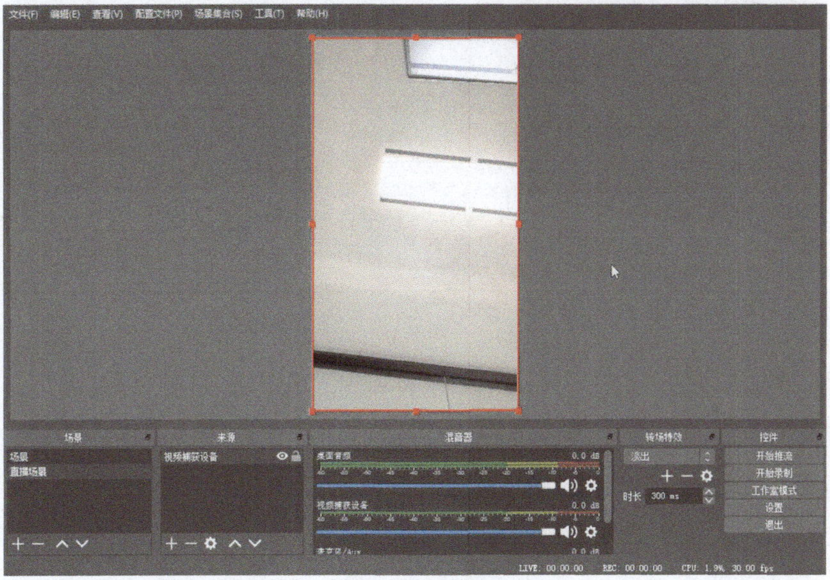
文件(F)
编辑(E)
查看(V)
配置文件(P)
场景集合(S)
工具(T)
帮助(H)
场景
来源
混音器
转场特效
控件
直播场景
视频捕获设备
开始推流
开始录制
工作室模式
设置
退出

图 8-14

## 6. 创建直播

（1）登录多多直播网站。

（2）商家请选择“我是商家”，使用商家后台账号登录网站。

（3）达人请选择“我是达人”进行登录。

（4）登录成功后，点击“创建直播”按钮，在“创建直播”对话框中上传直播封面、填写直播标题，并添加商品，如图 8-15 所示。

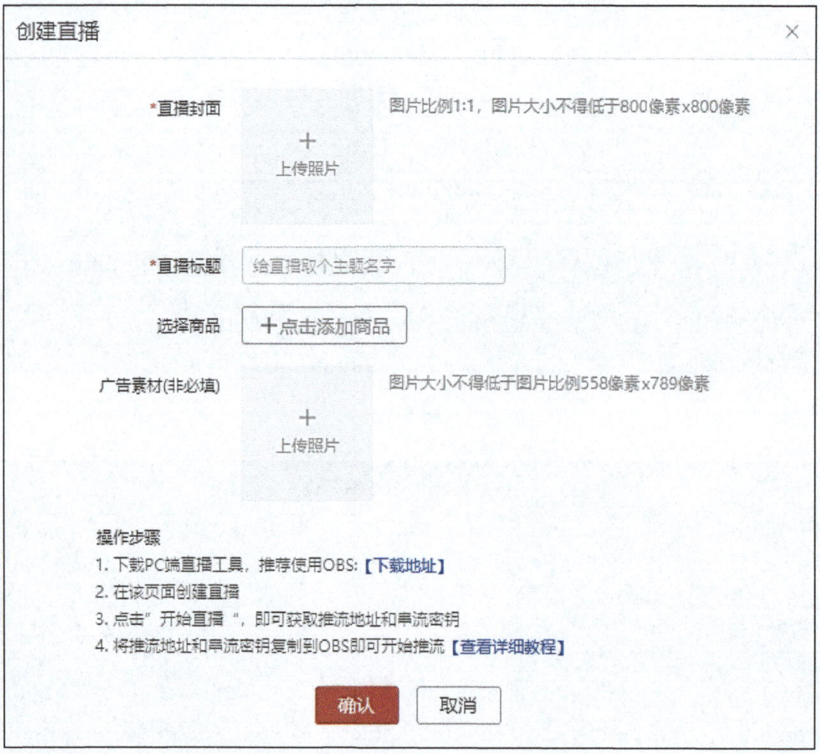
创建直播
*直播封面
上传照片
图片比例1:1，图片大小不得低于800像素x800像素
*直播标题
给直播取个主题名字
选择商品
点击添加商品
广告素材(非必填)
上传照片
图片大小不得低于图片比例558像素x789像素
操作步骤
1. 下载PC端直播工具，推荐使用OBS: 【下载地址】
2. 在该页面创建直播
3. 点击”开始直播“，即可获取推流地址和串流密钥
4. 将推流地址和串流密钥复制到OBS即可开始推流 【查看详细教程】
确认
取消

图 8-15

## 7. 准备直播

（1）在“创建直播”页面点击“准备直播”超链接进入中控台，如图 8-16 所示。开播前主播有 30 分钟的准备时间，主要用于调试 OBS 设置。

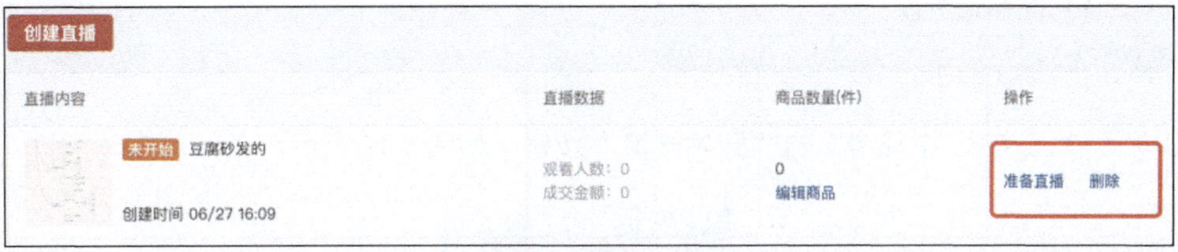


图 8-16

（2）分两次将服务器地址及串流密钥地址复制到 OBS 设置里（推流地址推流前有效时长 30 分钟），如图 8-17 所示。

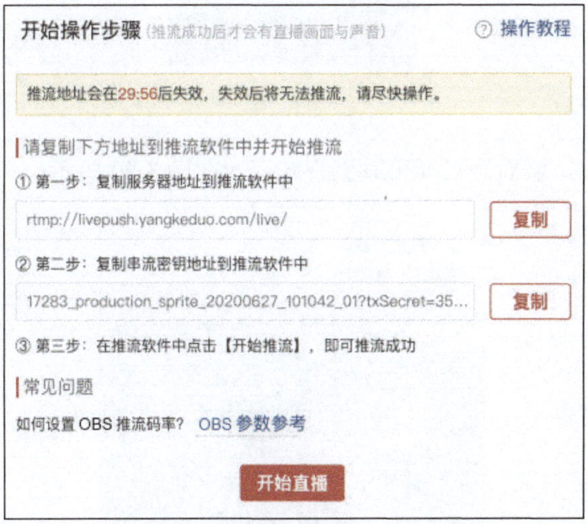


图 8-17

（3）进入 OBS“推流”设置，“服务”选择“自定义...”，将上述多多直播网站上的服务器地址及串流密钥粘贴在对应位置（每次开播串流密钥都会变，所以每次都需要重新复制粘贴），如图 8-18 所示。

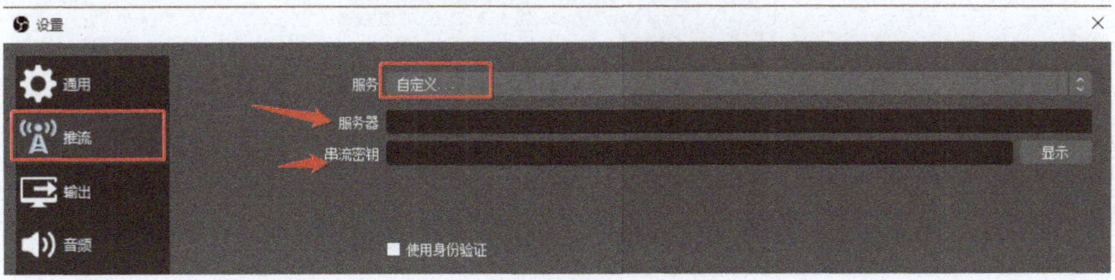


图 8-18

（4）保存设置。

### 8. 开始直播

（1）在 OBS 中控台点击“开始推流”按钮，如图 8-19 所示。

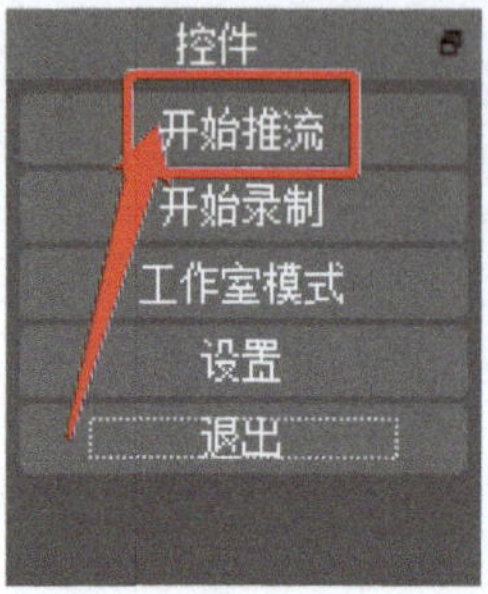


图 8-19

（2）返回网站，刷新网页即可看到视频流，如图 8-20 所示。

图 8-20

（3）在图 8-21 所示的界面中点击“开始直播”按钮，即可正式开播。

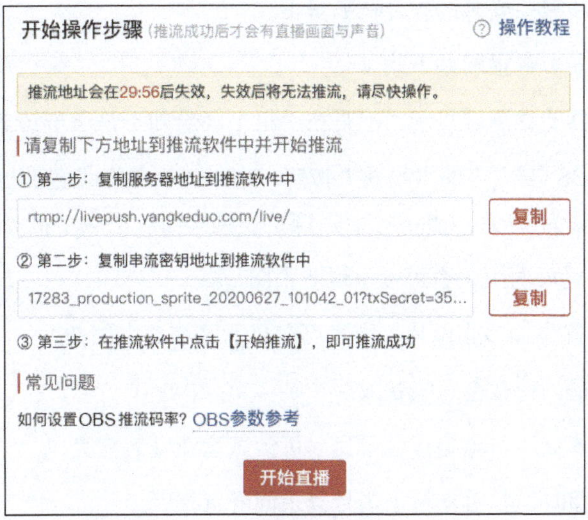


图 8-21

## 9. 结束直播

（1）在多多直播官方网站直播页面点击“结束直播”按钮，如图 8-22 所示。

图 8-22

（2）在 OBS 中控台点击“停止推流”按钮，如图 8-23 所示。

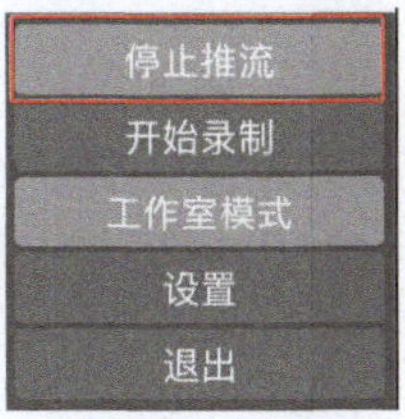


图 8-23

### 8.2.4 电脑直播常见问题

（1）电脑直播需要安装的软件在哪里下载？

答：建议在多多直播网站下载。

（2）电脑直播能够满屏显示，但是在手机上观看却不是满屏该怎么办？

答：点击 OBS 右下方的“设置”按钮，进入“视频”设置面板，把“基础（画布）分辨率”设置为“720×1280”，然后调整视频画面以适应手机分辨率。

（3）OBS 设置页面中是否可以出现两张图片？

答：OBS 支持添加多张图片，商家可在显示区域自由创作。

（4）电脑直播为什么会有噪音或回音？

答：可能是麦克风与电脑接触不良，可尝试重新安装麦克风。

（5）电脑直播时，是否支持子账号登录同时直播？

答：可使用子账号登录拼多多商家版 App，操作与直播间相关的事情，例如添加商品、发券等。

（6）多个店铺是否可以用一台电脑直播？

答：可以，但不建议这样，因为其对电脑性能挑战比较大。

## 8.3 多多直播封面图质量标准

### 8.3.1 主播人像图

主播人像图多用于娱乐类或以主播为中心的直播。

#### 1. 优质人像封面图标准

（1）本人照片，面部清晰完整。

（2）最好是腰部以上或膝盖以上的近景和中近景照片。

（3）背景简单，无杂乱物品。

（4）构图合理，光线明亮柔和。

### 2. 低质人像封面图标准

（1）网络图片。

（2）明星图片。

（3）直播间的截图。

（4）无美感的自拍大头照。

（5）斜躺照。

（6）以床为道具的图片。

（7）多人合照。

（8）着装或动作不雅图片。

（9）过于普通和生活化，背景中有杂物或遮挡物的图片。

（10）拼接或 PS 效果太差的图片。

（11）文字过多的图片。

（12）有边框的图片。

## 8.3.2 商品图

商品图多适用于以卖货为目的的，或不以突出主播个人形象为目的的直播。

### 1. 优质商品封面图标准

（1）能突出商品的使用场景。

（2）能突出商品的使用人群。

（3）能突出商品本身的特色。

（4）图片构图美观，画质清晰，光线柔和明亮，色彩饱和舒适。

图 8-24 所示为优质商品封面图示例。

图 8-24

## 2. 低质商品封面图标准

（1）拼接或 PS 效果太差。

（2）构图和光线太差，背景有杂物。

（3）与商品无关的卡通图、表情包、风景图等。

（4）图上文字过多。

（5）图片有边框。

（6）使用效果夸张的对比图。

（7）表现皮肤疾病或牙齿病症的恶心图。

图 8-25 所示为低质商品封面图示例。

图 8-25

# 8.4 多多直播标题质量标准

## 8.4.1 优质标题标准

### 1. 卖货类

1）标准模板推荐

（1）场景/痛点+商品+好处。

这些××××让你×××××××××

×××（收纳达人）都在用的×××，让你房间多出十平方米

（2）唤起共同记忆，勾起怀旧好奇心。

儿时的×××××主播都帮你找来了，快来看看

（3）商品特征或风格+商品+效果。

穿十年都×××××的××××，××又××

2）标题要点

（1）突出商品的活动和折扣信息。

今天的特惠有点猛！

（2）突出商品带来的幸福感的提升。

瘦身后的幸福生活

### 2. 达人才艺类

1）标准模板推荐

（1）艺人或歌单+互动。

甜心教主王心凌最火歌曲今晚唱给你听

（2）自己的身份+互动。

音乐学院硕士弹给你听

古筝主播每晚 8 点高山流水觅知音

2）标题要点：表现自己的特长和才艺

小女子不才，只是健身带得太好啦！

#### 3. 聊天情感类

1）标准模板推荐

（1）顺口溜型，突出个人品牌。

有事别往心里搁，每晚 8 点找胖哥

（2）聊天主题+今天聊聊+主题中的小主题。

职场生存指南：今天聊一聊职场“小白”常踩的那些“坑”

2）标题要点：直击受众痛点

本主播专治各种不开心

### 8.4.2 低质标题标准

#### 1. 与直播内容无关的无意义信息

中午好

#### 2. 诱导点击类

红包不间断

老板跑了万款品牌女装大甩卖

#### 3. 低俗暗示类

男人那点事儿

#### 4. 使用广告禁用词

全网最低 重振旗鼓 新活动新优惠

全网销量第一雪纺雏菊半身裙

#### 5. 有语病或错别字、多余的字

来吧，我的等你

#### 6. 新人问好类

萌新开播

新人开播第三天

### 7. 标题过短（未超过 4 个字符）

看！

# 8.5 直播相关准备及注意事项

## 8.5.1 直播硬件的准备

### 1. 直播背景（见图 8-26）

（1）直播间建议为 20～50 平方米。一般用不反光的墙纸、地毯（用于吸音），适当搭配沙发和小布景。

（2）一般选择在墙角，但墙缝不能在中间三分之一区域，条件暂时不具备者，可用窗帘作为背景。

（3）有干净整洁的背景（例如深色纯色窗帘或背景墙），灯光明亮。

（4）不建议出现跑马灯、LED 光板、脏乱差物品、货架、换下来的样衣。

图 8-26

### 2. 灯光

比较好的直播间光源由两部分组成：顶灯、主播补光灯。不建议室内有自然光源。

1）顶灯

顶灯一般是 2～3 个有间隔的主灯，配合 8 个以上不同角度的小灯，如图 8-27 所示。

主灯一般为暖白色，小灯为白色和暖黄色搭配。光要亮，但不能只有一个主光源，以主播身后没明显阴影，商品镜头下无较大色差为准。

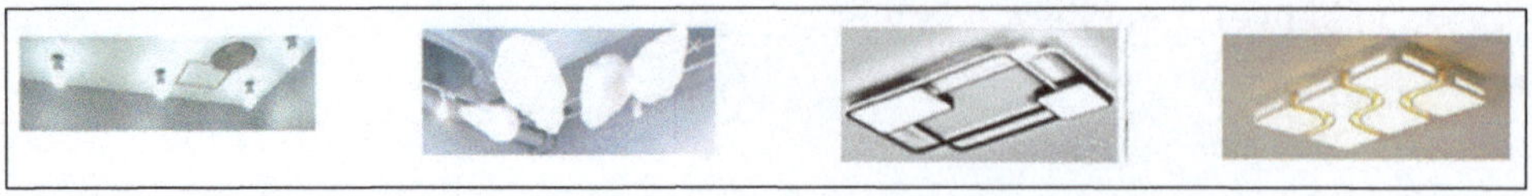

图 8-27

2）主播补光灯

LED 圆形补光灯、柔光箱经常需要搭配使用，如图 8-28 所示。其中圆形补光灯一般有 2～3 个，可根据实际情况调整直播间亮度平衡。

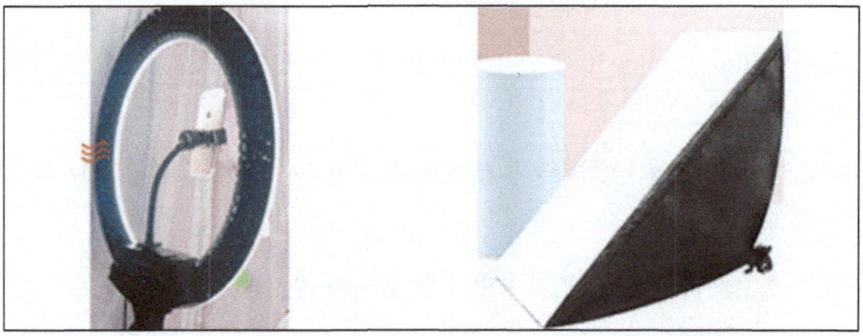

图 8-28

### 3. 隔音及其他

（1）直播间隔音性能要比较好，附近无其他声音干扰。

（2）直播镜头以外的地板和墙壁要做到无回声。其中地板回声可以用铺地毯来解决。

（3）墙壁隔音不好的要加装隔音棉，墙壁光滑的加装吸音棉或布帘。

（4）要保证直播间不受外界干扰，无关人员不要进入直播间。

## 8.5.2 人员配置

### 1. 主播选择

（1）语速较快，口齿伶俐，吐字清晰，音量偏高但不刺耳。

（2）性格偏外向，反应敏捷，语句有感染力，善于用目光和手势搭配讲话。

（3）长相有亲和力，能快速获取观众信任。

#### 2. 助播选择

以能临时作为主播替补为佳，可以由新主播兼任。

#### 3. 运营人员选择

有数据分析能力，有策划能力，懂点击率、转化率等概念。还需至少配备一位助理，协助主播更好地直播，与买家互动。

### 8.5.3 直播前注意事项

（1）直播前要预热，一场直播结束后应该立即进行下一场直播的预热。

（2）直播间商品风格要与主播气质一致，主播服装整洁大方。

（3）打印纸质清单，包含直播专属价、商品卖点、使用建议、适合的场景和人群等。

（4）提前准备抽奖、送小礼品、送专属优惠券等小活动。

（5）提前策划穿插性场景，在高人流时段给足观众惊喜。

（6）准备好备用手机、备用网络、备用电源等。

### 8.5.4 直播中注意事项

（1）主播要多看镜头，多与观众互动，在初期粉丝较少时候，要和每个进直播间的观众打招呼。

（2）对于观众提出的问题要全部做回应。

（3）一个商品的讲解时间控制在 5 分钟左右。

（4）由专人监控直播间氛围，人数较少、互动较少的时候，及时做小活动进行拉升。

（5）若观众出现负面情绪，要及时引导他们通过其他渠道处理。

（6）助播要及时引导主播情绪，提醒其保持激情。

（7）最重要的是，不要长时间出现“空镜头”，不要长时间不说话。

### 8.5.5 直播后注意事项

每场直播都要有事后分析，至少要包含以下项目：

（1）观众分析：流量大小，以及观众更加关注什么、停留时长、互动活跃度等。

（2）货品分析：哪些货适合直播，哪些货不适合直播，下一场怎么升级。

（3）主播分析：哪些方面做得好，哪些方面做得不好，下一场怎么优化。

（4）软硬件分析：哪些软件、硬件需要优化或升级。

## 8.6 多多直播违规事项说明

### 8.6.1 人员方面

#### 1. 着装

（1）主播严禁着装裸露，严禁穿情趣内衣。

（2）严禁穿着带有中国人民共和国国家机关、军队的制服进行直播。

#### 2. 言辞

（1）禁止宣传非本平台的链接。

（2）不得发布不实信息，不得捏造细节、夸大事实、做不实宣传、发布虚假中奖信息等。

（3）禁止承诺互动活动有赠品等奖励但并未兑现的行为。

（4）严禁宣传涉及色情、赌博的 QQ 群号、微信号、网站等。

#### 3. 举止

（1）避免出现抽烟、喝酒、耍酒疯等容易引起观众不适的行为。

（2）避免突然关闭或中止直播。

（3）避免长时间（15 分钟以上）直播与直播主题无关内容且无主播参与互动。

### 8.6.2 商品方面

（1）禁止推广与描述信息不符的商品。

（2）禁止使用绝对化用语进行不实宣传，包括但不限于以下词汇：最高级、全网、顶级、第一、绝无仅有、唯一等。

（3）禁止推广假冒商品、盗版商品。

### 8.6.3 其他方面

（1）不得存在易导致交易风险的行为，包括但不限于引导买家进行线下交易、发布外部网站的商品或信息。

（2）禁止通过“刷单”等形式对直播的赞、评论、分享等互动数据和粉丝数量、推广效果等数据造假。

（3）禁止发布涉嫌导流的信息，包括但不限于发布社交、导购、团购、促销类外部网站地址或 App 名称、二维码、联系账号、Logo 等。

## 8.7 多多直播功能介绍

### 8.7.1 小红盒

小红盒中有直播间的商品列表汇总，观众可点击小红盒查看本场直播的商品清单。

### 8.7.2 想看功能

观众在直播间小红盒商品列表中，点击“想看讲解”按钮，主播端将会弹出“×××想看讲解”的提示，主播可点击“立即讲解”按钮，为该观众讲解该商品，该观众将收到讲解提示。同时主播可以点击“查看全部”按钮，查看想看商品讲解的全部观众，当多名观众想看同一个商品讲解时，主播可以看到“×××等×（具体人数）人想看”的提示。

### 8.7.3 直播间公告牌

#### 1. 什么是直播间公告牌

公告牌使用场景众多，文案内容由商家自行决定，例如：

（1）抽奖、秒杀活动预告。

（2）直播间活动玩法介绍。

（3）主播基本信息描述。

（4）本场直播内容描述。

开启后如图 8-29 所示。公告牌会在买家端优先展示，无论买家何时进直播间，都能一眼看清本场重点。

图 8-29

## 2. 公告牌设置方式

公告牌默认为关闭状态，因此每场直播前都需要按照下述步骤来设置。

第一步：点击“设置”中的“公告牌”按钮，如图 8-30 所示。

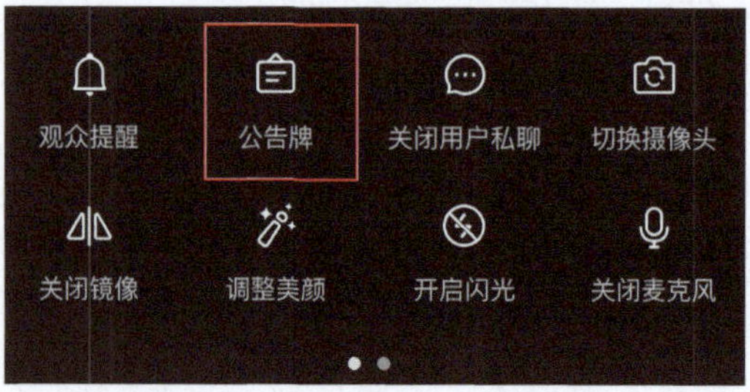


图 8-30

第二步：输入文案，字数为 12～24 个字，如图 8-31 所示。

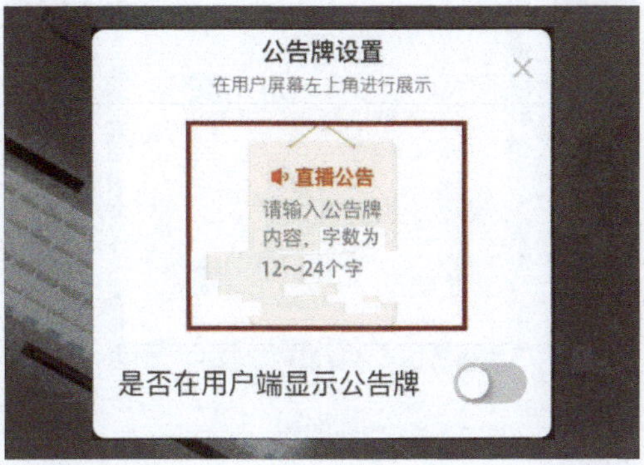


图 8-31

第三步：打开开关，设置为在用户端显示公告牌，这样进入直播间的观众才能看见公告，如图 8-32 所示。

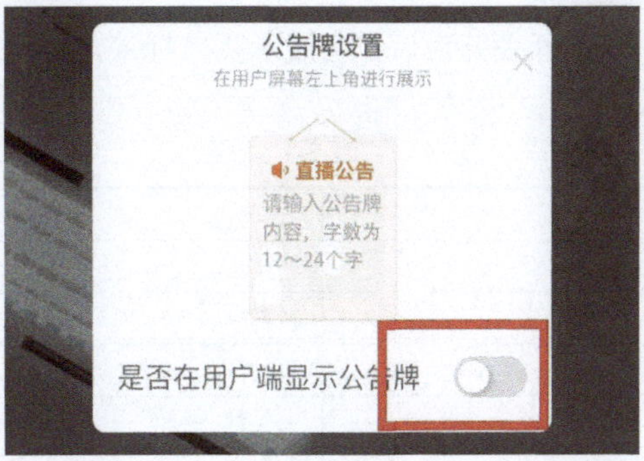


图 8-32

### 3. 修改公告牌文案

文案展示满 1 分钟后才能修改。点击开关，关闭在用户端显示公告牌，商家即可修改文案。

## 8.7.4 直播观众提醒

### 1. 观众提醒是什么

在观众进入直播间或发表评论时，主播可以得到声音、文字提醒，当然主播也可以不开启提醒，如图 8-33 所示。

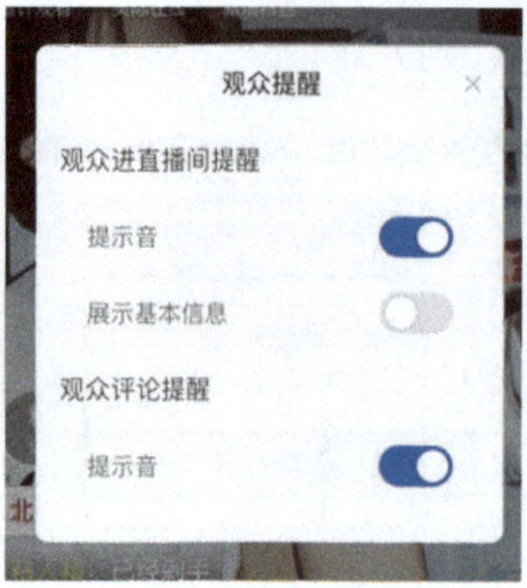


图 8-33

## 2. 观众提醒如何促进成交

（1）观众进直播间的“提示音”开关开启后，观众进入直播间时，会有专属声音提醒主播。主播不再需要分神关注进直播间的人数，可以专注于讲解商品、引导购买等。不错过每一位进直播间的观众，在直播间人数较少时更能让每场直播收益最大化。

（2）“展示基本信息”开关开启后，会展示买家标签，展示的标签如表 8-1 所示。

表 8-1

| 买家行为 | 标　签 |
|---|---|
| 购买过 | 老客 |
| 未购买 | 新客 |
| 已关注店铺 | 已关注 |
| 未关注店铺 | 未关注 |
| 已收藏商品 | 收藏了××/收藏了××等×件商品 |
| 未收藏商品 | （不显示） |
| 浏览过商品 | 浏览过××/浏览过××等×件商品 |
| 未浏览商品 | （不显示） |

商家开启“展示基本信息”开关后，每一位进直播间的买家的信息都会按照上表展示给商家，有利于商家把握买家特征，抓住意愿强的买家精准营销。

（3）观众评论的“提示音”开关开启后，买家评论时会有专属声音提醒主播，有助于主播读到每一条评论，及时做出反馈。

## 3. 如何开启观众提醒

第一步：打开“设置”，点击“观众提醒”按钮。

第二步：点击开关选择要开启的项目。

第三步：点击“一键开启”按钮，如图 8-34 所示。

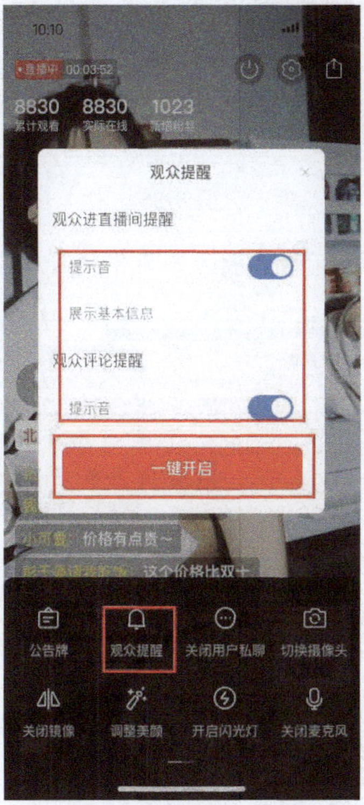


图 8-34

## 8.7.5 秒拼

### 1. 功能介绍

秒拼就是在直播间直接截屏创建商品，只用 10 秒钟就能创建并发布商品。

使用秒拼功能，可以解决非标品类目（如珠宝、花卉等）复杂的 SKU 问题，可以处理断码清仓商品，解决库存积压问题，也可以通过定时定量抢购活动快速打造爆款商品。

### 2. 使用指南

第一步：发起直播后，点击下方的秒拼图标，如图 8-35 所示（拼多多商家版 App 需更新至 2.6.10 版以上）。

图 8-35

第二步：选择商品分类和运费模板，如图 8-36 所示。

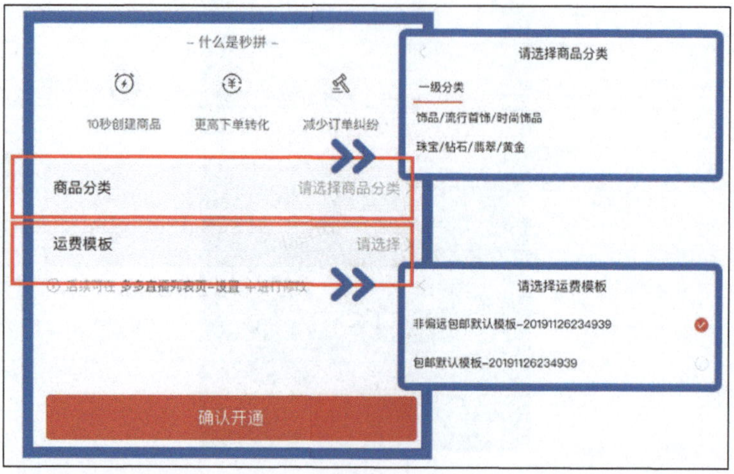


图 8-36

要修改商品分类和运费模板，需要到多多直播首页，点击首页的设置图标修改相关信息，如图 8-37 所示。

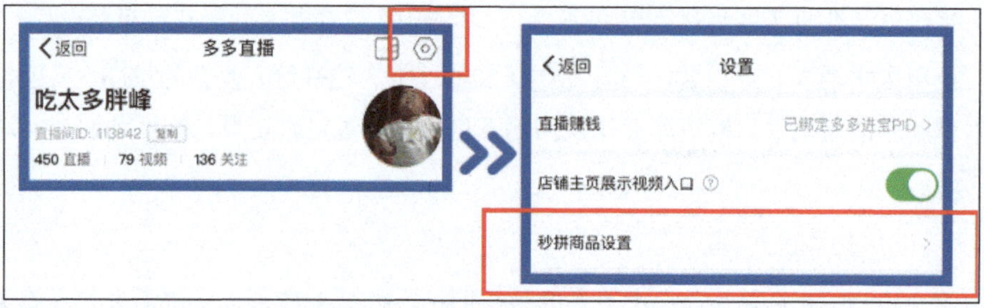


图 8-37

第三步：创建一个秒拼商品。拍下商品主图，添加商品名称、拼单价，库存默认为 1 件，可自行更改。点击“立即售卖”按钮，即可生成 1 件秒拼商品，如图 8-38 所示。

图 8-38

创建成功后，秒拼项目将在小红盒中自动置顶，且处于“讲解中”状态，如图 8-39 所示。

图 8-39

### 3. 注意事项

（1）当买家点击下单后，秒拼商品即锁单，要注意提醒买家完成支付流程。

（2）直播间内同一时间仅会出现一件秒拼商品，当出现下一件秒拼商品时，上一件将在直播间内消失，十分钟后将自动删除。

（3）由于商品发布流程简易，请谨慎使用，一旦发现恶意操作，将永久收回直播权限。

（4）创建成功后，可点击小红盒，选择商品图片点击“停止售卖”按钮。

# 8.8 如何向直播间引流

要想做好直播，就必然需要流量。接下来我们带大家了解一下有哪些方式可以快速引流，聚集直播间人气。

## 8.8.1 了解直播店铺流量入口

对于正在直播的店铺，平台给予了一些展示渠道，它们也是直播店铺的流量入口。

### 1. 对平台所有用户的展示渠道

（1）在拼多多 App 首页、搜索页、推荐商品列表中，商品名前将出现“直播中”标签，如图 8-40 所示。

（2）店铺主页有直播的悬浮窗，如图 8-41 所示。

图 8-40

图 8-41

（3）直播间商品的详情页有直播的悬浮窗，如图 8-42 所示。

（4）在同城直播、多多果园、直播红包广场中有直播展示，如图 8-43 所示。

图 8-42

图 8-43

（5）优质直播间将有机会直接出现在拼多多 App 首页，如图 8-44 所示。

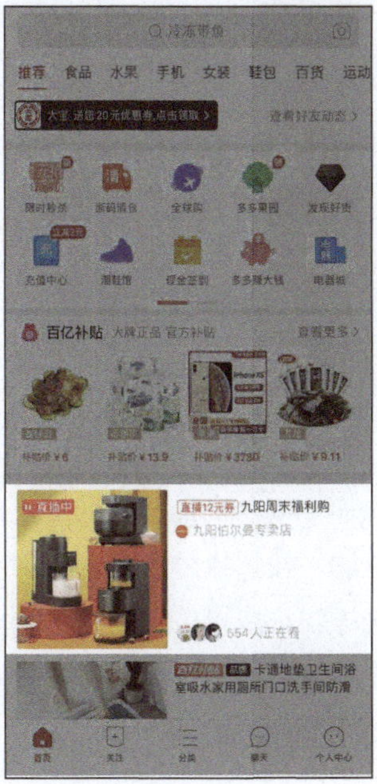


图 8-44

### 2. 对店铺关注用户的展示渠道（见图 8-45）

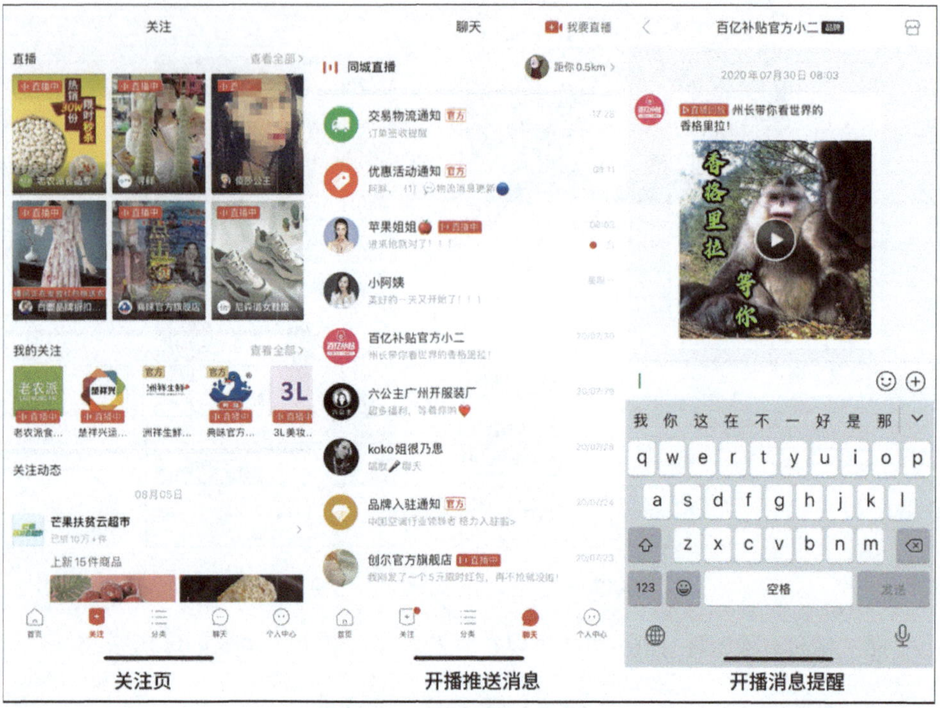


图 8-45

（1）关注用户在关注页面会看到“直播中”提示。

（2）在店铺关注列表中，直播中的店铺将置顶。

（3）关注用户会收到开播提醒。

## 8.8.2 直播引流小技巧

### 1. 直播间商品的选择

商家最多可在小红盒中添加 200 个商品，观众可点击小红盒查看商品清单，看到有兴趣的商品可点击“想看讲解”按钮提醒主播。而当主播正在讲解该商品时，该商品的详情页将会出现直播的悬浮窗，所以若该商品本身的曝光量很大，就会有更多人看到直播并点击进入。能够获得活动资源位或被选择做推广的商品本身就具备一定的爆款潜力，在直播间也将是受欢迎的商品。

### 2. 保持稳定的直播频次

平台对于正在直播的直播间会给予很多流量入口，目前平台的直播还处在萌芽状态，直播卖货对于买家来说还是很新颖的一种形式，所以商家们一定要抓住机会，快速吸引固定的直播粉丝，成为多多直播“带货王”。

建议商家保持每天直播，这既可以让自己的店铺获得平台的巨大流量，又可以不断地提升直播技巧，让主播人设深入粉丝心中。

### 3. 提高店铺关注量

若店铺正在直播，系统会自动向已关注店铺的买家推送直播消息，所以提升店铺的关注量，也是增加直播间流量的有力举措。那么该如何让更多买家关注店铺呢，下面几个技巧大家可以试试。

（1）店铺和商品的风格要定位清晰，只有定位清晰，才能吸引特定人群。

（2）店铺时常有新品上架，能吸引更多买家关注店铺或商品。

（3）设置“关注即可获得优惠券/享受优先发货权”等，也能吸引买家关注。

### 4. 设置有吸引力的直播封面和标题

所有渠道的直播入口优先展示的都是直播封面和标题，所以能否让看到的买家有兴趣看直播，封面和标题是关键性因素。商家在选择封面图的时候，可选择本场直播中的一张商品图或高颜值主播与商品的合拍图，而标题要简单明了，突出本场直播的亮点。

### 5. 在社交平台分享直播链接

在开播后，商家可分享直播链接至朋友圈、社群、QQ 群、微博等个人关系网所覆盖的社交渠道，将各个渠道的流量打通，互相引流，增加直播间的粉丝。但是要注意遵守社交平台规定，不能违规乱发。

### 6. 客服引导

当有买家在直播前对商品进行咨询，并犹豫不决或想要更低折扣时，客服可引导买家观看直播，告知买家不仅有主播讲解，还会有直播间限量折扣等。

### 7. 广告推广

商家可利用多多搜索、多多场景、直播间推广进行引流，针对自己的目标人群进行精准营销，快速提升直播间的人气。

## 8.8.3 利用短信营销给直播引流

### 1. 提前预告

商家在直播开始的前一两天可以用短信预告直播的时间及亮点，重点突出直播的时间，并在短信中插入店铺主页短链接，吸引关注，加深买家的印象。

建议推送给“活动预热场景”标签下的人群。

短信内容示例：“热销款时尚少女风服饰，明晚 20 点直播试穿，还有惊喜好礼，不容错过！（附店铺短链接）”。

### 2. 开播后提醒买家观看

在直播开始后，再推送一条短信提醒买家直播已开始，短信内容要重点突出直播的亮点和利益点，插入直播间短链接，便于买家直接点击进入直播间。

建议推送人群：店铺老买家，关注或浏览过的买家。

短信内容示例：“你最爱的可爱少女风新款女装，主播正在直播间亲自试穿，还有大额无门槛券限量送，速来围观（附直播间短链接）”。

## 8.8.4 直播推广

“直播推广”是一款直播间引流工具，可在设置推广金额后将直播间推荐给有兴趣的买家，从而提升直播间人气，带来更多订单。直播推广的入口如图 8-46 所示。

图 8-46

直播推广包含两种模式——“自动推广”和“极速推广”，能满足商家不同的推广诉求。

### 1. 什么是自动推广

自动推广以保证直播间效果为目标，一次设置长期生效。商家只需设置每日推广金额上限，出价、人群定位和资源位操作均由系统自动完成，每次开播时即可唤起直播推广。

推荐使用场景：需要给直播间长期引流，通过直播日常卖货时使用。

### 2. 什么是极速推广

极速推广服务以快速增加直播间观看量为目标，需每次单独购买。在一场直播中最多能创建 50 个推广订单，每次均需确认购买的推广金额和对应的预估曝光时长，系统会在商家期望的曝光时长内快速引入直播观众。开播期间，购买推广订单之后立刻就能进行推广，推广金额消耗完或推广时长结束后推广停止。

推荐使用场景：需要快速引入大批观众，在直播间进行低价促销、快速甩货时使用。

### 3. 如何选择推广方式

两种推广方式不冲突，可同时使用。设置好自动推广后，一旦开播，系统会在保证效果的情况下不间断推荐观众。当需要快速获取观众时，可叠加购买极速推广服务，系统会根据购买金额完成一次性引流。

### 4. 自动推广怎么设置

如图 8-47 所示，选择“自动推广”模式，选择推广金额上限，点击“确认创建”按钮，即完成推广计划的创建，操作完成后直播间开始获取流量。创建好的计划会长期有效，不需要再次创建。

如果需要暂停推广，可点击“暂停推广”按钮。

如果需要调整金额上限，直接选择新的金额，点击“确认修改”按钮即可，如图 8-48 所示。

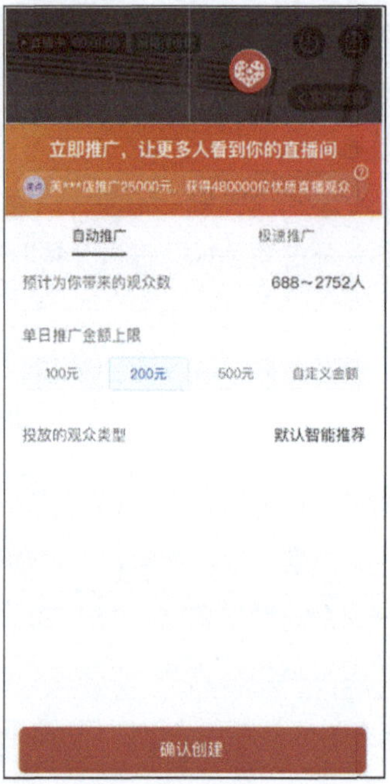


图 8-47

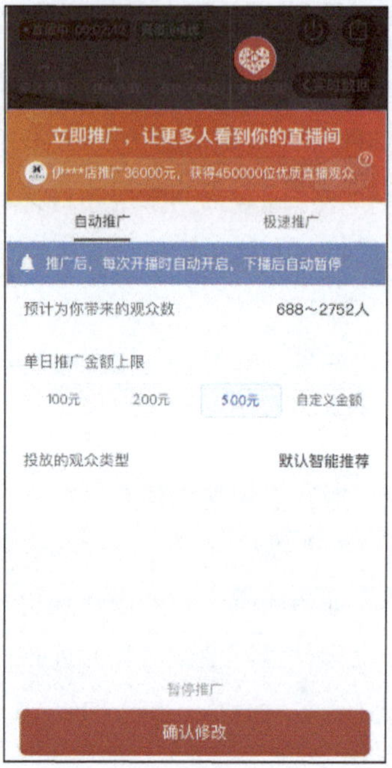


图 8-48

如果需要进行修改推广出价、增加自定义人群包等个性化操作，可前往电脑端商家后台的“推广中心”—“直播推广”中操作。

### 5. 极速推广怎么设置

切换至“极速推广”模式，选择推广金额上限和预计推广时长，点击“确认推广”按钮即完成单次推广的购买，操作完成后直播间开始获取曝光。

创建后不可修改购买信息，已购买的订单会在推广金额消耗完或到达设置的预估曝光时长后结束，如果需要再次投放，需点击“再次投放”按钮重新购买一次，购买记录可在底部“查看推广记录”中查看，如图 8-49 所示。

图 8-49

## 6. 在直播间内推广需要审核吗

每一次创建推广订单都需要审核，审核结果会在创建完成后实时反馈给商家。

自动推广模式的计划审核情况需要前往电脑端商家后台的“推广中心”—“直播推广”中查看。极速推广模式的订单审核情况可以在“推广记录”中查看。

当推广审核未通过时，直播推广无法生效，商家需要查看审核未通过的原因，并对直播间标题、直播间封面、直播间正在讲解中的商品图片等进行修改，修改后再次提交审核，审核通过即可生效。

## 7. 推广金额如何结算

直播推广按照单次点击扣费，即系统向买家展示你的直播间，在买家点击进入直播间时计费。

购买的订单实时结算，花多少扣多少。

查看花费的方法：

自动推广模式下，在直播中可通过推广操作页面的滚动条查看当前推广余额，直播中和直播后都可以在电脑端商家后台的“推广中心”—“直播推广”中查看推广数据。

极速推广模式下，可以通过“推广记录”—“推广订单详情”查看当前推广的花费，以及 3 个月内推广订单的花费。

### 8. 使用直播推广时，引流会持续多久

自动推广模式下，当直播结束或者单日花费到达推广金额上限时，会停止曝光引流。因此在直播时如希望引流时间变长，可以提高推广金额上限。

极速推广模式下，当推广金额消耗完或者推广时长到达设置的预估曝光时长时，会停止曝光引流。因此在直播时如希望引流时间变长，可设置较长的预估曝光时长，或者创建多个推广订单。

### 9. 什么是推广金额上限

推广金额上限即为本次推广花费的上限，到达限额后推广下线，不再曝光。

自动推广模式下，推广金额上限为单日所有场次金额的上限，即当天开播的场次共享一个上限金额，第二天 0 点上限金额重新计算。当日到达限额后推广下线，直播间停止付费曝光，追加限额后可再次上线推广。

极速推广模式下，推广金额上限为本次购买订单的花费，系统会在预估曝光时长内根据推广金额引入相应数量的观众。单次购买金额花完后可再次创建订单追加投放金额，如当次购买金额未花费完，系统会返还剩余金额，详情可查看订单明细。

### 10. 直播推广会将直播间展现给哪些买家

目前拼多多 App 直播间内的直播推广功能不支持定向投放，系统会根据直播间、店铺、商品的历史数据，智能推荐对你的直播间感兴趣的买家。

### 11. 怎么查看推广效果数据

自动推广模式的推广效果需要到电脑端商家后台的“推广中心”—“直播推广”中查看。

极速推广模式下的效果数据可在拼多多商家版 App“推广订单详情”中查看，如图 8-50 所示。

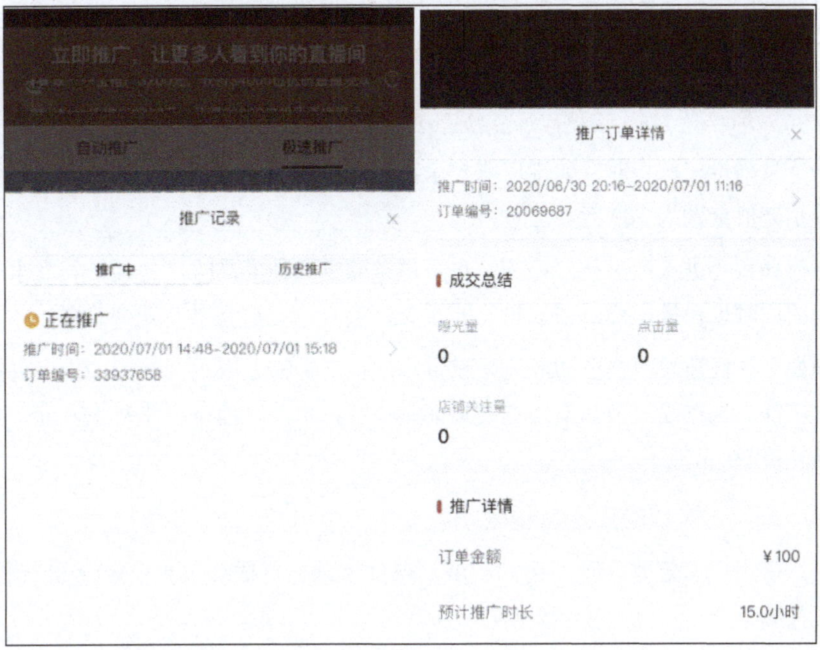


图 8-50

## 12. 开启推广后为什么没有曝光数据

没有曝光数据可能是因为以下两种原因，商家需要自查并进行调整。

（1）推广审核未通过，具体如表 8-2 所示。

表 8-2

| 模　　式 | 查看审核原因的路径 | 如何调整 |
|---|---|---|
| 自动推广 | 电脑端商家后台的“推广中心”—“直播推广”—“单元详情”—“创意详情” | 检查直播标题、直播封面、直播间在讲解的商品素材图，针对驳回原因进行修改并提交 |
| 极速推广 | 拼多多商家版 App 直播间的“直播推广”—“推广记录” | |

（2）直播间内小红盒中没有商品。建议至少添加两个商品。

## 13. 推广记录中可查看多久的记录

极速推广模式下，可以在“推广记录”里查看购买推广服务的记录。

推广记录包含以下两个板块：

（1）推广中：支持查看本场直播内创建的所有极速推广订单。

（2）历史推广：支持查看近三个月创建过的所有极速推广订单。

### 14. 直播推广充值金额会用于哪些推广

进行直播推广操作时，如推广账户余额不足以购买本次推广，系统会提醒商家充值，最小充值金额为100元。

充值钱款会进入商家推广账户，也可供该商家其他商品推广使用。若商家在推广直播间的同时也在推广商品或店铺，直播推广会与这些服务共享账户余额。

例如，在直播间内充值200元，设置本次推广金额上限为200元，推广直播间时其他推广商品也在线投放，最终花费可能是这样：本次直播推广花费150元，其他推广商品花费50元。

### 15. 充值时展示的锁定金额是什么

当系统出现充值建议时，会同步展示现金余额、直播红包和锁定金额三个字段，对应含义如下：

现金余额：当前推广账户下可用的现金余额。

直播红包：当前账户下可用于直播推广的红包余额。

锁定金额：当天已经确认创建的极速推广订单的累计金额。

## 8.9 如何做好直播方案策划

### 8.9.1 明确直播目标

直播是一件需要持之以恒去做的事情，不能一蹴而就，所以我们必须有“长期作战”的准备。定的目标可以分为长期目标和短期目标，长期目标如直播一个月后直播粉丝需增长多少人，短期目标可以具体到每一场直播的观看人数、转化销售额要达到多少元等。先确定好目标，再围绕目标分解直播任务。

### 8.9.2 确定直播频次

直播频次可以分长期和单场两种情况来规划。长期直播可以按月计划直播的次数和日期，每周建议直播 3～5 天，提前安排场地、人员、设备等。单场直播建议持续 3～5 小时。有计划地直播不仅可以培养粉丝在固定时间看直播的习惯，而且也可以做好宣传预告工作。每场直播的时间建议在 18:00—23:00 时间段内，当然也可根据店铺的粉丝喜好来确定。

### 8.9.3 确定主播人选

商家可在网上招聘主播，或者找相关的机构合作。商家如果没有招聘主播的预算，也可以把自己培养成主播。一个好的主播本身就“自带流量”，所以主播人选非常关键，建议要和自己的商品风格相搭配，比如商品是甜美风的服饰，就需要找个颜值高、身材好、口才好，既能穿出美，又能讲出好的主播。若商品是数码产品，就可以把主播塑造成比较专业的形象，可以有条有理地说出商品的优势，让观众增加信任感。

另外，主播的人选不要频繁更换，一定要有两三个固定的主播。

### 8.9.4 确定直播脚本

直播脚本需要完全覆盖各个直播环节，包括操作的步骤，能让主播有效把控直播的节奏，让正式直播的内容有条不紊地进行。脚本一般需包含以下几个方面。

#### 1. 主题

确定好每场直播的主题，后续所有的内容策划都围绕这个主题来展开，确保直播间的“主轴”不会跑偏，也方便主播确定聊天互动的方向，而不是东拉西扯地闲聊。例如直播主题是冬装新款，或者店庆活动等。

#### 2. 流程

直播的流程细节要具体到分钟，保证直播有序且高效地进行，达到预期的目标。图 8-51 为直播流程示例。

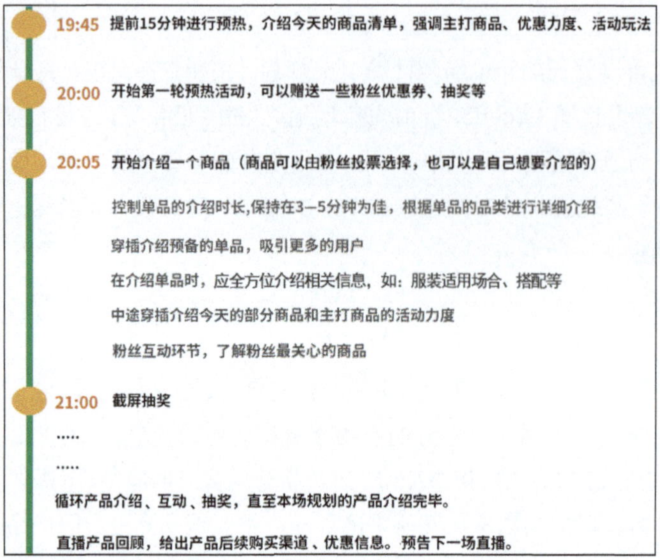
19:45 提前15分钟进行预热，介绍今天的商品清单，强调主打商品、优惠力度、活动玩法
20:00 开始第一轮预热活动，可以赠送一些粉丝优惠券、抽奖等
20:05 开始介绍一个商品（商品可以由粉丝投票选择，也可以是自己想要介绍的）
控制单品的介绍时长,保持在3—5分钟为佳，根据单品的品类进行详细介绍
穿插介绍预备的单品，吸引更多的用户
在介绍单品时，应全方位介绍相关信息，如：服装适用场合、搭配等
中途穿插介绍今天的部分商品和主打商品的活动力度
粉丝互动环节，了解粉丝最关心的商品
21:00 截屏抽奖
.....
.....
循环产品介绍、互动、抽奖，直至本场规划的产品介绍完毕。
直播产品回顾，给出产品后续购买渠道、优惠信息。预告下一场直播。

图 8-51

### 3. 互动话题

要提前准备可以和观众互动的话题，结合直播的主题或时下热点话题，活跃直播间气氛，增加趣味性，避免冷场。

### 4. 优惠信息

直播间提供的优惠可以吸引观众进直播间并持续关注直播，所以优惠力度要大，可以准备一些用于秒杀活动的商品，直播中可不定时做限量秒杀活动，或者提供一些限量的商品及直播专属的特价，这样能够刺激观众及时下单，提高直播的转化率。

### 5. 人员分工

每个人做什么事情一定要分工明确，比如主播负责引导关注、介绍商品，直播助理负责互动、回复问题、发放优惠券等，客服负责修改商品价格等。合理分工能让每个环节都紧凑衔接，让直播顺畅进行。

# 8.10 巧用直播优惠券

优惠券是直播时必不可少的营销利器，不仅可以吸引观众进入直播间观看，还可以在直播间不间断发放，让观众持续关注直播，最重要的是能够刺激观众及时下单，提高商品的转化率。

## 8.10.1 两种优惠券的区别

直播优惠券有两种，分别是直播专享券和直播粉丝券。两种优惠券的区别如表 8-3 所示。

表 8-3

| 项　目 | 直播专享券 | 直播粉丝券 |
|---|---|---|
| 优惠维度 | 针对单个商品 | 针对单个商品 |
| 领券渠道 | 只能在直播间领取 | 只能在直播间领取 |
| 发放渠道 | 最多授权给 10 个直播间 | 只授权给一个直播间 |
| 优惠券面额 | 没有要求 | 不低于 5 折，不高于 500 元 |
| 发放方式 | 在提前设置好的时间自动展现在小红盒中待买家领取 | 商家需主动在直播间发放，并可设置领取时间 |
| 领券条件 | 无条件 | 关注店铺并分享直播间地址后才能领取 |
| 有效期 | 商家可自主设置 | 商家可自主设置 |

直播专享券适合推广某个单品，可迅速提升单品的销量。

直播粉丝券可以帮助店铺提高关注量，提升店铺及直播间的人气。粉丝券的券额要求较高，大额券更加能够吸引粉丝关注及停留。

## 8.10.2 直播优惠券的设置与发放

### 1. 如何设置直播优惠券

第一步：打开拼多多商家版 App，在常用应用中选择“优惠券”，如图 8-52 所示。

第二步：在“优惠券管理”页面的右上角点击“添加”按钮，在“优惠券类型”中选择“直播券”进行添加，如图 8-53 所示。

开开心心农产品
0
待支付
1
待发货
0
0
¥19.90
1
1
0.00%
重要
【警惕】不法分子盗用"多多批发"联系...
常用应用
商品管理
订单管理
数据中心
营销活动
推广中心
多多进宝
优惠券
多多直播
短信营销
全部应用
重磅上线
流量补给战
拼多多批发
店铺

图 8-52

取消
优惠券类型
用于客服聊天中发给消费者
领券中心券
资源位形式对消费者发送的商品券，获取高额流量
订单复购券
在订单场景下发放的大额商品优惠券，提升复购行为
省钱月卡券
在省钱月卡页面向消费者发放的高额无门槛商品券
直播券
用于商家直播时发放的商品券
添加优惠券
券的类型
直播券
用于商家直播时发放的商品券
选择分类
直播专享券
直播时段商详页领取的商品券
直播粉丝券
直播间内限时限量领取的大额商品券
券的名称
请输入优惠券名称(仅内部可见)
选择商品
请选择
券的面额
1~3000
元
发行张数
1~500000
有效时长
领券后 24小时 内有效
每人限额
1
+
开始时间
2020-11-07 17:00:00
结束时间
2021-05-05 23:59:59

图 8-53

第三步：添加后的优惠券信息如图 8-54 所示。

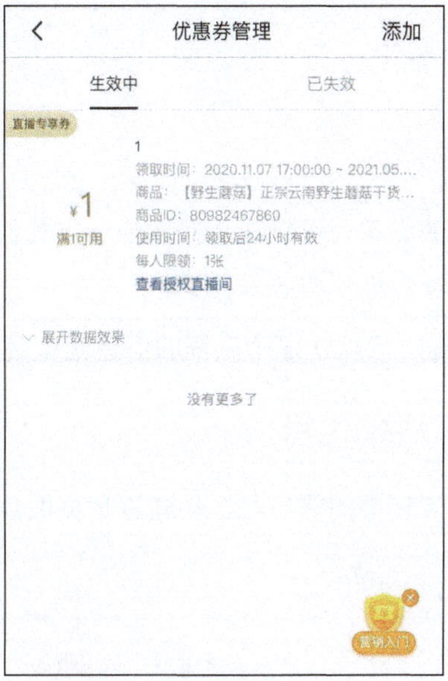


图 8-54

### 2. 如何发放直播优惠券

直播专享券无须手动发放，会在提前设置好的时间自动展现在小红盒中，待买家领取。直播粉丝券需商家主动在直播间发放。

## 8.10.4 直播优惠券常见问题

（1）直播优惠券可以和其他优惠券同时使用吗？

答：直播券不能和任何店铺优惠券（如店铺关注券等）叠加使用，但可以和平台优惠券叠加使用。

（2）如何取消优惠券？

答：在拼多多商家版 App 的“工具”—“营销”—“优惠券”中，可以查看“生效中”的优惠券，选中想要取消的优惠券列表，iOS 用户向左滑动列表可以进行删除，Android 用户长按列表可以进行删除。

（3）为什么我的直播间不能创建直播粉丝券？

答：请检查您的商家版 App 是否已更新至 2.6.3 或以上版本。

# 8.11 自有店铺代播

## 8.11.1 自有店铺代播简介

在平台内有多个店铺的商家，可以让直播店铺绑定其他店铺，直播时会在这些店铺的详情页，以及商品详情页展示直播悬浮窗。

使用自有店铺代播功能，可以让多个店铺的流量集中到一个店铺里，提高转化率。

## 8.11.2 如何设置自有店铺代播

第一步：登录用于日常直播的账号，在创建直播页面点击右上角的设置图标，如图 8-55 所示。

图 8-55

第二步：点击“自有店铺代播”按钮进入绑定页面，如图 8-56 所示。

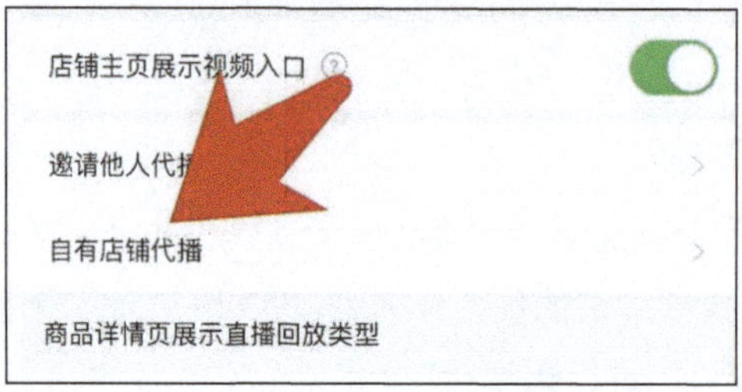


图 8-56

在绑定页面输入店铺 ID 并点击“发送店铺邀请”按钮发起邀请，如图 8-57 所示。

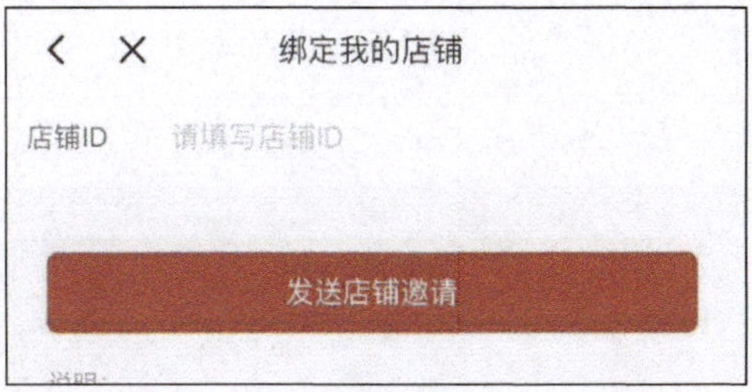


图 8-57

第三步：登录其他店铺，进入“自有店铺代播”页面，点击“查看绑定邀请”超链接确认通过授权，如图 8-58 所示。

图 8-58

# 第 9 章

# 平台重点规则解析

# 9.1 诱导非官方交易

## 9.1.1 什么是诱导非官方交易

商家主动诱导拼多多买家或接受买家的要求，通过非拼多多官方渠道进行交易或收付款，或者实施其他提高交易风险、可能损害买家合法权益的类似行为，都属于诱导非官方交易行为。

## 9.1.2 哪些情形属于诱导非官方交易

（1）在线上或线下与买家通过非拼多多平台提供的渠道收付款，这些渠道包括银行账号、第三方支付工具、支付二维码、购物链接、第三方平台店铺等。比如给买家发自己的银行账号或者支付宝账号，要买家绕过拼多多平台来交易或付款。

（2）在线上或线下与买家交换任何非拼多多平台的账号，如第三方应用账号、第三方网站账号、电子邮箱、网盘账号、订阅号、公众号等。

（3）在线上或线下引导买家浏览、下载非拼多多平台提供的，并非正常交易或服务所必需的网站、内容或应用。比如向买家发自家店铺的公众号或粉丝群号等。

（4）商品包装上或包装中附带任何并非正常交易或服务所必需的第三方网站或店铺信息，如好评返现卡等。

（5）以通过非拼多多官方渠道进行交易或收付款为目的，在线上或线下与买家交换手机号、座机号或其他联系方式（因正常需求而交换联系方式不属于诱导非官方交易）。

## 9.1.3 平台如何判定诱导非官方交易行为

第一步：系统检测和拦截。

平台能通过对特殊字符、形近字、谐音字的检测，以及号码识别、图片识别、上下文语义判断等多种方式综合检测是否存在诱导非官方交易行为，已能覆盖绝大多数情况。

第二步：在聊天页进行提示。

拼多多平台使用语义识别模型对商家客服聊天内容进行实时监控，系统将自动对疑似违规的会话进行提示，常见提示方式：文字提醒，考试提醒（系统检测到可疑行为后会发送试卷让客服进行考试）等。

第三步：人工核查并复核。

拼多多平台会对被拦截的聊天记录进行人工核查，根据商家客服聊天内容、订单状态及商品属性来判定商家行为是否属于诱导非官方交易，并对判为诱导非官方交易的商家进行二次审核。

第四步：通知并处理。

拼多多平台会对被判定为诱导非官方交易行为的商家按照相关规定进行处理。届时将通过站内信、商家版 App 消息、短信等通知因诱导非官方交易而被处理的商家，商家应在收到站内信后按照要求完成相应操作。

### 9.1.4 平台如何处理诱导非官方交易行为

（1）对存在交易风险的订单做关闭交易处理。

（2）限制店铺账户部分或全部资金提现。

（3）店铺所有商品下架或禁售，禁止上新，禁止上架。

（4）提高店铺保证金标准，增幅为 10 万元。

### 9.1.5 商家该如何避免诱导非官方交易行为

#### 1. 商家向买家转账

商家向买家转账请使用官方“小额打款”功能。

1）小额打款在商家后台的路径

小额打款在拼多多商家后台中有三种常用路径。

路径一：“售后管理”—“小额打款”—“发起打款”，如图 9-1 所示。

路径二：“发货管理”—“订单查询”—“订单详情”—“小额打款补偿”，如图 9-2 所示。

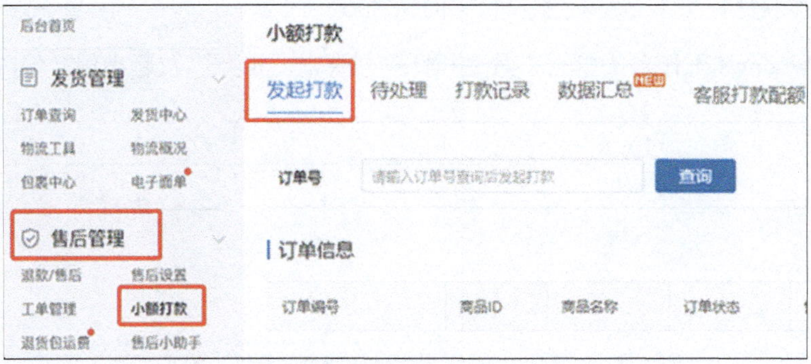


图 9-1

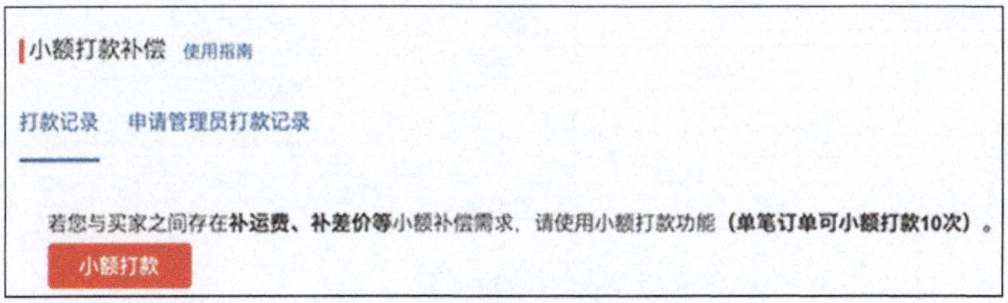


图 9-2

路径三：“售后管理”—“小额打款”，如图 9-3 所示。

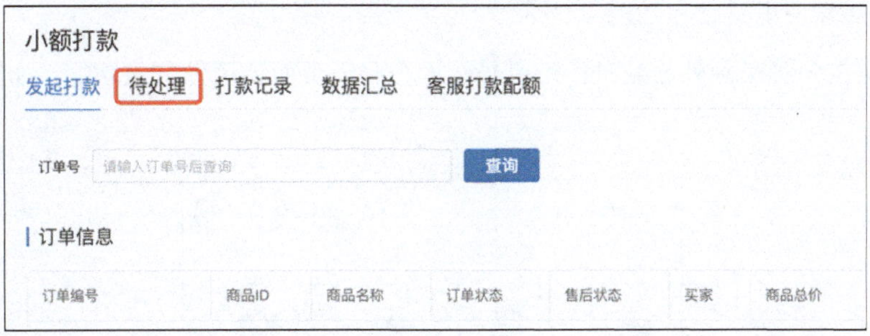


图 9-3

【注意】

该页面仅管理员有操作权限，客服若没有小额打款权限，则向管理员申请开通该权限时请求会出现在该列表中。

除了以上三种常用路径外，在客服平台聊天工具栏、订单列表等处也可以发起小额打款。

2）小额打款在 Windows 工作台中的路径

在 Windows 工作台的聊天工具栏和订单列表中，也可以发起小额打款，如图 9-4 所示。

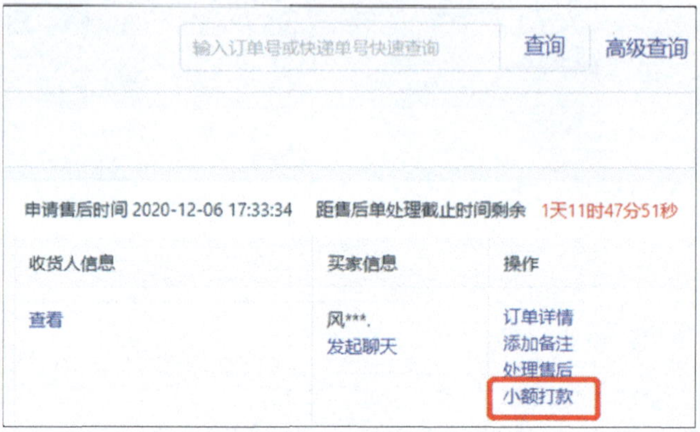


图 9-4

3）小额打款在拼多多商家版 App 中的路径

在拼多多商家版 App 的订单管理页、聊天详情页、订单详情页中可以发起小额打款。

## 2. 买家向商家转账

1）买家使用发红包功能

商家在向买家额外收款时，可引导买家在聊天页面使用发红包功能，如图 9-5 所示。

图 9-5

2）商家使用“小额收款”功能

商家发起小额收款后，买家会收到小额收款的卡片，可以给商家打款。

商家可以在客服平台的聊天工具栏中发起小额收款，如图 9-6 所示。

图 9-6

小额收款在拼多多商家版 App 中的路径如图 9-7 示。

图 9-7

### 3. 商家向买家发视频

1）拼多多商家后台

上传视频入口：“店铺管理”—“图片空间”，点击“上传”按钮后，在本地文件中选择视频即可上传，待审核通过后即可使用。

发送视频的方法有两个。

（1）在聊天工具栏会显示发送视频按钮，如图 9-8 所示。点击发送视频按钮后，将会弹出“请选择视频”对话框。找到需要发送的视频，点击“发送”按钮即可。

图 9-8

（2）在图片空间页面，点击“复制链接”超链接，将复制的链接通过聊天窗口发送给买家，如图 9-9 所示。

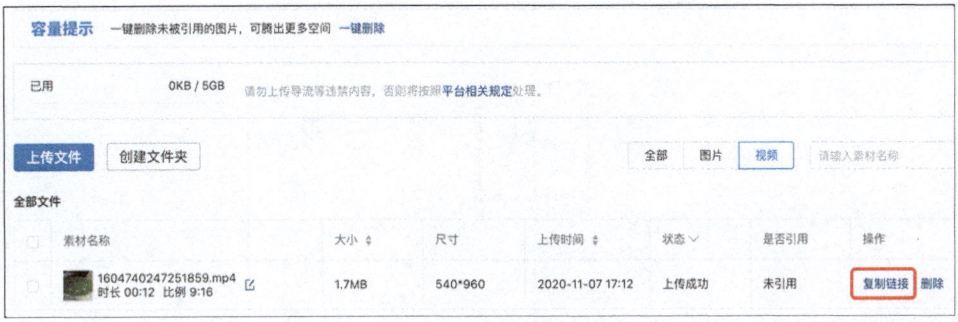


图 9-9

2）拼多多商家版 App

商家可以在聊天页面的“图片空间”中选择视频发送，如图 9-10 所示（需要先在拼多多商家后台“图片空间”中上传视频）。

图 9-10

## 4. 买家向商家发视频

商家可引导买家在拼多多 App 聊天窗口中点击“相册”按钮选择拍好的小视频发送，或者直接点击“拍照”按钮进行拍摄并发送，如图 9-11 所示（买家在店铺内有拼单成功记录才可发送视频）。

如果官方聊天工具提示无法使用或有其他问题，请商家及时联系拼多多商家官方客服，切勿通过其他任何非官方的方式和买家进行交流。

图 9-11

## 9.2 重复铺货

当同一店铺发布的两个及以上商品 ID 或商品链接中的商品属同款商品时，会被平台判定为重复铺货。平台要求重复铺货店铺在一定期限内进行整改，情况严重的话会采取降权、下架等措施。

重复铺货有以下几种情况。

（1）同款商品按不同颜色分别发布。

例如：主要属性相同的 T 恤，每种颜色的发布在一个商品链接中。

（2）同款商品按不同规格分别发布（服饰配件、箱包类目除外）。

例如：食品有多种口味时，按口味发布在多个商品链接中。

（3）通用型商品按不同适用车型、机型等分别发布。

例如：适用于不同车型的通用型坐垫，按车型发布在多个商品链接中。

（4）同款商品有不同附赠品或附带品时分别发布。

例如：主要属性相同的自拍杆，单独发布一次，又以赠送手机贴膜的形式发布一次。

（5）同款商品使用不同主图、不同角度的图片等分别发布。

例如：同样的工艺品，使用正面图片发布一次，又使用侧面图片发布一次。

# 9.3 描述不符

## 9.3.1 什么是描述不符

描述不符指商家实际发货的商品与达成交易时的商品描述不相符。常见的描述不符的情形有以下几种。

### 1. 材质不符

举例：某蚕丝被描述为填充物是 100%桑蚕丝，经实测填充物是 100%聚酯纤维。

### 2. 品牌不符

举例：某商品描述为正品，买家实际收到的商品无任何与该品牌相关的信息或标识。

### 3. 规格或功能不符

举例：某手机描述为全金属一体机，电池容量为 3800 毫安时，买家实际收到的手机后盖为塑料材质且可随意拆卸，实测电池容量为 1000 毫安时。

### 4. 尺寸不符

举例：某上衣描述为胸围 100 厘米，买家收到后实测为 92 厘米。

### 5. 重量不符

举例：某袋装水果描述为 5 千克，买家收到后一称，实为 4.5 千克。

## 9.3.2 对描述不符的认定

拼多多平台对描述不符的认定遵循分类原则。平台按照商品种类，根据商品不符合描述或不符合相关质量标准的程度，对抽检不合格的情形进行分类。抽检不合格的情况分为 A 类、B 类、C 类，且平台有权对前述类别进行细分。

### 1. 存在下列情形之一的认定为 A 类

（1）《拼多多抽检标准及实施细则》规定为 A 类。

（2）不属于分类认定及处理标准中的 A 类情形，但经与商品描述比对，商品与描述存在严重影响买家正常使用或严重影响买家购买决策的差异。

（3）商品属于国家禁止出售的商品，或者违反法律法规等强制性规定的商品。

（4）与相关质量标准严重不符的其他情形。

### 2. 存在下列情形之一的认定为 B 类

（1）《拼多多抽检标准及实施细则》规定为 B 类。

（2）不属于分类认定及处理标准中的 B 类情形，但经与商品描述比对，商品与描述存在较大差异，可能影响买家正常使用或影响买家购买决策。

（3）与相关质量标准不符但情节较轻。

### 3. 存在下列情形之一的认定为 C 类

（1）《拼多多抽检标准及实施细则》规定为 C 类。

（2）不属于分类认定及处理标准中的 C 类情形，但商品描述存在前后矛盾或其他微小瑕疵。

（3）不属于分类认定及处理标准中的 C 类情形，但经与商品描述比对，商品与描述存在微小差异，不影响买家正常使用且不影响买家购买决策。

## 9.4 假货

假货就是假冒商品及盗版商品。假冒商品包括假冒注册商标或假冒他人厂名、厂址的商品。

拼多多平台对销售假货的商家或店铺的处理方式如下。

（1）该商品永久下架。

（2）限制店铺资金提现。

（3）扣除商家保证金或商家账户货款余额作为买家赔付金，用于对假货买家进行赔付。

（4）根据售假程度以及销售历史，平台有权对售假店铺商品采取移除资源位、禁止上资源位、移除广告、降权、屏蔽、下架、禁售，或禁止店铺上新、禁止新品上架的限制措施。

（5）根据售假程度以及销售历史，平台有权终止与该商家合作。

（6）若涉及刑事责任的，平台有权移交公安、司法机关处理。

## 9.5 知识产权相关规则

商家如果遇到知识产权侵权，可以登录拼多多知识产权保护平台进行投诉。

知识产权侵权投诉理由主要分为三大类，即商标权、专利权和著作权。具体侵权投诉理由如图 9-12 所示。

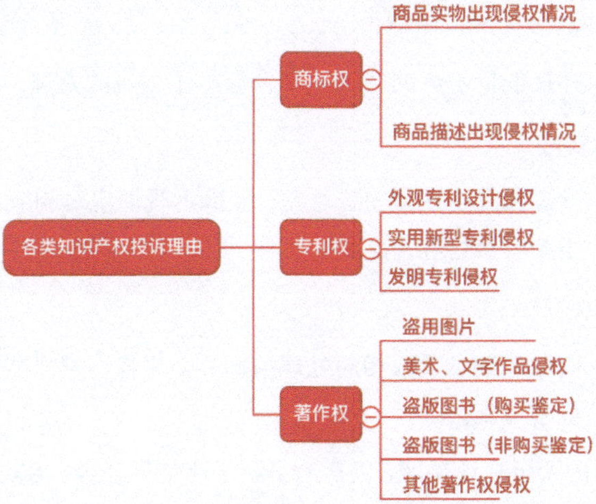


图 9-12

商家被投诉有知识产权侵权行为时，若有材料证明自己没有侵权也可以进行申诉。

若经核实商家确实存在侵权行为，平台会以站内信形式通知商家在指定期限内进行整改，若商家在规定期限内未进行处理，平台将对商品采取下架措施。

## 9.6 低价引流

低价引流是指商家通过在同一商品 ID 或商品链接中设置一个或多个不合规的低价 SKU，在前端展示该低价 SKU 的价格，以骗取买家点击的行为。

### 9.6.1 低价引流的情形

（1）将不同品类或品牌的商品放在一个商品 ID 或商品链接中售卖。

（2）将不同材质、规格的价格不同的商品放在一个商品 ID 或商品链接中售卖。

（3）将价格差距较大的常规商品和商品配件放在一个商品 ID 或商品链接中售卖。

（4）将不存在的 SKU（指这个 SKU 的商品实际并不存在，如价格为 0.1 元、名为“拍错不发货”的 SKU）与常规的 SKU 放在同一个商品 ID 或商品链接中售卖。

（5）将常规商品和非常规商品（如二手商品、样机、模型、带瑕疵商品、一只鞋等）放在一个商品 ID 或商品链接中售卖。

### 9.6.2 对低价引流的处理措施

若经核实商家存在低价引流的行为，平台会给予相应的处理。

#### 1. 对商品的处理

平台有权要求商家在指定期限内进行整改，或者视情况对相应商品或信息采取降权、屏蔽、删除、下架、禁售等措施。

#### 2. 对店铺的处理

平台除对违规商品或信息采取相应处理措施外，将视违规情节轻重，对店铺采取下列一项或者多项处理措施。

（1）限制店铺的资金提现功能，包括但不限于店铺保证金、活动保证金、货款等。

（2）将商品降权、屏蔽、删除。

（3）将商品移除资源位、禁止上资源位、移除广告。

（4）将商品下架、禁售。

（5）禁止店铺上新、禁止商品上架。

（6）解除协议，终止合作，清退商家。

### 9.6.3 如何避免低价引流

定期“体检”是避免低价引流的有效措施。商家可通过拼多多商家后台的“商品管理”—“商品体检”对商品进行“体检”。